珍藏本

纪念版

汉译世界学术名著丛书

哥特史

〔拜占庭〕约达尼斯 著

罗三洋 译注

商务印书馆
SINCE 1897 The Commercial Press

2017年·北京

Jordanis

De origine actibusque Getarum

GOTENGESCHICHTE

Berlag der Duncker Buchhandlung，Leipzig，1913

根据德国莱比锡顿克书局 1913 年译出

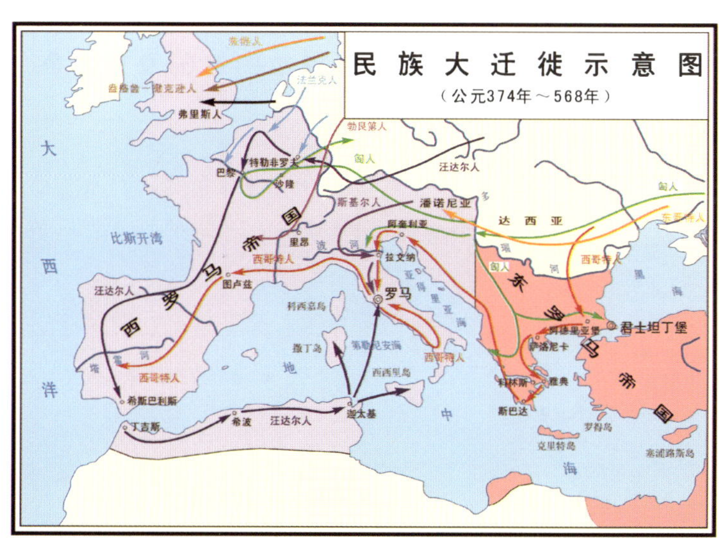

欧洲民族大迁徙示意图 【罗三洋、王晓明制图】

罗马帝国的中期危机 【罗三洋、王晓明制图】

阿提拉的帝国及其战争 【罗三洋、王晓明制图】

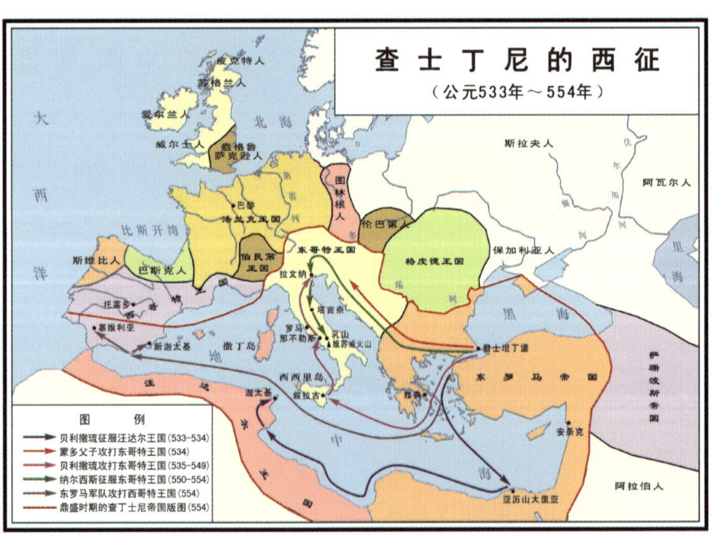

查士丁尼的西征 【罗三洋、王晓明制图】

汉译世界学术名著丛书
（120 年纪念版·珍藏本）
出版说明

2017 年 2 月 11 日，商务印书馆迎来 120 岁的生日。120 年前，商务印书馆前贤怀揣文化救国的理想，抱持“昌明教育，开启民智”的使命，立足本土，放眼寰宇，以出版为津梁，沟通中西，为中国、为世界提供最富智慧的思想文化成果。无论世事白云苍狗，潮流左右激荡，甚至战火硝烟弥漫，始终践行学术报国之志，无改初心。

迻译世界各国学术名著，即其一端。早在 20 世纪初年便出版《原富》《天演论》等影响至今的代表性著作，1950 年代后更致力于外国哲学和社会科学经典的译介，及至 1980 年代，辑为“汉译世界学术名著丛书”，汇涓为流，蔚为大观。丛书自 1981 年开始出版，历时三十余年，迄今已推出七百种，是我国现代出版史上规模最大、最为重要的学术翻译工程。

丛书所选之书，立场观点不囿于一派，学科领域不限于一门，皆为文明开启以来，各时代、各国家、各民族的思想与文化精粹，代表着人类已经到达过的精神境界。丛书系统译介世界学术经典，引领时代思想，为本土原创学术的发展提供丰富的文化滋养，为推动中国现代学术和现代化进程做出了突出的贡献。

为纪念商务印书馆成立120周年，我们整体推出“汉译世界学术名著丛书”120年纪念版的珍藏本，寄望既利于文化积累，又便于研读查考，同时向长期支持丛书出版的译者、编者和读者致以敬意。

两甲子后的今天，商务印书馆又站在了一个新的历史时间节点上。我们不仅要铭记先辈的身影和足迹，更须让我们的步伐充满新的时代精神。这是商务人代代相传的事业，更是与国家和民族的命运始终紧密相连的事业。我们责无旁贷，必须做好我们这代人的传承与创造，让我们的努力和成果不仅凝聚成民族文化的记忆，还能成为后来人可以接续的事业。唯此，才能不负前贤，无愧来者。

商务印书馆编辑部

2017年10月

译 者 序

公元375—568年，被称为欧洲历史上的民族大迁徙时代。在此期间，众多以日耳曼人为主的蛮族部落入侵罗马帝国，并将其摧毁。在罗马帝国的废墟上，先后建立起了数十个日耳曼人的“民族国家”，给欧洲未来的政治版图打下了基础。这段历史上承罗马帝国，下启中世纪，因而具有极其独特的重要性。但由于文化落后，各日耳曼民族很少写作历史文献。更令人遗憾的是，由于当时民族、宗教、社会矛盾尖锐，政局混乱，战争频仍，又导致了罗马方面大量珍贵史料的流失。在幸存下来的原始史料中，也多数存在章节严重残缺不全的问题。而少数相对完整地保留下来的史料，或是时间跨度不足，或是记载内容过于简单片面，都无法让对这段历史感兴趣的后人满意。在这种情况下，拜占庭帝国（即东罗马帝国）神职人员约达尼斯（Jordanes）编写的这本《哥特史》（拉丁文原名 De origine actibusque Getarum，英文名 The Origin and Deeds of the Goths，德文名 Gotengeschichte），就以其保存完整、内容丰富、叙事详细等众多优点，备受后世学者的青睐，成为日耳曼人史、罗马帝国史以及民族大迁徙史研究中不可或缺的必备参考书。

“日耳曼人”（German）一词最早起源于公元前1世纪初，是古罗马人对居住在莱茵河（Rhine）以东、阿尔卑斯山（Alps）以北各个

印欧语系蛮族的统称，但这些民族（比如本书所记述的哥特人）往往并不认同自己属于这个族群。古日耳曼人多数都长着金黄色的头发，身材高大粗壮，性格凶悍好战。他们在和平时期主要以农业和渔猎为生，手工业制品以系绳陶器为标志，武器则以战斧、长剑、标枪和圆形盾牌为主。自公元前15世纪起，他们开始定居在波罗的海沿岸，此后逐渐向南迁徙。根据他们在公元1世纪居住地区的不同，日耳曼人有两种划分方法，一种是三分法，另一种是五分法。按照“三分法”划分的三支日耳曼人集团是：“北日耳曼人”，即留在斯堪的纳维亚半岛没有南迁的日耳曼民族，例如诺曼人（Norman）；“西日耳曼人”，即南迁后居住在莱茵河与易北河之间的日耳曼民族，例如盎格鲁人（Angle）、萨克逊人（Saxon）和法兰克人（Frank）；“东日耳曼人”，即南迁后居住在易北河以东的日耳曼民族，例如汪达尔人（Vandal）、勃艮第人（Burgundian）和本书的主人公哥特人（Goth）。按照“五分法”，居住在今丹麦日德兰半岛（Jutland Peninsula）附近的日耳曼民族被独立划分为“波罗的海日耳曼人”，而居住在易北河流域的日耳曼民族则被独立划分为“易北河日耳曼人”。

在消灭罗马帝国、建立日耳曼民族国家的过程中，哥特人无疑是起颠覆作用最大的民族。在古代，他们常常和曾经生活于东欧平原南部的该塔伊人（Getae）混为一谈。然而，现代西方学者们已经普遍认定，他们是两个完全不同的民族。该塔伊人是一个于古希腊时期活跃在多瑙河下游北岸的游牧民族，与达西亚人（Dacian）是近亲，在语言和文化上都应属于古色雷斯族群（Thracian），而不属于日耳曼族群。这个民族后来一部分消亡，另一部分融入了达西亚人。而直至公元前1世纪，哥特人都还生活在斯堪的纳维亚半岛东南部地区，即今瑞典哥德堡（Goteborg，意思是“哥特人之城”）一带。此后，因气候原因，他们南下到波罗的海北岸，并由此进一步南迁，占领了过去该塔伊人与达西亚人居住的土地，逐渐成长为东欧最强大的民族，曾多次与罗马帝国交战。公元3世纪末，哥特人以德聂斯特河（Dnestr）为界，分裂成为东西两部，即所谓的东哥特人（Ostrogothi）和西哥特人（Visigothi）。在民族大迁徙中，东哥特人占领了今意大利和前南斯拉夫（Yugoslavia）地区，最终在公元552年被拜占庭帝国消灭；西哥特人占领了今西班牙和法国南部，最终在公元711年被阿拉伯人消灭。对东哥特人截至公元540年〔国王维提吉斯（Vitigis）于此年被拜占庭军队俘虏〕、西哥特人截至公元551年（即约达尼斯完成本书的时间）的历史，本书正文中做了相当详尽的介绍。公元540年之后，意大利的东哥特人又发起了独立运动，截至本书完成时为止，这场战争还在继续。约达尼斯虽然也记述了这段历史，但却不是在《哥特史》中，而是在他编撰的另一部《罗马史》（*De summa temporum vel origine actibusque gentis Romanorum*）中，这两部书通常也被合称为《罗马和哥特史》（*Romana et Getica*）。为了让读者对这段历史也有所了解，本书的德译者威廉·马滕斯（Wilhelm Martens）博士又摘译了《罗马史》的部分相关章节，附于本书之后，现一并译出。

虽然民族大迁徙的主体是日耳曼人，但它却是由入侵欧洲的东方游牧民族匈人（Hun，又译作胡人）引发的。根据西方古典史籍的记载，匈人来自亚欧交界处的沼泽和草原地区，擅长骑射。他们西迁的主要原因可能是当时中亚地区的气候突然变冷,或者柔然(也作蠕蠕或茹茹)汗国的扩张。由于匈人的活动与哥特人的命运息息相关,所以本书中很具体地描写了该民族及其主要领袖阿提拉(Attila)的情况和事迹,可以说是所有现存欧洲原始史籍中最为详细而准确的,因此它也是研究匈人历史的最重要的资料之一。

"匈人"之名在西方首见于古罗马自然科学家克劳迪·托勒密(Claudius Ptolemaeus)的希腊文名著《地理》(Γεωγραφια)的第三卷,他在文中提到了居住在黑海北岸的游牧民族 Χονυοι(Chonyoi 或 Chunni),即拉丁文中的 Hunni(音"胡尼")。托勒密逝世于公元 172 年,由此可知,至迟于公元 2 世纪中叶,匈人就已经进入了东欧地区。据波斯和亚美尼亚史料记载,匈人在公元 3—4 世纪出没于高加索山区,与这两个国家时战时和,还曾以雇佣兵的身份参加过它们和罗马帝国的战争。公元 375 年前后,匈人突然渡过顿河,迅速征服了众多的东欧民族,成为当时西方世界中举足轻重的政治和军事强权。

公元 1756 年,法国著名汉学家约瑟夫·德·圭尼斯(Joseph de Guignes)根据《后汉书·南匈奴传》和《魏书·西域传》的记载,在《匈人通史》一书中首先提出:欧洲的匈人很可能就是在东汉时期自蒙古高原西迁的北匈奴(Hsiung-nu)。根据他的考证,公元 1 世纪末,北匈奴在汉军和鲜卑、乌丸的联合打击下,"单于震慑屏气,蒙毡遁走乌孙之地","度金微山,西走康居",建立悦般国,"悦般国在乌孙西北……凉州人犹谓之单于王",然后吞并阿兰国(Alani),随即开始向欧洲进军。20 世纪初,德·圭尼斯的这个说法又得到德国学者弗里德里希·夏德(Friedrich Hirth)和前苏联

学者伯恩斯坦(Bernstam)等人的支持,他们依据《后汉书·西域传》、《魏略·西戎传》和《魏书·西域传》中下列关于粟特国的记载:"奄蔡国,改名阿兰聊国,居地城,属康居","奄蔡国,一名阿兰","粟特国,在葱岭之西,古之奄蔡,一名温那沙。居于大沼泽,在康居西北,去代一万六千里。先是,匈奴杀其王而有其国,至王忽倪已三世矣。其国商人先多诣凉土贩货,及克姑臧,悉见虏。高宗初,粟特王遣使请赎之",做出这样的分析:粟特即阿兰,后来被匈奴(悦般)吞并,时间是北魏高宗文成帝拓跋浚在位初年之前的"三世"。按《魏书·高宗本纪》"兴安……三年春正月……粟特、于阗国各遣使朝贡",应当指的就是这次"粟特王遣使请赎之"的外交事件。兴安三年是公元454年,按照西方史籍的记载,匈人吞并阿兰人在公元370—375年之间,两者相差80年左右,基本吻合"三世"的记载。另外,在敦煌发现的古粟特文信函中提到:公元312年前后,中国首都洛阳被一个叫Xwn(Hun)的异民族所攻占,这显然指的是匈奴皇帝刘聪消灭西晋的战争,所以Hun肯定就是匈奴。在此之后,德·圭尼斯等人的研究结论就一度成了国际历史学界的共识。

但在第二次世界大战之后,"匈人就是北匈奴"的说法受到了世界各地学者的强烈质疑,其中的代表人物包括德国学者弗朗兹·阿特海姆(Franz Altheim)、英国学者汤普森(E. A. Thompson)和美国学者麦辛-海尔芬(Otto J. Maenchen-Helfen)等人,他们主要依据的是近年来的考古和语言学研究成果,并综合了罗马、嚈哒(Hephthalitai)、波斯和亚美尼亚等诸国史料,这显然比单纯从中国原始史料中的简单记载所做出的推论更加可靠。这些学者对德·圭尼斯等人的反驳大体有以下几点:一、粟特即西方文献上的Sogdian,与匈人所征服的高加索阿兰人不同;征服粟特人的民族已经被证实为自称匈奴(Ηιονο,即 Hyono)的嚈哒人,他们肤色甚白,与肤色很深的欧洲匈人也明显不同,因此被拜占庭人叫做"白匈人"。二、消灭西晋的匈奴人高鼻多须,而且按照《晋书》记载,刘渊、刘曜、赫连勃勃等匈奴皇帝的身材均十分高大,按照当时的度量衡计算,都在一米九十以上;西方史籍所记载的匈人体型则相当矮小,而且低鼻少须,出土的匈人男子头骨普遍被人为拉长,这一风俗与匈奴全然不同。三、按《魏书·世祖本纪》记载,北匈奴的后裔悦般人直至公元 448 年还在葱岭西麓生活,因此不可能是在公元 375 年前后入侵欧洲的匈人。四、入侵欧洲的"匈人"与秦汉魏晋时期盘踞蒙古草原的"匈奴"在宗教信仰、文化程度、社会形态等许多方面上都存在着较大的区别。

根据欧洲原始史料的记载,构成匈人的主体是蒙古人种(Mongoloid)。但从出土骨骼上看,匈人的血统极其复杂,大约仅有四分之一属于蒙古人种,余下的多为高加索人种(Caucasoid),其中包括突厥、波斯、芬人(Finn)、斯拉夫(Slav)、日耳曼等众多族群的成分,看来他们并不重视保持本民族血统的纯洁度。本书第 24 章中记载了大量被匈人征服的东欧民族,其中的多数后来都迅速地融入了匈人,成为它的重要组成部分。可以说,在公元 4—5 世纪主宰着中欧和东欧地区的"匈人"其实是中亚和东欧地区多个游牧民族临时组成的联合体。很可能正是由于这个原因,他们才用"胡"(即 Hun 的拉丁文发音)这个模糊的名字来统称自己。不排除入侵欧洲的匈人中有某些北匈奴的后裔,而且匈奴民族在历史上也始终自称为“胡”,但匈人肯定还是以其他一些原来就居住在中亚和东欧的游牧民族为主体的。如《史记·匈奴传》记载:“(冒顿单于)北服浑庾、屈射、丁零、鬲昆、薪犁之国”,《魏略·西戎传》中也提到:“匈奴北有浑窳国,有屈射国……乌孙长老言北丁零有马胫国,其人音声似雁鹜,从膝以上身头人也,膝以下生毛,马胫马蹄,不骑马而走疾马,其为人勇健敢战。”浑窳、屈射、鬲昆、薪犁、马胫等民族显然都是擅长弓马的西北亚游牧民族,自三国时代后不知去向,很可能构成了后来匈人的重要组成部分。有些西方学者还认为,古希腊历史作家希罗多德(Herodot)的名著《历史》卷IV第21—27节中提到的伊赛多涅斯人(Issedednes)可能是匈人的祖先之一。此外,隋唐时期铁勒民族的“浑”姓部落也值得考虑。

通过近两个世纪对从西欧到中亚地区的考古发掘和研究整理,我们知道,匈人的标志性文物有下面几类:一种煮食物用的铜鍑,约含有四分之三的黄铜和四分之一的氧化铜,以及少量的铅,艺术风格与原东欧地区的铜鍑不同,而近似于在西伯利亚南部出土的匈奴铜鍑,但制造工艺比较不成熟,鍑左右两半通常不完全对称,高35—100厘米,重20—50千克,比匈奴铜鍑稍大;复合弓,在当时的欧洲是威力最大的远距离武器,有效射程可达175米以上,弓背长100—140厘米,可以被拉长约20厘米,两端包有金属;木制箭杆长60—80厘米,箭头多为铁制,也有部分骨箭头,呈四角菱形,式样多种多样,长约4—9厘米;剑和刀均为铁制,剑长60—110厘米,柄长15—20厘米,刀略短;木制马鞍,在前后方剧烈凸起,并用金属加固,保证骑手不会从马背上滑落,在当时的世界上

属于最为先进的类型;匈人会制造铁制头盔和胸甲,但似乎不常使用盾牌,也没有发现马镫,一些学者认为他们可能有皮制或筋腱制的"革镫"或"趾镫",经长期埋葬,已像弓弦那样腐烂了;女性所用的一些金属和宝石装饰品,艺术风格类似波斯或日耳曼;大量黄金器皿,主要来自其他民族的进贡;匈人文物中没有发现匈奴族所特有的描绘动物搏斗场面的造像。他们的建筑主要是临时营帐和木制房屋,其风格也接近于波斯萨珊王国。

从流传下来的名词来看,匈人说着一种近似于古突厥语的阿尔泰语言,但也有部分词汇来自日耳曼语或波斯语。在文化习俗方面,匈人与匈奴有很多区别,比如:匈人男子的头骨在儿童时期被人为拉长;匈人不拜日月,不祭祀龙神,主要靠观察牛羊肩胛骨燃烧后产生的裂缝和牲畜内脏形状占卜战斗吉凶;而匈奴则"五月,大会龙城,祭其先、天地、鬼神"(《史记·匈奴列传》),也称"五月龙祀"(《后汉书·南匈奴传》),"单于朝出营,拜日之始生,夕拜月……举事常随月,盛壮以攻战,月亏则退兵"(《史记·匈奴列传》)。匈人虽然实行土葬,但殉葬现象极少;而匈奴则"近幸臣妾从死者,多至数十百人"(《史记·匈奴列传》)。匈人虽然实行一夫多妻制,但却没有娶后母或寡嫂的习俗;而匈奴则"父死,妻其后母;兄弟死,皆取其妻妻之"(《史记·匈奴传》)。外人进匈人的帐篷不必以墨黥面,与他们结盟时不喝用宝剑和饭勺搅成的马血酒,不用人头骨制作饮器,这些文化习俗也都与匈奴完全相反〔《史记·匈奴列传》:"匈奴法:汉使非去节而以墨黥其面者,不得入穹庐。"《汉书·匈奴传下》:"昌、猛与单于及大臣俱登匈奴诸水东山,刑白马,单于以径路刀、金留犁挠酒,以老上单于所破月氏王头为

饮器者共饮血盟。”按：据夏德考证，“径路刀”实为短剑，即周武王击商纣王尸体所用的“轻吕”，也就是现代土耳其语中的“宝剑”(Kingrak)〕。

在社会组织方面，匈人与匈奴的区别也相当明显。从《史记》和《汉书》中我们知道，匈奴是一个中央集权特色比较明显的奴隶制王国，“单于姓挛鞮氏，其国称之曰‘蠵黎孤涂单于’(大天子)……匈奴谓天为‘蠵黎’，谓子为‘孤涂’，单于者，广大之貌也……置左右贤王、左右谷蠡王、左右大将、左右大都尉、左右大当户、左右骨都侯。匈奴谓贤曰‘屠耆’，故常以太子为左屠耆王。自如左右贤王以下至当户，大者万骑，小者数千，凡二十四长，立号曰‘万骑’。诸大臣皆世官……各有分地，逐水草移徙。而左右贤王、左右谷蠡王最为大，左右骨都侯辅政。诸二十四长亦各自置千长、百长、什长、裨小王、相、封、都尉、当户、且渠之属”。在其核心民族之外，还有大量的仆从民族，他们虽然各有君主，但都接受匈奴单于的统一指挥。而在公元375年入侵东哥特王国前后，匈人却分为十多个相对独立的部落，大都互不隶属。虽然各部落的实力及其酋长的政治地位不尽相同，也常常为特定的战略目的建立有统一领袖的联盟，但其社会组织形式仍然是相当松散而原始的。自公元430年之后，各个部落趋于融合，至阿提拉在位时终于大体上完成了统一，国力鼎盛，领土东至乌拉尔河，西至莱茵河，北至波罗的海，南至巴尔干半岛中部，对东、西罗马帝国和波斯萨珊王国的生存都形成了极大的威胁。但阿提拉在公元453年突然去世，此后他的几个儿子争夺继承权，导致了两败俱伤的内战。原先隶属于匈人的各日耳曼民族乘机发动独立战争，将匈人赶出了中欧地

区，他们此后迅速衰落，至公元6世纪末便不复存在。匈人中的某些部落后来成为保加利亚人、芬人等民族的一部分。现在还有某些东欧民族自称或被认为带有匈人的部分血统，比如匈牙利的主体民族马扎尔人(Magyars)，但也一直存在着很多争议。

和许多古典历史著作的作者一样，我们对本书作者约达尼斯(一译“乔丹尼斯”，即英文姓氏“乔丹”的来源)〔又名约尔南德斯(Jornandes)〕的个人情况并不是特别清楚。一般认为，从他祖父“阿拉诺维亚慕提斯”(Alanoviiamuthis)的名字判断，他本是阿兰人(Alan)的后代，但因为世世代代生活在东哥特人的统治之下，所以完全融入了哥特文化。据他在本书中所说，他曾担任过阿兰贵族的书记，晚年皈依了基督教，并成为神职人员。当东哥特王国被拜占庭帝国逐步吞并时，他便改为拜占庭帝国效力。为了证明自己对新君主的忠诚，并缓解两个敌对民族之间的矛盾，他编撰了本书和《罗马史》。部分学者推测，他在公元500年前后生于达尔马提亚(Dalmatia，即今克罗地亚一带)，于公元555—560年之间在君士坦丁堡(Constantinople)或巴尔干半岛(Balkan Peninsula)东部去世。关于他死前的身份，历来存在两种说法：一种意见是，他以普通修道士的身份度过了余生；而按照另一种更为流行的意见，他后来被教廷晋升为“克罗顿(Croton)主教”，于公元551年和教皇维吉里乌斯(Vigilius)一起被流放到君士坦丁堡，并在那里完成了本书和《罗马史》的创作。

本书主要取材于三部业已完全流失或严重缺损的著作：罗马学者卡西奥多卢斯元老(Cassiodorus Senator)为东哥特国王提奥多里克(Theodoric)编写的《哥特史》(*Historia Gothorum*)、拜占庭

史学家普里斯库斯(Priscus)编写的《拜占庭与阿提拉的历史》以及阿布拉比乌斯(Ablabius)编写的一部有关哥特人的史书。约达尼斯在书中多次提到这三位作家的名字,并加以赞扬和感谢。除此之外,作为一个长期生活在哥特文化圈里的人,他也通过自己的耳闻目见,给本书增添了许多特别有价值的内容。对于公元5—6世纪战争中的军队规模,他所用的数字是同时期著作中最小的,这说明约达尼斯并不随便轻信所有接触到的史料,尤其是对他本人能够亲自加以验证的历史。

虽然有上述的许多优点,但本书的缺点也同样明显:长期以来,约达尼斯的文笔一直受到学者们的广泛批评。这不是没有原因的:尽管哥特人有自己的文字,但本书和《罗马史》却都是用拉丁文写成的,而拉丁文并不是约达尼斯的母语。他大概很晚才开始学习拉丁语和希腊语,而直到本书完成为止,他对这两种语言还都不是很精通。他自己也承认,自己虽然担任过书记,但在皈依基督教以前,还只是一个没有多少学问的粗人,并不具备撰写学术著作的资格。他似乎无法完全读懂卡西奥多卢斯的《哥特史》,或者至少阅读速度过慢,所以不得不请卡西奥多卢斯当年的一位下属为自己朗诵这本书。因此,本书的结构显得不尽合理,叙事次序颠三倒四,语法错误连篇,文风呆滞死板,词句不断重复,很多地方读来令人费解。所有行文流畅的地方,几乎全都是约达尼斯对其他作家著作不加修改的摘抄。

除了文笔问题以外,受当时的政治环境和民族感情影响,约达尼斯在本书中极力歌颂哥特人和拜占庭当局,为此不惜篡改史实的做法,也广受非议。首先,他把哥特人离开斯堪的纳维亚半岛南

迁的时间推到极其古老的时代，即公元前15世纪（如他在本书最后一章中所说，截止到公元540年东哥特王国被拜占庭帝国灭亡为止，哥特人的历史已长达两千零三十年），其实这在公元前1世纪才发生；其次，他坚持认为，哥特人就是该塔伊人（本书的拉丁文原名就是《论该塔伊人的起源和行为》），还把该塔伊人与公元前7—4世纪活跃在中亚北部草原上、于公元前529年在今哈萨克斯坦南部地区杀死波斯帝国开国君主居鲁士二世（Cyrus Ⅱ）的游牧民族“玛撒该塔伊人”（Massagitae）等同起来。其实在当时，“玛撒该塔伊人”一词被拜占庭作家普遍用来指匈人。此外，在约达尼斯笔下，帕提亚人和亚马孙人也被描述成哥特人的一支，其实他们和日耳曼人并无亲缘关系；哥特人被描绘成主持正义、英勇无敌的完美战士，连匈人也只是靠运气和玩弄阴谋诡计才击败了他们，而哥特人当年在罗马帝国内无数烧杀淫掠的丑行则被淡化到最低限度；哥特人对罗马帝国的每一次侵略都被说成是罗马政府的自作自受，东哥特王国的灭亡又被说成是拜占庭帝国的替天行道，而事实与此显然有较大的出入。本书著于公元551年，正值拜占庭帝国与东哥特国王托提拉（Totila）在意大利亚平宁半岛上交战的关键时期。而为了迎合拜占庭政府，约达尼斯在本书中对伊尔德巴德（Ildebad）、埃拉里克（Eraric）和托提拉等东哥特独立运动领袖们当时已建立十一年之久的新政权只字不提，在《罗马史》中又将他们丑化成只知屠杀和破坏的匪帮，这也是后人批评他的主要原因之一。

瑕不掩瑜，也因为卡西奥多卢斯的《哥特史》及其他同题材著作的流失，自中世纪以来，约达尼斯的《哥特史》一直受到西方史学界的广泛重视，并被翻译成多种语言。18 世纪的英国历史学家爱德华·吉本(Edward Gibbon)在他的名著《罗马帝国衰亡史》(*The Decline and Fall of the Roman Empire*)里，就曾大段地摘译或简述了本书中的许多段落。

本书大体上可以被划分为五个部分：第一部分从第 1 章至第 13 章，第二部分从第 14 章至第 23 章，第三部分从第 24 章至第 33 章，第四部分从第 34 章至第 50 章，第五部分从第 51 章至第 60 章。

在第一部分中，约达尼斯首先描述了他当时已知的世界各地的概况。作者在此过多地卖弄自己其实并不渊博的地理知识，结果反而暴露出了文学能力的不足。尤其是开头的“世界地理概况”和“不列颠岛”两章，内容与哥特人全无关系，理应删去。第 3 章描述了日耳曼人的发源地斯堪德扎岛(Scandza)，第 4 至 13 章则是哥特人离开斯堪德扎岛，南下迁徙到东欧平原，建立家园、扩张领土的各类活动。如前文所述，由于作者错误地把哥特人与许多其他的东欧和中亚民族等同起来，使得他记载的这段历史十分不可信，在很大程度上，只能被作为哥特人的内部传说看待。但无论如何，读者还是可以从中了解到哥特人南迁的基本脉络。

在第二部分中，作者描述了哥特人与其他日耳曼民族及罗马帝国的关系，以及哥特民族分裂的历史。第 14 章是本书的核心篇章之一，记载了哥特人中地位最显赫的阿马尔(Amal)王室成员的谱系，其内容被认为是相当准确的。除了因为年代关系，个别环节被怀疑或许有脱漏之外，目前还没有能够推翻它的证据。

自公元 3 世纪起，哥特人的势力范围达到了多瑙河下游，与罗马帝国的联系日益紧密，导致一位有哥特血统的军官马克西明登上了罗马皇帝的宝座(第 15 章)。公元 3 世纪下半叶，哥特民族以德聂斯特河为界，分裂成东西两部。在奥斯特罗哥塔国王的统治时期，哥特人首次向罗马帝国发动了大规模的入侵(第 16 章)，随即又同与自己有亲缘关系的格皮德人交战(第 17 章)。奥斯特罗哥塔死后，在克尼瓦国王的率领下，哥特人变本加厉地向外扩张，杀死了罗马皇帝德基乌斯(第 18 章)，又乘罗马帝国受瘟疫(第 19 章)和内战削弱之机，建造海军，蹂躏了希腊和小亚细亚等地(第 20 章)。君士坦丁皇帝即位时，哥特人改与罗马帝国结盟(第 21 章)。在格贝里克国王的率领下，东哥特人向西扩张，攻击汪达尔人(第 22 章)。格贝里克的继承者埃尔马纳里克在征服了数十个东欧民族之后，建立起了空前庞大的东哥特王国(第 23 章)。

在第三部分中我们看到，哥特人长期以来的好运戛然而止，因为来自东方的游牧民族匈人向他们发动了突然袭击(第 24 章)。继东哥特王国崩溃后，西哥特人也被迫向罗马帝国寻求避难(第 25 章)。但因不堪忍受当地罗马官商的联合欺压，西哥特人发动起义，在阿德里亚堡战役中杀死了罗马皇帝瓦伦斯(第 26 章)。当提奥多西皇帝在位时，西哥特人与罗马帝国言归于好(第 27 章)，并建立了同盟关系(第 28 章)。但提奥多西一死，西哥特人便撕毁同盟条约，重新发动了战争(第 29 章)。在阿拉里克国王的率领下，他们横扫巴尔干和意大利，并且攻占了罗马城(第 30 章)。阿拉里克在远征北非的前夕突然病死，他的妹夫阿塔乌尔夫与被俘的罗马公主普拉希迪娅结婚，然后率部前往高卢和西班牙，在那里建立了新的西哥特王国(第 31 章)。阿塔乌尔夫的继承人瓦里亚巩固了西哥特人在高卢南部和西班牙的统治，并加强了与罗马人的友谊(第 32 章)。与此同时，汪达尔人在盖瑟里克国王的领导下，也在北非建立起了一个强大的王国(第 33 章)。

第四部分叙述了阿提拉帝国的盛衰，以及西罗马帝国灭亡的历史。这可以说是全书最为精彩、史料价值也最高的篇章。第 34 章告诉我们，当西哥特国王瓦里亚的继承者提奥多里克在位期间，整个东欧地区都处于匈王阿提拉的统治下。这位富有政治和军事才华的人是在谋杀了自己的兄长布勒达后上台的(第 35 章)，在汪达尔国王盖瑟里克的教唆下，他向西哥特王国发动了侵略战争。出于对匈人共同的仇恨和恐惧，西哥特国王提奥多里克与西罗马帝国的统帅埃提乌斯结成了同盟，在沙隆城郊与阿提拉展开会战(第 36 章)。阿兰人的临阵叛变使阿提拉备受打击，但在进行占卜之后，他还是决心一战(第 37 章)。双方军队都由多个民族组成，阿提拉的军队开局不利(第 38 章)，他于是用演讲来鼓舞本方士气(第 39 章)。战斗进行得十分惨烈，西哥特国王提奥多里克当场阵亡，他的部下在得知噩耗后加倍奋战，击败并包围了阿提拉(第 40 章)。但由于联军内部存在矛盾，各族兵马相继解围而去，未能将阿提拉置于死地(第 41 章)。他很快卷土重来，蹂躏了意大利北部，但在利奥教皇的劝说下，放弃了向罗马进军的计划(第 42 章)。阿提拉对高卢的再次入侵又以失败告终，但击退他的西哥特国王托里斯蒙德不久后也被部下刺杀了(第 43 章)。托里斯蒙德的弟弟提奥多里克二世征服了西班牙(第 44 章)，他的弟弟欧里克则在即位后参加了对西罗马帝国版图的最后一次瓜分(第 45 章)。西罗马帝国最终被斯基尔人奥多阿克消灭(第 46 章)，欧里克也随之

去世(第 47 章)。至此为止,东哥特人已经臣服于匈人长达近八十年(第 48 章)。这时,阿提拉在新婚之夜突然驾崩,他的遗体被部下隆重地埋葬(第 49 章)。阿提拉的长子埃拉克无法驾驭自己野心勃勃的弟弟和众多的仆从民族,最终被格皮德国王阿尔达里克所领导的日耳曼民族解放运动所推翻,匈人霸权随之崩溃(第 50 章)。

第五部分叙述哥特人与其他日耳曼民族瓜分西罗马帝国领土,以及东哥特王国被拜占庭帝国吞并的历史。从第 51 章中我们得知,乌尔菲拉主教为居住在多瑙河南岸的小种哥特人发明了哥特文字,但他们的生活依然十分贫困。匈人帝国解体之后,其版图被东哥特人、格皮德人等其他日耳曼民族所瓜分(第 52 章)。在提乌迪米尔国王的领导下,东哥特人巩固了他们在潘诺尼亚的根据地,并击退了匈人的反扑(第 53 章)。为了给自己的兄长瓦拉米尔报仇,提乌迪米尔向斯基尔人和苏阿维人发动了战争(第 54 章),又击败了阿勒曼人(第 55 章)。他在入侵巴尔干时去世(第 56 章),其子提奥多里克继承了东哥特王位,并率部入侵意大利,消灭了奥多阿克的政权(第 57 章)。在他统治期间,东哥特王国版图广阔,实力强劲(第 58 章)。提奥多里克驾崩后,他的外孙阿塔拉里克即位,与自己的母亲阿马拉斯文塔太后联合执政。一直与拜占庭帝国保持友好关系的阿塔拉里克英年早逝,阿马拉斯文塔则被自己的侄子提奥达哈德谋杀(第 59 章)。拜占庭皇帝查士丁尼以替阿马拉斯文塔报仇为借口,派遣贝里萨留将军讨伐东哥特王国。由于贵族集团内部的相互倾轧,东哥特王国终于被拜占庭帝国征服(第 60 章)。

《哥特史》一书现存最权威、最完整的拉丁文版本是由德国著名历史学家提奥多·蒙森(Theodor Mommsen)于公元1882年校订并发布的,由威廉·马滕斯博士于1884年译为德文,并做了注释。该书最早由德国莱比锡的顿克书局(Verlag der Duncker Buchhandlung)出版,作为举世闻名的《德国早期历史作家选集》(*Die Geschichtschreiber der deutschen Vorzeit*)系列丛书的第5册。该系列丛书的主编包括皮尔兹(G. H. Pertz)、雅可布·格林(J. Grimm)、兰克(L. von Ranke)、里特尔(K. Ritter)、拉赫曼(K. Lachmann)、瓦腾巴赫(W. Wattenbach)、古尔德(D. Golder Egger)七位当时德国学术界内最负盛名的学者,中译本依据的主要是它于公元1913年发行的第三版。

民族大迁徙是一段极其复杂的历史,为了帮助国内读者更方便地理解本书内容,译者在马滕斯博士的原注之外,另行加了一些注解,并编制了十种附录:《民族大迁徙历史年表》、《阿马尔家族世系表》、《东哥特王室世系表》、《西哥特王室世系表》、《匈王室世系表》、《罗马皇帝世系表》、《西罗马皇帝世系表》、《拜占庭皇帝世系表》(截至公元578年)、《参考书目》、《英汉名词索引》。

最后要提醒读者注意的是书中一些名词的拼写问题。如上文所说,约达尼斯的原著是用拉丁文写成的,而拉丁文的书写方式与各种现代西方文字都有比较多的不同之处。比如说,拉丁文只有大写字母,没有小写字母;J、K、U、W等几个字母极其罕见,在一般情况下,我们现在所用的I和J都被写作I,C和K都被写作C,U、V、W都被写作V。此外,E和I经常被混用;单词如果用H开头或结尾,那么这个H就常常不发音;在现代语言中,用US结尾的拉丁文单词常常被简化为没有US的形式，等等。所有这些问题都给后世学者的解读工作带来了相当多的不便，某些名词的发音至今仍存在争议。

以本书中的一些常用名词为例，作者约达尼斯的名字至少有八种拼法：Iordanes、Jordanes、Iordanis、Jordanis（以上四个名字的发音均为约达尼斯）、Iornandes、Jornandes（约尔南德斯）、Iornandis、Jornandis（约尔南迪斯）；东哥特王埃尔马纳里克的名字则可以被拼作Ermanaricus（埃尔马纳里库斯）、Hermanaricus（赫尔马纳里库斯）、Hermenericus（赫尔梅聂里库斯）、Ermenericus（埃尔梅聂里库斯）、Hermanericus（赫尔马聂里库斯）、Hermenerig（赫尔梅聂里格）、Ermenerig（埃尔梅聂里格）（以上为拉丁文），以及Ermanaric（埃尔马纳里克）、Hermanaric（赫尔马纳里克）、Hermaneric（赫尔马聂里克）（以上为英文）、Ermanarich（埃尔马纳里希）、Hermanarich（赫尔马纳里希）、Hermanerich（赫尔马聂里希）（以上为德文）等十几种发音截然不同的形式；就连著名的西哥特王阿拉里克的名字也可以被拼作Alaricus（阿拉里库斯）、Halaricus（哈拉里库斯）、Hadaricus（哈达里库斯）（以上为拉丁文）、Alaric（阿拉里克）、Halaric（哈拉里克）、Hadaric（哈达里克）（以上为英文）、Alarich（阿拉里希）、Halarich（哈拉里希）、Hadarich（哈达里希）（以上为德文）等等。这样的情况在本书中不胜枚举，甚至同一个人或同一个民族的名字在不同章节里被拼作不同的形式。在这种情况下，为了方便中国读者阅读，译者尽量采用这些名词较为流行的英文形式，并参考了其他一些西方古典历史著作的汉译文。对于一些较为重要而拼写或发音问题又比较

多的名词,在译者注中做了说明。此外,从词意上来看,本书中很多人的名字显然都并不是他们的本名,而是他们在生前因战功或政治成就而获得的荣誉头衔,或是他们在死后的谥号。因此,译者利用手头的资料,在译者注中对这些名字的含义做了一些解释。

本书虽然篇幅不长,但涉及的各方史料甚多。更由于译者水平有限,译本正文及注释和附录难免会出现疏漏或错误之处,希望能得到读者们的热情指正。

罗三洋

2004年2月于德国海德堡

目　录

哥　特　史

《罗马史》节选(367—386节)

附　　录

德文版引言

肯定没有哪位一流的历史学家，会需要别人花下面这么多的篇幅，来向读者介绍他本人的情况。但是，如果连约达尼斯的这本《哥特史》，都像其他许多著作那样失传的话，那对于我们本来就知之甚少的民族迁徙史来说，是一件多么可悲的事啊！

关于约达尼斯这个人，除了他自己所写的只言片语外，我们可以说是一无所知。就在几十年前，人们还在为他的名字究竟是应该拼作 Jordanes（约达尼斯），还是 Jornandes（约尔南德斯）而争论不休呢。在"约尔南德斯"的支持者中，最近的一位是雅可布·格林（Jakob Grimm）[①]这位大人物〔在他之后，迪特里希（Dietrich）于 1862 年撰写的《论哥特语的发音》论文中也持同样观点〕，他还专门为此写了一篇论文来辩护（《论约达尼斯》，发表于《1846 年柏林科学院论文集》，再版于《雅可布·格林文选》第三卷）。这个词在哥特语中可能的含义〔Jornandes 可能是 ibrs（公猪）和 nanths（勇敢）的合成词，意思就是"勇敢的公猪"〕，并不是他反对这个听上去

① 德国文学家，著有《格林童话》、《德语词典》、《德语语法》等多部重要著作，被誉为现代德语语法的创始人，同时也是包括本书在内的《德国早期史料》系列丛书主编之一。——译注

像闪米特语(Semitic)的Jordanes的唯一原因。[①] 但是,包括《拉文纳[②]文献》在内的所有最古老和最出色的原始资料的一致写法,实际上已经决定了这个名字究竟应该以哪种形式出现在我们的书中。

除了名字以外,再简短地讲一下目前学术界已经确定下来的作者个人情况。约达尼斯是阿拉诺维亚慕提斯之子,帕里亚(Paria)之孙,后者曾在第一个带领斯基尔人(Sciri)[③]、萨达伽里人(Sadagarii)[④]和阿兰人[⑤]迁移到莫伊西亚(Moesia)[⑥]的康达克

① “约达尼斯”这个名字在希伯来等闪米特语言中的意思是“激流”或“约旦河谷的男人”。19世纪的德国盛行反犹太人的所谓“反闪米特主义”(Antisemistism),其信奉者要求铲除社会上所有带有闪米特色彩的文化,包括语言词汇和艺术作品等。在这里,马滕斯博士是讽刺格林也受了这种风气的影响。如果我们考虑到雅可布·格林作为本系列丛书主编的身份,以及他在当时学术界的声望的话,就能够体会到马滕斯进行此类批评所需要的勇气。——译注

② 意大利北部重镇,曾是西罗马帝国的首都。——译注

③ 东日耳曼民族,以弓箭见长。曾先后臣服于哥特人和匈人,在匈人的国家灭亡后大批进入罗马帝国。公元476年,在其首领奥多阿克(Odoacer)的率领下,消灭西罗马帝国,建立了意大利王国。公元493年,奥多阿克被东哥特国王提奥多里克击败并俘虏,意大利王国灭亡,斯基尔人这个民族也随之迅速衰亡。——译注

④ “萨达伽里人”在古日耳曼语中的意思是“厨师”,被认为是匈人的一个部落。——译注

⑤ 阿兰人是一个自公元前1世纪起,住在里海沿岸的游牧民族,与波斯人是近亲,参加了民族大迁徙时期的几乎所有重要事件。公元375年,阿兰人被入侵的匈人击败,一部分向匈人投降,另一部分则涌入欧洲中部避难。公元4世纪后,部分阿兰人跟随汪达尔人前往西班牙和北非,公元6世纪后逐渐被日耳曼人同化,另有一些阿兰人继续居住在里海沿岸。——译注

⑥ 罗马帝国的一个行省,也译作梅西亚、美西亚、莫西亚、麦西亚或摩伊西亚,疆域大体上相当于今保加利亚,也曾包括巴尔干半岛上的其他大部分地区。——译注

(Candac)手下担任书记。对他自称哥特人的怀疑,是没有什么理由的。像蒙森(Mommsen)[①]所推测的那样,他是斯基尔人、萨达伽里人和阿兰人的后代。这些民族虽然与哥特人并没有直接的血缘关系,但却都在自己的新居住地内使用哥特人的语言,遵守哥特人的习俗,并且没有和提奥多里克[②]去意大利。由此我们可以进一步推测:他的祖先多半是阿兰人,生活时代是6世纪中叶。

像他自己证实的那样,在皈依基督教以前,他在君提格斯(Gunthigis),或是“阿马尔(Amal)家族”[③]后裔康达克的侄子巴扎(Baza)手下担任书记,地位相当显赫。至于在他皈依基督教之后都做了些什么,则存在着争议。按照蒙森的说法,他辞去了书记的职务,回老家去做修道士了。一种可能性更大的说法是,他没有当修道士,而是做了牧师,并且在公元551年,和曾在君士坦丁堡[④]陪伴教皇维吉里乌斯[⑤]的“克罗顿主教约达尼斯”

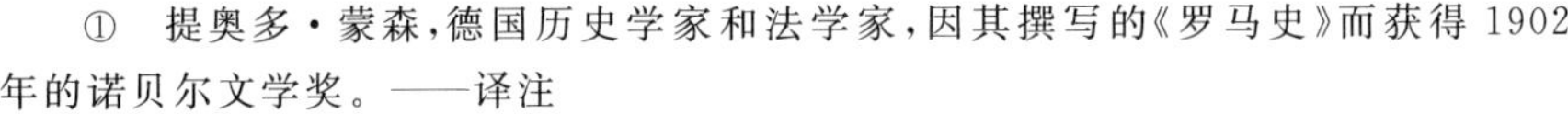

① 提奥多·蒙森,德国历史学家和法学家,因其撰写的《罗马史》而获得1902年的诺贝尔文学奖。——译注

② 即提奥多里克大王,东哥特国王,公元471—526年在位,自公元511年起兼任西哥特国王。武力征服了亚平宁半岛,其统治范围包括前南斯拉夫、今意大利、瑞士、法国南部、西班牙大部和葡萄牙,并得到拜占庭帝国的承认。——译注

③ 哥特人主要的贵族家庭,也称“阿美龙根(Amelungen)家族”,详情见本书第14章。——译注

④ 实际上应译为“康斯坦丁堡”,是君士坦丁(Constantinus,拉丁语原音为“康斯坦提努斯”)大帝在拜占庭旧城基础上扩建而成的拜占庭帝国首都。——译注

⑤ 罗马教皇,公元537—555年在位。——译注

一起受难。① 至于他去世的日期，和他出生的日期一样，我们一无所知。

约达尼斯这两本流传至今的著作，题目分别叫：《论罗马人的

---

① 蒙森从他这个并未被证实的前提——即约达尼斯在皈依基督教以后去了修道院——出发，又根据埃伯特（Ebert）在公元561年写的《基督教文献史》而得出结论：约达尼斯写的《罗马史》中的献词对象维吉里乌斯，大概不会是教皇本人。这是因为，作为一个普通的修道士，绝对不可能像约达尼斯在书中所用的那种称兄道弟的腔调对教皇讲话。其他人〔比如瓦腾巴赫和贝塞尔（Bessel）〕则提出了相反的意见：因为约达尼斯与一个名叫维吉里乌斯的神职人员有来往，而此人被证实为那个同名的教皇的同时代人，我们就没有理由怀疑，他和约达尼斯的献词对象是同一个人。出于同样的原因，蒙森的结论可能就成立不了，因为约达尼斯大概并非一位普通的修道士，而是“教皇的兄弟”，在教廷中地位相当高——比如说，就是那位“克罗顿主教”，或别的什么地方的神职领导。我认为，约达尼斯在给维吉里乌斯的献词中所提示的：quatinus diversarum gentium calamitate comperta ab omni erumna liberum te fieri cupias et ad deum convertas（译者按：拉丁语，大意为：在从发掘出的所有文献上了解到这么多不同民族的苦难之后，你应当自发地产生转向上帝的愿望。），并没有蒙森和埃伯特所推断的“维吉里乌斯也打算皈依基督教，并出家当修道士”这层意思。我想，当一位神职人员给另一个写信，叙述过世界上那么多已经发生过的苦难之后，就会自然地把话题转向上帝了。由于约达尼斯已经是僧侣了，而又称维吉里乌斯为“兄弟”，所以维吉里乌斯也必然是位僧侣，而不会是受约达尼斯邀请的一般性世俗朋友。因此，蒙森在此处的解释不能成立。

约达尼斯在皈依后的身份，决定了他这些作品的写作地点。蒙森认为写作地点是在作者的故乡，即莫伊西亚〔托米城（Tomi）或马尔西安堡（Marcianople）〕。约达尼斯对这块土地的情况相当熟悉，而有关其他区域的地理知识则可以说相当拙劣的事实，也支持蒙森的这个观点。但是，一个人对自己的家乡情况熟悉，并不代表他就不了解其他任何地区。蒙森自己也承认，约达尼斯对意大利的很多地方也比较了解，显然，他本人必然在那里住过一段时间。有大量的理由说明，约达尼斯的这两本史学著作，是在君士坦丁堡写成的，按照我们的假说，也就是他与维吉里乌斯教皇一同流亡的地点。如果是这样的话，那么他写作的动机，自然就是向阿尼切（Anicier）皇族（译者按：以查士丁尼为代表，当时掌握拜占庭帝国政权的贵族家族）解释，作为一个哥特人的自己，在当时拜占庭帝国与东哥特王国的战争（译者按：公元535—553年拜占庭帝国与东哥特王国进行了持续18年之久的激烈战争，最终以东哥特王国覆灭、拜占庭帝国收复意大利而告终）中所持的立场，这比蒙森所说的动机要真实可信得多。——原注

时代或起源及其行为》(*De summa temporum vel origine actibusque gentis Romanorum*)[①]和《论该塔伊人的起源和行为》(*De origine actibusque Getarum*)[②]。如果说关于它们的写作地点还存在争议的话,那么它们的写作时间则已经确定无疑了:它们都是在公元551年完成的;虽然约达尼斯首先开始动笔写的是《罗马史》,但后来在他朋友卡斯塔里乌斯(Castalius)的劝说下,很快投入到《哥特史》的写作中去。在完成这本书之后,他又回过头来写完那本《罗马史》。

在《罗马史》中,他一开始描写世界的创造过程,然后是古代东方各个民族和希腊人的历史,最后才叙述他这本书的中心内容——罗马人,一直到他所在的查士丁尼(Justinian)[③]时代(截止到公元551年,部分内容牵涉到公元552年的事件)。这本书中的大部分内容,都是从弗罗乌斯(Florus)、卢菲乌斯·费斯图斯(Rufius Festus)、希耶罗尼慕斯(Hieronymus)、奥罗修斯(Orosius)、欧特罗皮乌斯(Eutropius)和马克里努斯伯爵(Marcellinus Comes)等人的同名著作里抄袭来的。由于上述这些人的书目前都还保留着,所以就使得约达尼斯的这本《罗马史》成为那个时代能够留到今天的著作中少有的、基本上毫无意义的一部历史作品。

与此相反,《哥特史》存在的意义,对于历史研究来说,却无论

① 即《罗马史》。——译注

② 即《哥特史》。——译注

③ 全名弗拉维乌斯·阿尼奇乌斯·尤斯提尼亚努斯(Flavius Anicius Justinianus),拜占庭帝国的中兴之主,公元527—565年在位。曾编著《查士丁尼法典》,征服北非和意大利等地,又击败波斯,几乎恢复了原罗马帝国的整个版图。——译注

怎样评价也不算过分。这倒不是因为约达尼斯本人在这个方面取得了非常突出的研究成果——无疑有一些史料，只是因他才得以流传于后世——而是因为他写作本书时所利用的大多数著名的文献，尤其是其中最重要的，我指的是阿布拉比乌斯与卡西奥多卢斯[①]关于哥特人的著作，都已经完全地散佚了，是他的这本书保存了其中的一些内容。

在给一位我们同样不了解的友人卡斯塔里乌斯写的献词中，约达尼斯表示，这本《哥特史》只不过是他在写作其他书籍之余，利用自己短暂的闲暇和他人已有的作品，按照“述而不作”的原则汇编出来的。他使用的最主要材料，是他那个时代最著名的人物——弗拉维乌斯·马格努斯·奥尔利乌斯·卡西奥多卢斯(Flavius Magnus Aurelius Cassiodorus)元老——所写的内容丰富、文笔出众的《哥特史》。卡西奥多卢斯出身于罗马名门，他在学术界的声誉和他在政界的声誉一样高。他亲身经历过东哥特人对意大利的统治，曾是提奥多里克大王的一位能说会道的座上客，直到公元537年为止，都在提奥多里克及其继承者的东哥特王国政府内担任颇具影响力的显要职务。当维提吉斯国王[②]的政权悲惨地覆灭之后，他于公元540年出家为僧侣，并回到他在布鲁提尔(Bruttii)地区建立的修道院，直到公元570年左右，才以高寿去世。按照提奥多里克的指示，他写了由12卷组成的《哥特史》，其

① 罗马政治家和文学家，生于公元485年，卒于公元570年，著有《哥特史》和7卷百科全书。本书前言中所说的“元老”就是指他。——译注

② 东哥特国王，公元536—540年在位，最终被拜占庭帝国元帅贝里萨留在拉文纳俘虏，东哥特王国从此衰亡。——译注

原先的题目可能和约达尼斯的这本书完全一致。和卡西奥多卢斯所有的著作一样，这部书的写作用意也在于为那位伟大的哥特王和阿马尔家族歌功颂德。遗憾的是，它现在已经遗失了。与此相反，他的另一本对断代史很有意义的书，本来是当语法范文用的《文选》(Variarum Libri Ⅻ)，却完好地保存了下来。据约达尼斯自己说，他只是请卡西奥多卢斯当年的一位管事花了三天时间，为自己把《哥特史》通读了一遍，就把这当作了他作品的主要材料来源。他又补充说，本书“开头和结尾，更多的是中间”部分出自他自己的知识。尤其有意义的是他关于公元 526 年以后历史的描述，因为他自己亲身经历了那些事件。

约达尼斯对于斯堪的纳维亚半岛上各个民族的叙述，可以上溯到本书第 3 章里所说的罗德乌尔夫(Rodwulf)，当时他离开自己在北方的王国，前来投奔在意大利的提奥多里克大王。关于那些民族的名字，穆伦豪夫(Muellenhoff)(《德国古代艺术Ⅱ》，第 359 页)和格林伯格(Grienberg)(《德国远古杂志》XLVI，第 128 页)都曾试图解释它们的意义。但在我看来，这些解释过于随意和鲁莽了，因而不适合在这本书里引用。

我们完全不了解的是约达尼斯另一个资料来源的作者，阿布拉比乌斯，“一部值得信赖的史书的出色作者”。我们甚至连这本书是用希腊文还是拉丁文写的以及作者是哪国人这样最基本的有关情况都不知道。我们只能猜测，他生活在公元 500 年前后，曾经写过很多有关哥特人内部情况的文章。

另一位被约达尼斯大量引用的作家是普里斯库斯，他生活的年代稍早，曾经写过一本名叫《拜占庭与阿提拉[①]的历史》的书，时间下限是公元472年，有残卷流传下来。我们知道，他曾经参加过公元448年被君士坦丁堡当局派往坐落在蒂萨（Tisza）河畔的阿提拉王廷的那个使团。

约达尼斯加工资料的方法，不少地方有待改进。他确实在努力理解希腊语和拉丁语；但是，以他的学识和能力来说，他还远远未达到那个时代应有的语言水准。他对拉丁语外行的运用水平，他组织材料时的无能表现，他对重点篇章低劣的总结和把握能力，实际上都应该阻止他进行写作。但他对自己的要求其实也非常低，并不掩饰自己的能力缺陷。他把自己编著的《罗马史》叫作"历史小品"（Storiuncula），原来只指望会有些头脑简单的人能够加以喝彩。[②]

"约达尼斯写作的指导思想是：向和平地进入罗马帝国的哥特人民指出，他们获得一个充满希望的未来，是完全可能的。"[③]卡西奥多卢斯在其著作中对阿马尔家族和提奥多里克大王错误的过分吹捧，就这样也体现在约达尼斯的摘录中。为达到这个写作目的而产生的热诚，使得卡西奥多卢斯和约达尼斯必须为本书中一些

① 匈王，在日耳曼民族传说中也被叫作"阿提利"（Attili或Atli）或"埃采尔"（Etzel）。生于公元395年前后，公元434年就任王兄布勒达（Bleda）的副王。在谋杀布勒达后自立为大王，公元445—453年在位。"阿提拉"一词在哥特语里是对父亲的昵称，即"爹爹"，在古突厥语里则可能是"无尽的权力"或"伏尔加河"的意思；"埃采尔"在南日耳曼语里是"恶棍"的意思。——译注

② 他才智欠缺的特点，在《哥特史》一开始的地方便爆炸性地显示出来，那完全是对卢菲努斯（Rufinus）《罗马信札》译注的剽窃。——原注

③ 瓦腾巴赫：《中世纪德国史料来源》I 7，第84页。——原注

捏造的历史事件负责。这种过度的热诚，不仅使他们蓄意把哥特人的历史追溯到遥不可及的年代去，将大量光辉的远古故事套到这个民族的头上，为此还特地把“哥特人”和“该塔伊人”混为一谈——虽然有雅可布·格林支持，但是我们仍然确信这个理论不可能正确——而且还把提奥多里克大王与拜占庭帝国皇帝泽诺(Zenon)[①]之间长期敌对的关系歪曲描写为亲密和友善。这也许是出自提奥多里克本人的旨意，以便使哥特人和罗马人能够忘却过去哥特人武力征服时造成的民族仇恨，尽快握手言和，顺利地融合到一起。对于约达尼斯来说，重要的是他在东哥特和东罗马的决战中，到底持何种立场。在这一点上，他旗帜鲜明地站在拜占庭皇帝一方；他根本不承认伊尔德巴德、埃拉里克和托提拉[②]三人的东哥特国王身份，因为君士坦丁堡皇室不予承认。在曾经一度被提奥多里克大王视作盟友的拜占庭人中，他忙着欢迎那些向阿马尔家族复仇的军人们。对他来说，提奥多里克的孙女马特斯文塔(Mathesventha)与查士丁尼的弟弟日耳曼乌斯(Germanus)所生的儿子小日耳曼乌斯，倒好像是罗马人和哥特人所共有的一颗灿烂的新星。

本书现有的手抄本不能保证足够的可靠性，因为它最古老的

① 原名塔拉西多克萨(Tarasidocissa)，拜占庭皇帝，公元474—491年在位。曾鼓动提奥多里克进攻意大利国王奥多阿克，企图以此为契机收复意大利。虽然他的计划因东哥特人的迅速胜利而归于破产，但拜占庭帝国的北部边境却由此安宁了下来，同时也给斯拉夫人进入多瑙河(Danube)流域创造了有利条件。——译注

② 维提吉斯被俘之后，东哥特人在意大利先后拥立的三位国王，后来都在和拜占庭帝国军队的交锋中战死了。——译注

本子——可能是在公元9世纪甚至8世纪写成的《海德堡抄本》[①]——已经于1880年在提奥多·蒙森家中的一场火灾中被严重毁坏;其他抄本的某些章节显得比较流畅一些,但我们当然必须满足于那些真正由约达尼斯亲手所写的文献。借助一些辅助手段,提奥多·蒙森重新核实了全文,并于1882年在《日耳曼尼亚历史纪念集》(*Monumenta Germaniae historica*)这本书中,首次公布了第一个人们期待已久的校对本。这个版本虽然广受批评,但还是足以使此前其他所有的手抄本丧失了价值,它也是下面这个德文译本所参考的主要依据。

本书以罗马数字表示章数[②],[]括号中的阿拉伯数字表示(耶稣)基督(Jesus Christus)诞生后的年数。

威廉·马滕斯

公元1913年5月于康斯坦茨

① 我曾经在海德堡大学图书馆中的一次藏品展览里,看到过全部这些抄本。——原注

② 为方便读者阅读,在中译本中,罗马数字一律被改为阿拉伯数字。——译注

哥 特 史

前　　言

当我正乘坐着一叶小舟，沿着宁静的海岸线航行，像有人[①]所 1
说，打算在几个老鱼塘里捞一点生鱼胶之际[②]，你，卡斯塔里乌斯兄弟，却强迫我把船帆转向那深不可测的水域。那时你诚恳地劝我说，我应该放下当前正在从事而且眼看就要完成的编年史撰写工作，转而把元老那套有关该塔伊人的起源以及描述他们从古至今在诸多君王和贵族率领下的行为的12卷文集[③]加以删节，并润色和增补为一本简明易懂的小册子。

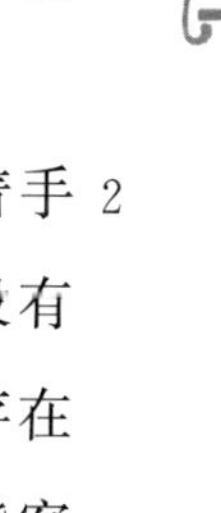

乍看上去，这就已经是一件十分困难的工作了，但在真正着手 2
进行之前，谁也猜不出，它的工作量到底会有多大。而且你也没有考虑到，相对于所要完成的宏大任务来说，我的表达水准无疑存在着缺陷。尤其麻烦的是，我无法采集到必需的相应材料，以便能客观地了解元老写作时的真正想法。但为了至少不说假话，我在不久以前花了三天时间，请他当年的一位下属将这本书为我通读了一遍。当时他所念的原话，我现在记得不完全准确；不过我相信，

① 出自卢菲努斯给《罗马信札》原注译文写的前言，而且不光是这一段，而是该文的整个前半部分。——原注

② 古代西方谚语，比喻十分容易做的事。——译注

③ 即弗拉维乌斯·马格努斯·卡西奥多卢斯所著的《哥特史》。——译注

其大致意思和所涉及的史实仍然还清楚地保留在自己的脑海里。

3　最后,我又把希腊语和拉丁语历史文献里的一些资料补充进来,再用我自己的语言略微加以点缀。所以,现在请你高兴地接受这本书,并带着快乐的心情去阅读它吧！别忘了,这可是你交给我的任务。如果我不幸忽略了什么,或者你从别人那里了解到什么与此有关的新材料的话,就赶紧提笔添加进去。为我祈祷吧,亲爱的兄弟,愿天主与你同在！阿门。

公元551年,约达尼斯

1　世界地理概况

按照奥罗修斯的意见[①]，我们的祖先认定，被海洋环绕的整块 4
大地实际上是一个三角形，由所谓的亚细亚（Asia）、欧罗巴（Europa）和阿非利加（Africa）这三部分组成。无数的作家曾经描述过它们的范围，他们不光以“里”和“步”为单位估算了各个城市和田野之间的距离，以及诸如较大的曲克拉德斯（Cyclades）或较小的斯坡拉德斯（Sporades）等群岛的形状，而且还测量了潮汐的落差。

但是，那离我们最为遥远、无法逾越的大洋，不仅还没有被描 5
述过，甚至还从未被游历过，因为人们知道，由于海草的阻力过大和风力极度缺乏，世界上没有任何船只能够渡过它。

不过，靠近大陆、花环形状的海岸附近地带的情况，已经被爱 6
好冒险和博学多闻的人们了解得很详尽了。更何况，在许多海岛上，还有人类的足迹，例如东方印度洋（Indian Ocean）上的叙坡德斯（Hyppodes）[②]、亚穆涅西亚（Jamnesia）、索里斯·培鲁斯塔

---

① 在他作品的卷Ⅰ,2,1处可以找到下面的原话。——原注

② 尤利乌斯·霍诺留斯(Julius Honorius)也曾提到过叙坡德斯岛，以及下面的这些岛屿，他们所使用的可能是同一材料来源。——原注

(Solis Perusta)(虽然那里因为过于炎热而不太适合居住,但它的广大面积却有力地弥补了这一不足)各岛,以及塔普罗巴尼(Taprobane),一个布满居民点的漂亮岛屿,其中的十座城市可以说是特别发达。还有可爱的希勒凡提纳岛(Silefantina),以及尚未被任何一位作家描述过、但人口密度却相当大的提罗斯岛(Theros)。

7 在这片大洋的西部,还有一些其他的岛屿,由于和我们这里存在人员来往的关系,也是广为人知的。在离伽德斯(Gades)海峡①不远的地方,有一对姐妹岛,其中一座叫做祝福岛(Beata),另一座则叫做幸运岛(Fortunate);有些作家还把加利西亚(Gallicia)和卢西塔尼亚(Lusitania)②的两个突出部分也算入海岛之内,在其中一个上面建有赫尔库勒斯(Hercules)③的神庙④;而在另一个上面,我们直到今天还能看到西庇阿(Scipio)⑤所建的纪念碑⑥。但是,因为它们在某些地点和高卢相连,所以与其被称为岛屿,还不如被划入欧洲大陆来的恰当。

① 即直布罗陀(Gibraltar)海峡。——译注

② 古罗马的两个省份,加利西亚省的疆域相当于现今西班牙西北部地区,卢西塔尼亚省的疆域相当于现今葡萄牙的大部和西班牙西南部之和。——译注

③ 希腊神话中的大力神。——译注

④ 在(西班牙)韦尔瓦(Huelva)城对面的一座海岛,实际上属于瓦伊提拉省(Vaetila)管辖。——原注

⑤ 又译斯齐皮奥,布匿(Puni)战争中两位同名的罗马将军之一,此处指的大概是在第二次布匿战争中击败伽太基将领汉尼拔(Hannibal)的大西庇阿·阿非利加努斯(Scipio Africanus)。——译注

⑥ 该纪念碑应当位于瓦伊提斯河(Vaetis)或瓜达尔基维尔河(Guadalquivir)的入海口附近的一块礁石上,这里是与圣文森特角(Kap St. Vincent)上的圣丘(Promuntorium sacrum)搞混了。——原注

在这片浪涛的远处，还有被叫做巴利阿里(Baleares)的一群岛屿，另一群则叫做美瓦尼亚(Mevania)。还有由33座岛屿组成的奥尔卡德斯(Orcades)群岛，但它们并非全都有人类居住。 8

在极西方，还有一座叫退勒(Thyle)的岛屿[①]，某些民族，例如曼图亚人(Mantuan)[②]，把它看作世界的尽头[③]。在这片巨洋的北部，另有一座广大的岛屿，名字叫做斯堪德扎[④]。它和我们在上帝的帮助下展开的叙述有很大的关系，因为你对其起源感兴趣的那个民族，就是从那里出发，朝着欧洲大陆蜂拥而来的。 9

① 通常认为，退勒岛即冰岛。——译注

② 曼图亚城(Mantua)坐落在意大利北部的波河平原上，是古罗马大诗人维吉尔的出生地。此处的"曼图亚人"指曼图亚城的居民。——译注

③ 出自维吉尔(Vergil)的《农事诗》(*Georgila*)，I，30。——原注〔译者按：维吉尔，古罗马大诗人，公元前70年生于曼图亚城，在经营农场破产后前往罗马和那不勒斯等地，于公元前19年病逝于布林迪西(Brindisium)。主要著作有《农事诗》、《狩猎诗》(*Eclogae*)和《埃涅阿斯》(*Aenais*，讲述罗马祖先阿涅伊斯从特洛伊城逃出，到意大利建国的历史)等。〕

④ 即斯堪的纳维亚半岛。"斯堪德扎"是古日耳曼语，意为"海岸"。——译注

2 不列颠岛

10 现在我想尽量简短地叙述一下不列颠(Britania)岛,它处于被西班牙、高卢和日耳曼尼亚(Germania)环绕的那个海湾之中。正如李维[①]所报道的那样,虽然当时好像还没有人完成过环绕它的航行,但是我们仍然有办法估算出它的大小。尤利乌斯·恺撒(Julius Caesar)为了自己个人的荣誉而发动了一系列的战争,终于征服了这块此前罗马军队根本无法接近的地区。从此,那里就对商人和带着其他目的的人开放了。在我们这个富有探索精神的时代开始之前,拉丁语和希腊语文献已经提供了一些较为详细的有关资料。

11 其中大多数都把不列颠描述为一个三角形的岛屿,其中最为尖细的那个角朝西北方延伸,而度数最大的那个角则指向莱茵河口,从那里向其他两角出发,岛的宽度逐渐缩减,较长的两边正对着高卢和日耳曼尼亚。由东往西,它最大的宽度约为 2 310 站[②];由南往北,它最大的长度不会超过 7 132 站[③]。

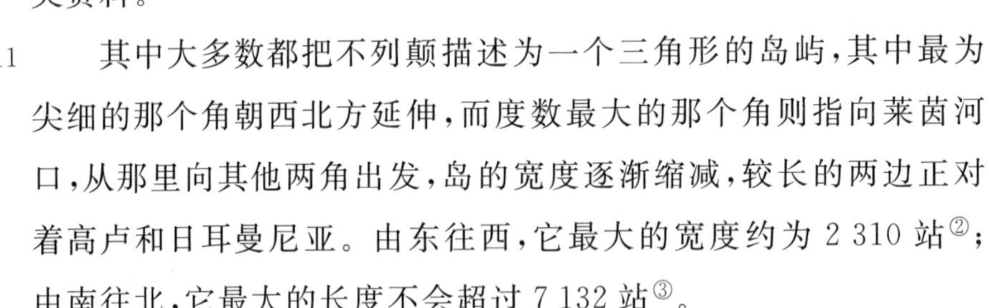

① 提图斯·李维(Titus Livius),罗马帝国的著名历史学家,生于公元前 59 年,卒于公元 17 年,著有 142 卷《罗马史》,现存仅 35 卷。——译注

② 1 罗马站约合 182 米,2 310 站相当于 420 千米。——译注

③ 约合 1 298 千米。——译注

它主要是一片被灌木丛和树林所覆盖的平原，偶尔也能见到 12
几座山丘。围绕它的潮流并不强劲，只能给划桨的人带来些小麻烦，而且水位并不因风速上升。这可能是因为大陆位置太远，海水无法移动的缘故[①]——要知道，这里的海面比世界上其他任何地区都要宽阔。但斯特拉波（Strabo）[②]——一位著名的希腊语作家——却报道说，因为经常被海水淹没，那里的地面非常潮湿，从地里升起的水雾几乎可以挡住阳光的照射，并且阻碍人们的视线[③]。

《编年史》的作者科涅利乌斯（Cornelius）[④]还写道，在离它很 13
远的北方，夜晚既明亮又短暂。它蕴藏的金属资源十分丰富，几乎囊括了所有的草本植物品种，所以牛比人更加适宜在那里生活。很多重要的江河流经这片土地，水中夹杂着钻石和珍珠。希卢尔

① 此句和下一句都出自塔西佗（Tarcitus）的《阿古利可拉传》（*De vita Julii Agricolae*，简称 *Agricola*）10 和 11。——原注〔译者按：塔西佗，全名普布里乌斯·科涅利乌斯·塔西佗（Publius Cornelius Tacitus），罗马帝国的著名历史学家、文学家和政治家，生于公元 55 年，卒于公元 116 年前后，曾担任过罗马执政官和亚细亚行省总督。著有《历史》（*Historiae*）、《编年史》（*Annales*）、《日耳曼尼亚志》（*De origine et situ Germanorum*，简称 Germania）等多部重要作品。阿古利可拉，全名格奈乌斯·尤利乌斯·阿格里考拉（Gnaeus Julius Agricola），旧译"阿古利可拉"，塔西佗的岳父，生于公元 37 年，卒于公元 93 年。他曾于公元 77—84 年担任罗马帝国的不列颠行省总督，在任期间征服了英格兰北部和苏格兰南部的大片土地，还主持过地理探险活动，证明了不列颠是一座封闭的岛屿。《阿古利可拉传》是塔西佗本人第一部公开发表的文学作品。Agricola 一词在拉丁语中的原意是"农民"。〕

② 古希腊地理和历史作家，生于公元前 63 年，卒于公元 19 年，著有 17 卷的《地理志》（*Geographica*）。——译注

③ 斯特拉波在其书Ⅳ，5，2 中曾说，因为雾气太大，即使在晴天，不列颠的人们也只能看见 3—4 个小时的太阳。——原注

④ 即塔西佗。——原注

人(Silure)肤色较深,他们的头发呈黑色或灰色。喀里多尼亚(Caledonia)[①]地区居民的头发则是红色的,虽然个子很高,但身材并不强壮。他们的外貌和西班牙人(Spaniard)或高卢人(Gaul)近似,由此产生了他们来自外界的猜测。

14 那里所有的居民和君主,都处在野蛮的状态。据著名的历史学家迪奥(Dio)[②]说,他们甚至连自己的名字,都是从喀里多尼亚人(Caledonian)和迈亚特人(Maeatae)那里照搬过来的[③]。他们住在帐篷或灌木丛里,那里也是牲畜的窝棚。

15 不知道是为了好看,还是其他什么目的,他们习惯用铁刀给自己文身。这些人之间经常交战,目的不外乎是为了争夺地域和领导权。在战争时,他们不光骑马和步行,而且还会驾驶几种双轮战车。关于不列颠岛,我就说上这么多,想来应该是足够了。

① 即苏格兰北部。——译注

② 全名迪奥·卡西乌斯(Dio Cassius),古罗马历史作家,生于公元155年,卒于公元235年前后,著有80卷《罗马史》,现存第1—35卷和第61—80卷。——译注

③ 出自迪奥·卡西乌斯著作的第76卷,该书只有一段后人摘录的残篇保存下来。——原注

3 斯堪德扎岛

现在，让我们回到原先的出发地——斯堪德扎岛。在一位出 16
色的地理学者克劳迪乌斯·托勒密的第二卷著作中，提到了下列
的内容：在北方的冰海里，静卧着一座名叫斯堪德扎的巨大岛屿，
它的形状犹如一片边缘光滑的柠檬树叶，但叶子的后半部分被拉
得特别长。

庞培·梅拉（Pomponius Mela）也曾报道过这座岛屿[①]，说它 17
处于科丹湾（Codan Gulf）内，正对着始于萨尔马提亚山脉
（Sarmatia）的维斯图拉河（Vistula）[②]，这条河把斯堪德扎、日耳曼
尼亚和斯奇提亚（Scythia）[③]分隔开来，然后分三路流入北海。它
的东方还有一个极大的内陆湖，水量充足的瓦古斯河（Vagus）从
那里注入其中；在西方，它被无尽的盐水环绕着；在北方也是如此，
包围它的大洋完全没有尽头，根本无法航行，日耳曼尼亚海[④]实际

① 此处的叙述显然是错误的，因为庞培·梅拉对斯堪德扎岛的存在一无所知。——原注

② 即维斯瓦（Wisva）河。萨尔马提亚山脉即喀尔巴阡（Carpathian）山脉，位于中欧南部。——译注

③ 也译作西徐亚或斯基泰，其疆域大体上即东欧南部。这个名字来自下文提到的斯奇提亚人。——译注

④ 又称苏阿维海，即今波罗的海。——译注

上只是它的一个海湾。

18 那里星罗棋布着众多的小岛，为了躲避北方可怕的寒冬，通过冰冻的海面南下的野狼经常在这里迷失方向。这块土地不仅特别不适合人类居住，而且对动物也同样危险。

19 尽管如此，斯堪德扎岛上却依然居住着为数众多的民族，托勒密只提到了其中七个的名字[①]。因为那里的天气实在太冷，所以没有任何民族能繁衍到像蜂群那样大的数目。在这座岛屿的北部，居住着名叫阿多吉特(Adogit)的民族，他们每年夏天有 40 个昼夜能一直看到阳光，冬天还有同样长的时间完全处于黑暗之中。

20 因此在那里，忧愁和喜悦、好坏时光之间的循环规律与其他地区截然不同。这是为什么呢？因为在夏天，当太阳从东方返回时轨道偏北，所以他们仍然可以在地平线上看到它的光明。反之，太阳的运行轨道在冬天偏南，导致在北方的地平线以上就什么也看不见了。

21 在那里居住的其他居民有斯科尔菲奈人(Screrefennae)[②]，他们不会种庄稼，以打猎和捡鸟蛋为生。那里沼泽中的鸟窝数目如此之大，以至于完全可以供应整整一个民族全部的日常食物。另

---

① 出自托勒密著作Ⅱ，11，35。——原注

② 普洛科皮乌斯 (Procopius)称之为“斯科里提菲尼人”(Scrithifini)，保卢斯·迪亚考尼斯(Paulus Diaconis)称之为“斯科里托菲尼人”(Scritofini)。——原注〔译者按：普洛科皮乌斯，拜占庭帝国将领和历史学家，公元 500 年前后生于今巴勒斯坦地区的恺撒里亚城，自公元 527 年起担任拜占庭帝国元帅贝里萨留(Belisarius)的副官，参加了由后者指挥的汪达尔战争和哥特战争，著有《秘史》及《波斯战记》、《汪达尔战记》和《哥特战记》等三部战争史，合称《战争史》或《查士丁尼战记》。〕

一个住在那里的民族是苏汉斯人(Suehans),他们和图林根人(Thuringian)[①]一样,饲养着出色的马匹,还经许多其他民族之手,在交通要道上向罗马人出售鼬鼠毛皮[②],并以这些黑色毛皮的优良品质而闻名。这些穿着世界上最华贵的皮衣的人就这样过着极其简陋的生活。

除他们之外,那里还居住着一大批其他的民族:陶斯特人 22
(Theuste)、瓦哥特人(Vagoth)、贝尔吉奥人(Bergio)、哈林人(Hallin)、利奥提达人(Liothida)。他们居住在平坦而肥沃的上等土地上,所以必须要提防其他眼红的部落入侵。接下来是阿赫米尔人(Ahelmil)、费奈泰人(Finnaithae)、费尔维尔人(Fervir),以及高提哥特人(Gauthigoth),一个勇敢而好战的民族。此外还有密西人(Mixi)、欧阿格里人(Euagre)和奥廷吉斯人(Otingis)[③]。他们全都在山冈上凿挖出的石洞里,像野兽那样地生活着。

在更加靠外的地区内,居住着东哥特人(Ostrogoth)、劳马里 23
克人(Raumarici)、埃拉格纳里克人(Aeragnaricii),以及性格比所有其他斯堪德扎的土著都温和的芬人(Finn)。更远的地方居住着维诺维利特人(Vinovilith)和苏台德人(Suetidi),后者以他们在斯堪德扎岛上超常的身高而著名。还有丹人(Dani),他们在把赫卢

① 西日耳曼民族,公元6世纪之前居住在易北河和威悉河(Weser)之间,于公元531年被法兰克人和萨克森人联合征服。——译注

② 这里指的肯定是蓝黑色的黑貂皮。——原注

③ 这段文字无疑有多处残缺。——原注

利人(Heruli)[①]——全岛身材最高的民族——驱逐走以后,就居住在这附近。

24 格拉尼人(Grannii)、奥甘迪兹人(Augandzi)、欧尼西人(Eunixi)、泰特人(Taetel)、卢吉人(Rugi)[②]、阿罗奇人(Arochi)、拉尼人(Ranii)等部落,也都在这一带活动。不久以前,他们被国王罗德乌尔夫统治着,此人因为感到自己的国家太小,所以在哥特王提奥多里克的保护伞之下求得了令人满意的庇护。上述这些民族,在身材和勇气上都大大超过了日耳曼人,他们战斗的方式是极其野蛮的。

① 东日耳曼民族,也称"埃卢利人"(Eruli)。公元2—4世纪居住在黑海北岸,一度曾是东哥特人的附庸,后被匈人征服。匈人帝国瓦解后,他们也随之独立,占据了今捷克和奥地利北部地区,最终于公元508年被西日耳曼民族伦巴第人(Langobard)吞并。——译注

② 东日耳曼民族,于公元488年被意大利国王奥多阿克吞并。——译注

4 哥特人的迁移

据说在国王伯里格(Berig)的率领下,哥特人离开了这座好似 25
民族作坊或万国之母般的斯堪德扎岛。在即将下船上岸之际,他
们给自己起了“哥特”这样一个名字。时至今日,人们还管那块土
地叫做“哥特斯堪德扎”(Gothiscandza)[①]。

哥特人从此出发,首先进入了原来居住在海岸边的乌尔美卢 26
吉人(Ulmerugi)的领土,在一次野战之后,把他们赶出了他们的故
乡。哥特人的邻居汪达尔人(Vandal)[②]早已被他们征服,而且在
战败之后为他们效劳。当部落内的人口越来越多之时,伽达里克
(Gadaric)之子菲利梅尔(Filimer)　　大概是伯里格之后哥特人
的第五位国王——决定率领哥特大军和他们的妇女及儿童们,再
次向远方迁移。

他四处寻找合适的居住地点,最终决定到土地肥沃的斯奇提 27
亚去,居住在那里的民族自称“奥伊乌姆人”(Oium)。哥特人此次

---

① 意为“哥特人的海岸”,即今波兰北部沿海地区。——译注

② 东日耳曼民族,意为“流浪者”。公元406年渡过莱茵河,侵占西罗马帝国的高卢和西班牙诸省。公元429年又渡过直布罗陀海峡,占领了迦太基、毛里塔尼亚等北非地区和撒丁等地中海岛屿,公元455年洗劫罗马城。公元535年被拜占庭统帅贝里萨留征服。——译注

迁移的路上有条大河，在一半人已经过河之后，河上的桥突然不幸断了，无法再行修复。因此此岸上的人过不去，彼岸的人也回不来了。要知道，当地是被大块危险的沼泽所包围的，而其他的自然条件又使其变得双重地难以通行。至今那里也只有畜群活动，虽然流浪汉声称，他们在远处看见过那里有人类出没。

28 被菲利梅尔带领过河的那部分哥特人，立即开始着手扩张领土。首先抵抗他们的民族名叫斯帕利人(Spali)，但在一场战斗以后就被解决了。在一系列的胜利之后，他们抵达了斯奇提亚的最远端和本都(Pontus)国的北部边界，如同他们在自己的史诗中所歌唱的那样。这也被阿布拉比乌斯所证实，他在自己值得信赖的史书里，出色地描述了哥特人。

29 我们不知道，为什么约瑟夫(Josephus)，一位最博学的、擅长发掘事件真相、探寻万物本源的作者，竟然会没有叙述哥特人的起源。他只提到，玛各(Magog)①来自这个民族，并且补充说，他们和他们的名字都起源于斯奇提亚人(Scythian)②。现在，我们必须像前面其他地区那样，描述一下斯奇提亚这块土地的情况。

① 玛各是雅弗(Japhet)的一个儿子，按照约瑟夫在其书《犹太古史》(Antiquitates)中的说法，来自斯奇提亚人的部落。——原注〔译者按：按照《圣经·旧约·创世记》第十章的记载，雅弗是大洪水之后幸存下来的人类始祖诺亚(Noah)的第三个儿子，而玛各则是雅弗的第二个儿子。〕

② 也译作西徐亚人或斯基泰人，一个起源于伊朗北部、后来扩张到东欧平原的印欧语系游牧族群，兴盛于公元前7—前3世纪，曾对中东和希腊文明构成过长期的威胁。阿兰人也常常被认为是斯奇提亚人的支系民族。——译注

5 斯奇提亚

斯奇提亚与日耳曼尼亚接壤的边界一直延伸到伊斯特河 30
(Ister)[①]的发源地，或者说，直到莫希安湖(Morsian sea)开始的地点为止。它的版图从此向东扩展至图拉斯河(Tyras)[②]、达纳斯特河(Danaster)、瓦高索拉河(Vagosola)[③]流域，以及巨大的达纳伯河(Danaper)[④]和陶卢斯山脉(Taurus)一带。这不是那条位于亚细亚的陶卢斯山脉，而是一条斯奇提亚的陶卢斯山脉，它沿着莫伊提斯大沼泽(Moetis)[⑤]，通过博斯普鲁斯海峡(Bosphorus)，直至高加索山脉(Caucasus)和阿拉克塞斯河(Araxes)。斯奇提亚的疆土一直绵延至此，然后再自里海(Caspian Sea)后方向左转，抵达东北方的大海，即外亚细亚地带。从此开始，它的形状变得像一块面积

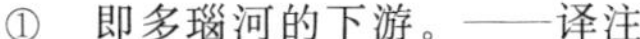

① 即多瑙河的下游。——译注

② 莫希安湖是位于下德劳(Drau)附近的摩尔萨(Mursa)下方的一片沼泽。德聂斯特(Dnestr)河被古希腊人称为图拉斯河，约达尼斯此处沿用了这个说法，但这个名字后来在本书中并没有再出现过。——原注

③ 图拉斯河、达纳斯特河、瓦高索拉河分别指德聂斯特河的下游、中游和上游。——译注

④ 即第聂伯河(Dnepr)。——原注

⑤ "亚细亚的陶卢斯山脉"即土耳其南部的托罗斯山脉(Toros)，"斯奇提亚的陶卢斯山脉"即乌克兰南部克里米亚(Crimea)半岛上的特拉布宗山脉(Trabzon)(也称克里米亚山脉)。莫伊提斯大沼泽(Moetis)即亚速海(Azovskove Sea)。——译注

非常宽阔的圆蘑菇，最后延伸至匈人、阿尔巴尼人（Albani）和中国人（Seres）[①]的地盘。

31 所以说，这在长度和宽度两个方面都相当可观的斯奇提亚，东抵中国人——根据他们自己早期的历史记载，是一个居住在里海沿岸的种族——的领土，西至维斯图拉河畔的日耳曼尼亚人的领土，北抵大洋，南达波斯（Persia）、阿尔巴尼亚（Albania）、伊比利亚（Iberia）、本都海（Pontus sea）[②]，以及伊斯特河沿岸。从入海口到发源地，这条河有时也被叫做多瑙河（Danube）。

32 在和本都海交界的地区，它与下列著名的城镇接壤：伯里斯特尼斯（Borysthenis）、奥尔比亚（Olbia）、卡里波利斯（Callipolis）、切尔索纳（Chersona）、提奥多西亚（Theodosia）、卡里昂（Careon）、密尔米孔（Myrmicion）和特拉佩宗（Trapezus）[③]，那座野蛮的斯奇提亚人出于方便贸易的动机之下，许可希腊人（Greek）建立起来的城市。在斯奇提亚内部，有一块把亚细亚和欧罗巴分开的地区，即所谓的莱帕伊安山脉（Rhipaeian）[④]，汹涌的塔奈斯河（Tanais）[⑤]就是

① 阿尔巴尼人是高加索山区的一个土著民族。中国人在拉丁语里被叫做“赛尔人”（Seres 或 Seris），意为“丝绸人”，因为中国当时在西方以制造丝绸（丝绸在拉丁语中被叫做 Serica）而闻名。下文所说的“中国人的领土”即与罗马帝国同时代、在中亚地区十分活跃的汉帝国。——译注

② 此处所说的阿尔巴尼亚和伊比利亚并非现代的巴尔干半岛西南部和西班牙，而是指高加索山脉南麓靠近黑海的地区，即格鲁吉亚一带。本都海即黑海。——译注

③ 这些城市均位于今土耳其西北部的沿海地区。特拉佩宗即特拉布宗城。——译注

④ 即乌拉尔山脉（Ural）。——译注

⑤ 即顿河（Don）。但顿河并不发源于乌拉尔山脉，约达尼斯在这里是把顿河的上游和伏尔加河弄混了。——译注

从那里奔向莫伊提斯大沼泽的。这片巨型沼泽周长不下 144 000 步，但在任何地点都不深于 8 码①。

第一个在斯奇提亚西部生活的民族是格皮德人(Gepidae)，众 33
多重要的大河穿越他们的国度：从北向南流淌着提希亚河(Tisia)，多瑙河②自西而来，福卢陶西斯河(Flutausis)③自东而至，最终都高速注进伊斯特河中。

再向里一些，则是被像花环形状的坚固山脉保护着的达西亚 34
(Dacia)④，而在它们的左侧，即向北延伸的边界附近，从维斯图拉河(Vistula)⑤的源头走上很长的一段路后，就能看见居住在那里的大批维尼特人(Venethi)⑥。他们中最主要的两个部落叫斯克拉文人(Sclaveni)和安特人(Ante)，这在当地不同部落方言里的发音有所不同。

斯克拉文人拥有诺维图努姆城(Noviodunum)和从所谓的莫 35
希安湖直至达纳斯特河畔的地盘，向北抵达维斯图拉河。他们自己并不住在城市里，而是生活在沼泽和森林中。和斯克拉文人相

① 1 步约合 1.48 米，144 000 步相当于约 213 千米。1 码约合 1.78 米，8 码相当于 14.2 米。——译注

② 这里的“多瑙河”指现今多瑙河的中上游，而“伊斯特河”则特指多瑙河的下游。——译注

③ 可能指的是阿卢塔河(Aluta)。——原注

④ 古东欧地区名，疆域大体上相当于今罗马尼亚和摩尔尔瓦。——译注

⑤ 维斯图拉河是维斯瓦河(Weichsel)的古名，也常拼作 Viscla。——原注

⑥ 古斯拉夫人的统称。“斯拉夫”之名就来自下文的“斯克拉文人”，意思是“奴隶”，因为他们当时常常受到罗马人和日耳曼人的奴役。另一说，“斯拉夫”之名来自 Slovo 一词，意思是“单词”。安特人是东斯拉夫人，即今俄罗斯、白俄罗斯、乌克兰等民族的共同祖先。——译注

反，安特人，维尼特人中最勇敢的部落，住在本都海的转弯处，从达那斯特河直到达纳伯河，其间人们步行要走上许多天。

36　海岸附近，就是维斯图拉河分三路流入北海的地方，住着维迪瓦里人（Vidivarii），一个由许多不同的部落混合而成的民族。他们后面住着埃斯特人（Aesti），一个非常爱好和平的民族。在他们的南方，住着一个名叫阿卡泽里人（Acatziri）[①]的勇敢民族，他们不吃水果，只靠畜牧和狩猎为生。

37　在他们的对面，即本都海的上方，分布着保加利亚人[②]的营帐，我们那一连串不幸的罪孽，最早便是从他们开始的。匈人，这个最勇敢的民族，从他们那块肥沃的土地上起兵，开始向周边的两个民族发动扩张战争。这两个不幸的民族叫做阿尔兹亚吉尔人（Altziagiri）和萨维尔人（Saviri）[③]，他们本来住在风马牛不相及的两块土地上。阿尔兹亚吉尔人处于切尔索纳城附近，亚细亚贪婪的商人们经常往那里输入货物。夏天，这些人赶着畜群向远处的荒原漫游，哪里草料肥美，便于放牧，他们就在哪里居住；冬天，他们则回到温暖的本都海滨去。另一个民族：胡努古尔人（Hunuguri），却是通过他们那里的鼬鼠毛皮交易而广为人知的。然而即使是这

① 意思是“森林人”，被认为是匈人的一个部落。——译注

② 对于此处的“保加利亚人”到底指哪个民族，学术界颇有争议。现代保加利亚人属于斯拉夫民族中靠南的一支，可能并非约达尼斯所说的“保加利亚人”的直系后代。但保加利亚人也被认为与古代的匈人和突厥人有血缘关系，“大保加利亚人”来自匈人中的“乌图古尔人”（Uturguri），“黑保加利亚人”来自匈人中的“库图古尔人”（Cuturguri）。他们原本居住在黑海北岸，因拜占庭人的挑拨而相互敌视，后来被入侵的阿瓦尔人驱赶进巴尔干半岛。——译注

③ 这两个民族后来也都被算作匈人的部落。——译注

样勇敢的大个子，在他们粗野的邻居面前也会感到害怕。

从哥特人口中，我们得知，他们较早时住在斯奇提亚靠近莫伊 38
提斯大沼泽的地区，随后迁徙至莫伊西亚[①]、色雷斯（Thrace）、达西亚一带，最终又来到了本都海北岸。至于像他们一开始在不列颠或其他什么岛屿受到压迫，后来被某个外乡人用一匹马的价格赎得自由的童话，我们感到编造得一点也不出色。即便有谁对这段历史有不同意见的话，我们的看法也不会改变：和在老妇人口头上流行的传说相比，我们宁可相信白纸黑字的文件。

现在让我们回到哥特人，在他们历史的第一阶段，即居住在斯 39
奇提亚靠近莫伊提斯大沼泽的地区，他们曾拥有过一位名叫菲利梅尔的国王。在第二阶段，即居住在莫伊西亚、色雷斯、达西亚一带时，很多历史作家都提到过，他们那里有一位出色的哲学家扎尔莫克西斯（Zalmoxes）。在他之前，还有个名叫邹塔（Zeuta）的聪明人，以及较迟的迪西纽斯（Dicineus），再加上最后的扎尔莫克西斯本人，这三个人都是智慧的教师。

哥特人比所有其他野蛮人都要有教养，几乎可以与希腊人相 40
提并论，就像用希腊语写作历史和年鉴的迪奥[②]所记载的那样。他说，哥特的王室和祭司子弟开始被叫做塔拉波斯特赛（Tarabostesei），后来则叫皮勒阿提（Pilleati）。哥特人的名气是如此之大，以至于人们传说，被诗人们赞颂为战神的玛尔斯

① 在较为完整的版本中，在此处和其他几处都被写作“密西亚”（Mysia），但并非一直如此。——原注

② 不是迪奥·卡西乌斯，而是迪奥·克于索斯托慕斯（Dio Chrysostomus），此人曾写过一部名叫《该塔伊人》的史书，下面的记载出自此书的Ⅸ，58。——原注

(Mars),就是在他们那里诞生的。维吉尔又补充说:“还有父神格拉迪乌斯(Gladivus)[①],哥特国的主神。”[②]

41 哥特人用一种残酷的方式祭祀玛尔斯——拿战俘作他的牺牲,因为他们相信,人血是平息战神怒气的最好礼品。在战神的灵位前,人们表扬第一批俘虏敌人的勇士,把战利品[③]悬挂到树梢上。这被认为是战神特别的荣耀,因为看上去哥特人证实了自己祖先那神圣而值得尊敬的出身。

42 在历史的第三阶段,即他们居住在本都海北岸时期,如我们前面看到的那样,他们已经相当地文明化了,分为两个贵族集团:西哥特人属于巴尔特(Balthi)家族,而东哥特人[④]则属于著名的阿马尔家族。

43 在邻居之间,他们最先努力地用筋腱造的弦来拉弓,就像首先是历史学家、其次是诗人的卢坎(Lucan)所讴歌的那样:“用哥特人的弦拉亚美尼亚人(Armenian)的弓!”[⑤]在此之前,他们就已经开始用歌声和琴声来赞颂自己祖先的丰功伟绩,比如埃特帕马拉

① 即拉丁文中的“短剑”(Gladius)。——译注

② 出自《埃涅阿斯》,Ⅲ,35。——原注

③ “战利品”指敌人的首级,以及军马和骡子被剥下来的毛皮。——译注

④ “西哥特人”之名来自 Wesegothi,意为“好哥特人”;“东哥特人”之名来自 Ostrogothi,意为“光辉的哥特人”。——原注(译者按:对这两个名称的含义,还有其他不同的解释,其中影响比较大的一种是这样的:“东哥特人”原来自称 Grutungi Austrogoti,意思是“沙滩哥特人”或“平原哥特人”,因为他们住在第聂伯河下游的沙滩上;而“西哥特人”则自称 Terwingi,意思是“森林居民”,因为他们居住在达西亚行省的森林里。后来,Austrogoti 一词演变成了 Ostrogothi,而 Terwingi 则演变成了 Visigothi 或 Wesegothi。)

⑤ 《法尔萨》(*Pharsal*),Ⅲ,221。——原注

(Eterpamara)、哈纳拉(Hanala)、弗里提格(Fritiger)、维迪哥亚(Vidigoia),以及其他在这个民族中享有崇高地位的名人,好像神奇的古代全然忘记了赞颂这些英雄们,因此急需他们来加以补充一样。

埃及王温索西斯(Vensosis)当年肯定在斯奇提亚进行过一场 44
对他来说极其悲惨的战斗,对手是古代所谓的"亚马孙人(Amazon)[①]的丈夫们",因为他们的妻子也同样上战场,就像奥罗修斯在他第一本著作里肯定地叙述的那样[②]。我们认为,他很可能曾与哥特人交锋过;而他和"亚马孙人的丈夫们"作战的历史,则已经确凿无疑了。因为当时这些人住在博于斯特尼斯(Borysthenes)河,即被它的居民称作达纳伯河的流域,直到塔奈斯河在莫伊提斯大沼泽边的转弯处为止。

我所说的"塔奈斯河",是指那条从莱帕伊安山脉发源,然后分 45
成两路的河流。当与它临近的河流和莫伊提斯大沼泽都流向南方的博斯普鲁斯海峡时,它却向北流入北方冰冷的大洋,这里便是亚细亚与欧罗巴那著名的边界了。它的另一路从克林尼人(Chrinni)所在的群山开始,流入南方的里海。

① 意思是"无胸者",传说中的古代西亚的母系民族,骁勇善战,极盛时期控制着里海周边的广大地区。据说为了便于射箭,她们习惯割除自己的右侧乳房,由此得名。约达尼斯在这里暗示我们,"亚马孙人的丈夫们"就是哥特人。——译注

② 奥罗修斯在其著作的Ⅰ,14中写道:"埃及人之王温索泽斯(Vensozes)是第一位与斯奇提亚人交战的君主。当时斯奇提亚人有两位年轻的国王,一位叫普吕诺斯(Plynos),另一位叫斯科罗费图斯(Skolopythus),他们率领一支由年轻人组成的庞大军队迎战,但却因中了埃及人的伏击而惨遭杀戮。他们的妻子此后也拿起武器战斗,因而被称为亚马孙人。"——原注

46 达纳伯河起源于一块巨大的沼泽地，就像婴儿从母亲的子宫里出来那样。河道里充溢着可以饮用的淡水，还盛产味道不错的软骨鱼。但在本都海附近，它却与另外一条名叫埃克萨姆菲斯（Exampaeus）的小河交汇，那里的水如此之苦，以至于把人们划40天船所能抵达的广大水域里的水都搅得难喝而且浑浊了。在希腊城市卡里皮达伊（Callipidae）和叙帕尼斯（Hypanis）之间，达纳伯河流入大海。在它的河口前，有一个名叫阿基琉斯（Achilles）[①]的岛。这两者之间，还有一片广阔的荒地，茂密的森林和危险的沼泽覆盖着它。

① 荷马史诗《伊利亚特》中的英雄，因为曾经被母亲握住脚后跟，浸泡在冥界之水中，得以浑身刀枪不入，唯有未接触过冥界之水的脚后跟部位是其弱点。后来果然在战斗中被敌人射中跟腱，因伤致死。——译注

6　中东

当哥特人完成迁徙，塔瑙西斯(Tanausis)登上王位的时候，埃 47
及国王温索西斯发动了针对他的战争。哥特王塔瑙西斯在法希斯河(Phasis)[①]，就是盛产在世界各国宴会上广受欢迎的野鸡的那条河流附近迎战，把温索西斯打得大败，并将其一直追回埃及。要不是无法渡过的尼罗河帮忙，以及温索西斯在这很久以前，为了抵御埃塞俄比亚人的入侵而构筑的坚固防线阻挡，他无疑就要在自己的国家内被消灭了。但当塔瑙西斯无法抓到温索西斯，而从埃及返回斯奇提亚的途中，他还是在归途中征服了差不多整个亚细亚[②]，并迫使他的好友、米底人(Mede)的国王索努斯(Sornus)向他进贡[③]。这时，他常胜大军中的一部分，被亚细亚那些富饶美丽的省份所深深吸引，于是决定脱离队伍，留在当地定居下来。从他们

① 即今格鲁吉亚的因古里河。——译注

② 里所谓的亚细亚，只包括伊朗高原以西的亚洲部分。——译注

③ 这段伪造的哥特人历史源于公元前7世纪斯奇提亚人在西亚的征战。公元前630年左右，斯奇提亚国王玛德亚斯(Madyas)翻越高加索山脉入侵西亚，于公元前628年杀死米底国王弗劳尔特斯(Phraortes)，并迫使弗劳尔特斯之子库亚克萨列斯(Cyaxares)臣服。此后，两国联合征服了亚述等西亚王国，并一度侵入埃及和巴勒斯坦。公元前600年左右，库亚克萨列斯设计将斯奇提亚人逐回东欧。参见希罗多德《历史》Ⅰ，102—106。——译注

之中，产生了特罗古斯·庞培(Trogus Pompeius)所说的“帕提亚人”(Parthian)，所以他们至今都还被叫做“帕提人”(Parthi)。

48 “帕提人”这个词在斯奇提亚语中是“出走者”的意思，因为他们当时不守纪律，擅自离开了队伍。这些人是与自己出身相符的一群勇敢的战士，亚细亚几乎所有的民族都匍匐在他们的弓箭之下。塔瑙西斯驾崩之后，在哥特人中受到神灵般的尊奉。

7 高加索山区

当塔瑙西斯的继承人又带领军队出征异国的时候，一个邻近 49
的民族策划抢劫他们留在国内的妇女。但这个计划没有成功，因为她们从她们的丈夫们那里学会了勇敢地反抗，以及如何侮辱入侵者。获胜之后，被大胆的勇气所鼓舞的她们，开始制作武器并推选了两个特别胆大的妇女——拉姆培托（Lampeto）和马培希娅（Marpesia）作领导。

她们制订了一个保护领土和征服异族的计划，决定由拉姆 50
培托留在国内守卫边界，而马培希娅则率领一支独一无二的娘子军向亚细亚进发。马培希娅征服了许多全副武装的民族，又用和平的手段争取到了其他民族的帮助，最终抵达了高加索山区。由于她的军队曾在那里停留过一段时间，所以那里许多地方都是以“马培希娅之岩”命名的。维吉尔曾写道：“那里耸立着一块坚硬的鹅卵石，被称作‘马培希娅之岩’。”[①]这个地方，也就是在亚历山大（Alexander）大帝晚些时候建造他所谓的“里海之门”（Caspian Gates）的关隘之处，直到现在还保护着罗马[②]不受拉兹

① 出自《阿涅伊斯》，Ⅵ，471。——原注

② 指拜占庭帝国。——译注

人(Lazi)[①]的侵袭。

51 亚马孙人曾经在这里集结过一段时间,然后她们开始出动,越过流经伽伽拉城(Gargara)的阿里斯河(Alis)[②],顺利地征服了四周的国家。这其中包括亚美尼亚(Armenia)、叙利亚(Syria)、西里西亚(Cilicia)、迦拉太(Galatia)、皮西底亚(Pisidia),以及小亚细亚的其余所有城市。然后她们又转向爱奥尼亚(Ionia)和伊奥利亚(Aeolia),逼迫它们隶属自己。在这里,她们统治了很长的时间,用她们自己的名字命名了很多城市和堡垒。在以弗所(Ephesus),她们出于自己对射击和狩猎的热烈兴趣,花巨资给狄安娜(Diana)[③]建造了一座漂亮的神庙。

52 这些斯奇提亚女子打算通过这种方式,加强她们对亚细亚的统治,而它确实也延续了上百年之久。此后,她们终于返回到她们留在高加索山区里"马培希娅之岩"的女同胞那里去了。因为我们已经两次提到了这条山脉,所以我认为,在这里描述一下它的轮廓和位置,不能算是离题太远。

53 它紧挨着已知陆地的最大部分,从印度洋隆起,南坡常受阳光的照射,气候比较温暖;而在北坡,因为总有冰冷的风霜在不停吹打,人类根本无法居住。然后它向西转了一个弯,向叙利亚绵延。按照流传最广的说法,包括幼发拉底河(Euphrates)和底格里斯河(Tigris)在内的众多可以通航、水量充沛的大河,都是从这里发源

---

① 罗马帝国时代居住在今格鲁吉亚地区的土著民族。——译注

② 此处指的无疑是哈吕斯河(Halys)。但哈吕斯河流经的是帕弗拉哥尼亚(Paphlagonia)地区的甘格拉城(Gangra),而不是伽伽拉城。——原注

③ 希腊神话中的狩猎女神。——译注

的。这两条河流包围着叙利亚，规划它的形状，还赋予它美索不达米亚(Mesopotamia)[①]这样一个名称，最后流入红海(Red sea)的一个海湾[②]。

这条山脉又以很大的曲率转向北方的斯奇提亚，从这一带，涌 54
出许多流向里海的著名江河，比如阿拉克塞斯河、居鲁士河(Cyrus)，还有冈比西斯河(Cambyses)[③]。高加索山脉最后绵延到莱帕伊安山脉附近，划定了斯奇提亚直到本都海的边界，它的支脉更是直达希斯特河。希斯特河将这条支脉拦腰切成两半，它在斯奇提亚的部分也被叫做陶卢斯山脉。

作为几乎所有群山中最高的一条山脉，它给自己附近的居民 55
提供了完善的天然屏障。在有限的山谷之中，还建有人工关隘，比如“里海之门”、“亚美尼亚之门”、“西里西亚之门”，以及其他按照所在地命名的关口。然而，很少有车辆能够在那里通行，因为它两侧的山崖实在是太陡峭了。不同的民族管它叫不同的名字，比如，印度人管它叫拉姆斯山脉(Lammus)[④]，或者普罗帕尼西姆斯山脉(Propanissimsus)[⑤]；帕提亚人一开始管它叫卡斯特拉山脉

① 原文写作“亚细亚”，导致句意无法理解，显然是笔误。——原注(译者按：“美索不达米亚”意为两河流域。)

② 应为波斯湾，当时所谓的红海，可能也包括今日的阿拉伯海。——译注

③ 阿拉克塞斯河即今伊朗、土耳其、亚美尼亚和阿塞拜疆之间的阿拉克斯河，居鲁士河即今阿塞拜疆和格鲁吉亚的库拉河。居鲁士和冈比西斯都是古波斯帝国的著名君主。——译注

④ 据普林尼(Plinius)自索林努斯(Solinus)处获得的材料，此山被(印度人)叫作雅马乌斯山脉(Jamaus)。——原注

⑤ 即帕罗帕尼苏斯山脉(Paropanisus)。——原注

(Castra)[1]，后来又改叫尼法特斯山脉（Nifates）；叙利亚人(Syrian)和亚美尼亚人（Armenian）管它叫陶卢斯山脉；斯奇提亚人则把它分为高加索山脉、莱帕伊安山脉和陶卢斯山脉三段。还有其他许多民族给它起的无数名字，我在这里就不一一赘述了。既然已经描述过了高加索山脉的情况，现在就让我们回到此前的主题：亚马孙人。

① 即索林努斯所说的“乔阿特拉斯”山脉(Choatras)。——原注

8　亚马孙人

出于对自己后代逐渐减少的担心，亚马孙人努力争取与邻近 56
民族的男子们睡觉。部落每年都组织这样的一次相会，配对的男
女们还须商定，次年在这同一天相会，以便把生下来的男孩交还给
他们的父亲，而女孩则被她们的母亲留在亚马孙人那里接受军事
训练。有人声称，他们像继母那样，怀着深深的愤恨，把生下的男
孩都杀死。

男孩的诞生，在其他民族都是人们日夜期待的好事，而在她们 57
那里却特别受到憎恶。这种残暴的本性，是其他民族害怕她们的
主要原因。我不禁要问自己，如果她们真的对自己的儿子都不能
容忍的话，那么哪个落到她们手里的俘虏还有活下来的希望呢？
赫尔库勒斯和梅拉尼斯（Melanis）[1]当初之所以能够和她们对抗，
主要靠的也是诡计，而非勇敢。只有忒修斯（Theseus）[2]曾经把希
波吕忒（Hippolyte）[3]当作战俘抓走，后者为他生下了儿子希波吕

---

① 即梅拉尼佩（Melanippe）。——原注（译者按：希腊神话中的英雄。）

② 希腊神话中的英雄。——译注

③ 希腊神话中的亚马孙女王，率军前来援救特洛伊城，最终被阿基琉斯杀死。——译注

托斯(Hippolytus)。亚马孙人后来还拥有过一位叫彭特西蕾娅(Penthesilea)的女王,她是特洛伊战争光荣的见证者。直到亚历山大大王远征之前,这些女子还把当地的统治权牢牢控制在自己的手里。

9　特勒福斯国王

你现在可能会问:“为什么要在一本有关哥特男子的史书中, 58
花这么多篇幅谈论他们的女子呢?”不要急,我们这就来讲述那些著名勇士的光辉历史。迪奥,一位历史学家兼勤勉的考古学者,撰写过一本名叫《该塔伊人》的著作。而“该塔伊人”就是“哥特人”①,这件事我们已经在前面证实了,也正如奥罗修斯·保卢斯(Orosius Paulus)②所陈述的那样③。迪奥在他的这本著作中提到,哥特人此后曾经拥有过一位名叫特勒福斯(Telephus)的国王。这个名字其实并非哥特语,对此事实应该不会有什么人反对。当然我们知道,大部分民族都习惯于把来自其他民族的词汇据为己有,就像过去罗马人从马其顿人(Macedonian)那里、希腊人从罗马人那里、萨尔马特人(Sarmatian)④从日耳曼人那里或是后来哥特人从匈人那里引进外来词汇那样。

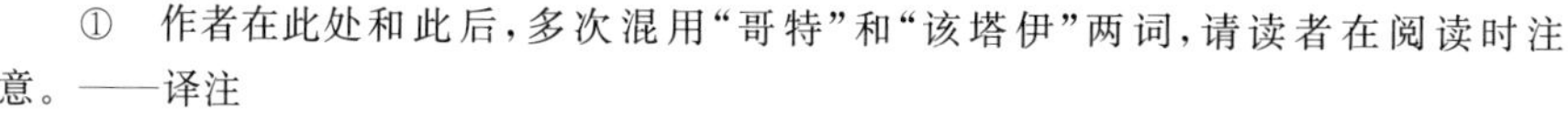

① 作者在此处和此后,多次混用“哥特”和“该塔伊”两词,请读者在阅读时注意。——译注

② 罗马神父和历史学家,卒于公元418年,著有一部《世界史》。——译注

③ 《奥罗修斯》,Ⅰ,16:“……在当代也被称为‘哥特人’的该塔伊人……。”——原注

④ 居住在斯奇提亚南部的古代游牧民族,以骑兵见长,和波斯人是近亲。因其妇女骁勇善战,并在社会中享有崇高地位,被认为有可能就是所谓的“亚马孙人”。——译注

59 这位特勒福斯王是赫尔库勒斯与奥格(Auge)的一个儿子,同时也是普里阿摩斯(Priamos)[①]的一位姊妹的丈夫,拥有瘦高的身材和可怕的力量,以及毫不逊色于他父亲的勇气,这使得他看上去活像是第二个赫尔库勒斯。在过去他的王国被人叫做莫伊西亚[②],它东至多瑙河的入海口,南接马其顿(Macedonia),西抵希斯特里亚(Histria),北达多瑙河。

60 我们提到的这位国王曾与多瑙河上的几个民族交锋,还在战斗中杀死了希腊人的领袖特山德(Thesander)。但当他接下来攻击阿贾克斯(Ajax)并追赶乌吕西斯(Ulysses)[③]的时候,坐骑却不幸被葡萄藤绊倒,把他掀翻在地上。阿基琉斯乘机用一支标枪击中了他的大腿,伤势在很长的一段时间内都无法痊愈。尽管身负重伤,他还是把希腊人赶出了他的国土。在特勒福斯死后,他的儿子奥于菲卢斯(Eurypylus),即佛里吉亚(Phrygia)国王普里阿摩斯的姊妹所生的那个儿子,继承了王位。出于对卡珊德拉(Cassandra)[④]的爱情,以及帮助他自己的亲友和岳父等原因,他参加了特洛伊战争,但在抵达之后,很快就战死了。

---

① 古希腊传说中的特洛伊城末代君主。——译注

② 克里塔(Kreta)的迪克图斯(Diktys)写过类似的话,因此约达尼斯(或卡西奥多卢斯)在此处依据的也许是他已经流失的希腊文著作。——原注

③ 希腊神话中的两位英雄,都参加了特洛伊战争。因为拉丁语中i、j不分,所以“阿贾克斯”经常被拼作“埃阿斯”(Aias)。——译注

④ 古希腊传说中的女预言家。——译注

10 哥特与波斯、马其顿

如同特罗古斯·庞培所记述的那样,在一个长达近630年的间 61
隔之后,波斯人的国王居鲁士(Cyrus)发动了针对该塔伊女王托米利斯(Tomyris)的战争,结果对他来说是无法弥补的。居鲁士因为自己在亚细亚取得的一连串胜利而狂妄自大,决定征服托米利斯女王统治的该塔伊人。虽然托米利斯完全可以阻止居鲁士越过阿布拉克塞斯河(Abraxes)[①],但她为了能够在战场上光明正大地击败敌人,而不被人讥笑为依靠地利占便宜,故意放敌军渡河。

后来事情的发展也正是如此,在居鲁士抵达的初期,运气如此 62
偏爱这些帕提亚人[②],以至于他们杀死了包括托米利斯的儿子在内的大部分该塔伊将士。但是当双方重新较量的时候,女王率领下的该塔伊人全歼了帕提亚军队,并且缴获了丰厚的战利品,这是哥特人第一次看见丝绸制造的帐篷[③]。这场胜利使托米利斯比以

---

① 也写作"阿拉克塞斯"(Araxes)河。——原注〔译者按:约达尼斯此处指的是中亚的阿姆河,而非高加索山区的阿拉克塞斯河。〕

② 这里显然指的是居鲁士率领的波斯军队。帕提亚人是古波斯人的支系部族。本章有关波斯帝国与哥特人(实际上是居鲁士与玛撒该塔伊人、大流士与斯奇提亚人)的战争详情可见希罗多德《历史》的第一卷和第四卷。——译注

③ 本段资料来自于查士丁(Justin),但查士丁在他的著作中并未提到丝绸制造的帐篷。——原注

往更加强大，她此后进入了现在被称为小斯奇提亚（相对于原先的“大斯奇提亚”而言）的莫伊西亚地区，而且在本都的莫伊西亚海岸上建造了以她自己名字命名的托米斯城（Thomes）[①]。

63 后来，叙斯塔斯佩斯（Hystaspes）的儿子、波斯国王大流士（Dareios），向哥特国王安提卢斯（Antyrus）派遣使团，请求娶他的女儿为妻。他并且以武力相威胁，如果对方胆敢不满足他的愿望的话。但哥特人对这次联姻不感兴趣，波斯使节们无功而返。看到自己的提议被拒绝，愤怒的大流士率领 70 万武装部队出发，向羞辱他的这个民族展开报复。从查尔西顿（Chalceton）到拜占庭（Byzantium），他的海军布满了整个海面，战舰相互间都被连接起来，像座桥梁那样。随即他进攻莫伊西亚和色雷斯，在多瑙河上以同样的方法又造了一座桥。但是他在塔派（Tapae）[②]遭到了持续两个月的袭击，损失了 8 000 人。之后，大流士害怕他在多瑙河上的船桥会被敌人控制，所以迅速地撤回了色雷斯。在莫伊西亚期间，他没有一次感到能够允许他在当地稍事停留的安全。

64 大流士死后，他的儿子薛西斯（Xerxes）计划为他父亲所遭受的耻辱报仇，因此调集了 70 万正规军和 30 万援军，再加上 1 200 艘战舰和 3 000 艘运输船只，结果却在勇敢顽强的哥特人面前不战而退。

65 后来，亚历山大大帝的父亲菲利普与哥特人交好，还娶了哥特王古迪拉（Gudila）的女儿美多帕（Medopa）为妻，以便加强双方的

---

① 即托米城（Tomis）。——原注〔译者按：托米城即今罗马尼亚的康斯坦察。〕

② 迪奥·卡西乌斯在其著作中的 67，10 和 68，8 两次提到这座位于多瑙河沿岸的城市，其他地区都没有这里所谓的“塔派城”。——原注

同盟，并稳固他在马其顿的统治。按照历史学家迪奥的说法，菲利普有一次因为缺钱，决定率领海军去洗劫莫伊西亚的奥德希塔纳城(Odyssitana)。这座城市因为临近托米城的原因，是哥特人的附庸。正在此时，被称为“圣人”的哥特祭司们突然打开了奥德希塔纳的城门，而且出来会见敌人。他们身着白袍，一边弹奏竖琴，一边恳求哥特人的父神保佑他们顺利击退马其顿人的入侵。当马其顿人看见他们如此坚定的信心和举动时，大为惊讶。可以说，这些武装人员被非武装人员吓坏了。他们立刻解散了他们为了战争而组织起来的军队，不仅没有破坏城市，甚至还归还了那些他们在城外捕获的战俘，缔结了停战协议，并且返回他们自己的国家。

很久以后，哥特人的一位出色的领袖希塔尔库斯(Sithalcus) 66
为了报复这次叛逆的行为，与雅典人结盟，率领 15 万士兵攻打马其顿国王佩迪卡斯(Perdiccas)①。当亚历山大大帝因喝了不忠诚

① 此处指的是奥得于斯(Odryser)国王希塔尔克斯(Sithalces)，迪奥·克于索斯托慕斯曾经提到他的名字。对于把两位佩迪卡斯搞混的错误，约达尼斯显然负有不可推卸的责任。——原注〔译者按：马其顿历史上曾有过多位佩迪卡斯，与希塔尔·克斯交战的是公元前 451—413 年在位的马其顿国王佩迪卡斯二世。佩迪卡斯二世是马其顿国王亚历山大一世(约公元前 495—451 年在位)的长子，在父王死后，驱逐了自己的两个弟弟菲利普斯(Philipos)和阿尔克塔斯(Arketas)，同时击败了与菲利普斯结盟的奥得于斯(古色雷斯民族，该塔伊人的邻居)国王希塔尔克斯，获得了独自统治的权力。在位期间，积极扩张领土，并参加了伯罗奔尼撒(Peloponnesos)战争。下文所说“被委任为雅典的统治者”的佩迪卡斯则是亚历山大(三世)大帝部下的重要将领，与希塔尔克斯不是一个时代的人。在亚历山大大帝病故之后，亚历山大的弟弟阿利大流士(Arrhidaios)与亚历山大的遗腹子小亚历山大担任马其顿王国名义上的共治者，而佩迪卡斯则被推举为整个亚洲地区的总督，后来又担任整个王国的摄政者。但他无法控制住政局，于公元前 320 年被塞琉古(Seleucos)等人谋杀，马其顿王国自此无可挽回地走向分崩离析。〕

的仆人献上的毒酒，而即将在巴比伦(Babylon)驾崩[1]时，委任他为统治雅典(Athen)的世袭继承者。在一场大战中，哥特人击败了他，以此作为对希腊人当年侵略莫伊西亚的报复，并进一步蹂躏了整个马其顿。[2]

① 关于亚历山大大帝的死因，历来有多种说法，被仆人献上的毒酒毒死也是其中的一种。近现代学者多数认为，他死于疟疾之类的流行性疾病。——译注

② 这段伪造的哥特人历史源自公元前3世纪初凯尔特人的迦拉太部落(Galatae)对马其顿、希腊和小亚细亚的入侵，约达尼斯错误地把迦拉太人当作了哥特人。——译注

11 迪西纽斯的教学

后来，在波维斯塔(Burvista)[1]做哥特国王的时候，迪西纽斯 67
来到了哥提亚(Gothia)[2]，当时苏拉(Sulla)正把罗马的统治权据
为己有。波维斯塔接纳了这位迪西纽斯先生，并且赐予他几乎与
国王同等的权力。由于迪西纽斯的建议，哥特人洗劫了日耳曼人
的许多国家，它们都处于法兰克人目前的疆域内。

就连掌管着整个罗马共和国并且几乎占领了全世界所有王 68
国，甚至控制了远离大陆的诸多海岛、逼迫罗马人以前只在传说
中听到过的民族向自己称臣纳贡的恺撒，尽管再三努力尝试，也
仍然无法征服哥特人[3]。即便是在盖乌斯·提比略(Gaius
Tiberius)[4]担任罗马帝国的第三任皇帝期间，哥特人也依旧保持

---

① 即布雷比斯塔斯(Burebistas)，达西亚王国的开国君主，公元前60—前44年在位。他领导达西亚人统一了多瑙河中下游地区，曾于公元前48年和庞培大帝(Pompeius Magnus)结盟抵抗恺撒，后来遇刺身亡。此人并无哥特血统。——译注

② 意为“哥特人之国”。——译者

③ 德罗西乌斯(Drosius)在其著作的Ⅰ,16中写道：“……恺撒避免和该塔伊人作战……”——原注

④ 全名盖乌斯·提比略·克劳迪乌斯·尼禄(Gaius Tiberius Claudius Nero)，屋大维〔Octanvianus，即奥古斯都(Augustus)〕的女婿，一般被算作罗马帝国的第二位皇帝，公元14—37年在位。在这里，约达尼斯大概是把恺撒算作首位罗马皇帝了。——译注

着他们王国的独立。这是因为他们乐于听从迪西纽斯的所有建议,并且一直放手让他做他认为有必要做的任何事。这是哥特人的安全和利益所在,所以也正是他们一直希望的。

69 迪西纽斯看见哥特人在日常事务中对他无条件地服从,而且拥有相当多的天生才智,又因为他本人是一位经验丰富的哲学家[①],所以他就开始给哥特人讲解几乎所有的哲学理论。通过伦理学课程,他使哥特人的野蛮性格得以被抑制;通过物理学课程,他使哥特人在法律的指导下,按照自然规律办事。这些法律至今还被以书面的形式保存着,哥特人管它叫“贝拉吉尼斯”(Belagines)[②]。通过逻辑学课程,他使他们比其他任何民族都擅长于运用自己的理智;通过实用哲学课程,他使哥特人掌握了优秀工具的制造技术,用以提高他们自己的生活质量;通过天文学课程,他使哥特人懂得观测十二行星的运动轨迹,以及全部星象学知识。他告诉他们,月亮的面积如何增大或减小,炽热的太阳在大小方面超过我们所居住的地球多少,由东向西穿越天空的全部346颗星星的名字和标志。

70 当这些勇敢的男子,在激烈战斗的空闲时刻,能够有幸放下武器,得到哲学方面的教诲,是一件多么快乐的事啊!你如果身临其境,应该可以看到,他们中的一个正在观测星空,另一个正在调查草丛和灌木的状况;一个正在关注月亮的圆缺,另一个正在凝视日食,而且同时还努力思索,为什么这颗本来应该向东移动的恒星,

① 这里的所谓哲学,实际指的是整个科学体系。——译注

② 穆勒豪夫认为,这个词的意思是“规则”或“章程”。——原注

会因为天穹的旋转,被迫沉入西方。

通过用自己的经验讲授诸如此类的许多道理,迪西纽斯在 71
哥特人中间赢得了如此之高的声望,以至于他不仅控制着普通民众,而且连酋长们都处于他的掌握之中。他在贵族中挑选出身最高贵的和最聪明的人物,教授他们神学理论,引导他们崇拜神和圣物,最后任命他们做牧师。这些牧师被他叫做"皮勒阿提",可能是因为他们在向神奉献牺牲时,把一顶名叫"皮勒乌斯"(Pilleus)[①]的冠冕戴在头上的缘故。他管其余的民众叫"卡皮拉提"(Capillati)[②],一个哥特人特别尊重的名字,他们至今还在诗歌中怀念它。

迪西纽斯去世以后,科莫西库斯(Comosicus)因为拥有与迪西 72
纽斯相同的智慧,所以也获得了与迪西纽斯相同的荣耀。

因为他经验丰富,所以被人民看得和国王与牧师同等重要,而 73
他在审判案件的时候,表现得极其公正。

① 也写作 Pileus,意思是"帽子"。——原注

② 意思是"自由人",提奥多里克大帝曾经在给施瓦本人(Schwaben)的书信中提到过这个名字(卡西奥多卢斯: Var. Ⅳ,49)。——原注〔译者按·施瓦本人即苏阿维人。〕

12　多瑙河

74　在科莫西库斯去世之后，考于卢斯(Coryllus)登上了哥特国王的宝座，并且从此统治他在达西亚的属民长达四十年之久。我的意思是指古代的那个达西亚，现在它正被格皮德人占据着。这个国家与莫伊西亚隔着多瑙河相望，被圆形的山脉像花圈那样环绕着，只在两面可以通行，一条通路位于保台城(Boutae)，而另一条通路则在塔派城。这个哥提亚，就是人们过去叫做达西亚而现在——如同我已经说过的一样——被称为格皮底亚(Gepidia)①的国度，东至阿罗克索兰人(Aroxolani)②的地盘，西抵雅居格人(Jazyges)的地盘，北达萨尔马特人和巴斯特人(Basternae)的地盘，南临多瑙河。

75　雅居格人与阿罗克索兰人之间，只隔着一条阿卢塔河(Aluta)③。因为已经提到了多瑙河，我认为在此简要介绍一下这条雄壮的河流，不能算是不适宜。多瑙河起源于阿拉曼尼亚(Alamannia)高原，在从发源地到它位于本都海滨的河口那长达

---

① 意为“格皮德人之国”。——译注

② 也写作“罗克索兰人”(Roxolani)。——原注(译者按：阿兰人的支属民族，“罗克索兰”在古波斯语中的意思是“光辉”，唐朝人译为“禄山”。)

③ 即阿尔特河(Alt)。——原注

120 万步[①]的流程中，有六十条支流涌入其中，就如同肋骨像篮子般交汇到脊椎上一样。在贝西人(Bessi)的语言中，它也被叫作希斯特河(Hister)。它的确是条最为巨大的河流，但深度却从不超过 200 尺[②]。除了尼罗河以外，它比所有其他的河流都要来得大。关于多瑙河，我就写这么多。现在，让我们在上帝的帮助下，返回我们原先的主题吧。

① 约合 1 776 千米。但多瑙河目前的全长有 2 860 千米。——译注

② 1 罗马尺长约 29.6 厘米，200 罗马尺约相当于 59.2 米。——译注

13 图密善皇帝

76 很久以后，在图密善(Domitian)皇帝[1]在位时，出于对他贪婪欲望的恐惧，哥特人撕毁了他们长期以来与罗马帝国各位前任君主们达成的和平条约，消灭了对方驻扎在多瑙河岸边的将士，并且蹂躏了这些地区。当时，阿格里帕·奥皮乌斯·萨比努斯(Agrippa Oppius Sabinus)是那个省份的罗马总督，而哥特人的指挥官则是多尔帕纽斯(Dorpaneus)。他在战斗中击溃了罗马军队，砍下了奥皮乌斯·萨比努斯总督的首级，而且大胆地攻占并焚毁了许多属于帝国的堡垒和城市。

77 在了解到这个紧迫情况之后，图密善皇帝动员了他的全部力量赶往伊利里亚(Illyricum)[2]。他率领以福斯库斯(Fuscus)将军为首的几乎举国精锐军队，在多瑙河上用船只架设浮桥，然后命令他的士兵们像过桥一样穿越多瑙河，向对岸多尔帕纽斯的军队发动攻击。

78 但是哥特人并不大意，他们拿起武器，在与罗马军队的第一次

---

① 全名提图斯·弗拉维乌斯·多米提亚努斯(Titus Flavius Domitianus)，中译为图密善，罗马皇帝，公元 81—96 年在位。——译注

② 罗马帝国的一个行省，其疆域接近于前南斯拉夫。——译注

遭遇中占了上风。福斯库斯被杀死了，罗马人的后勤给养也被抢掠一空，战果后来还被继续扩大[①]。哥特人从此不再简单地管他们幸运的指挥官叫什么“人”，而加之以“安希斯”(Ansis)的尊号，就是“半神半人”的意思。我现在将简短地介绍一下哥特贵族们的谱系：每个人来自哪里，或是在哪里出生的，又是在哪里找到了他的归宿。啊，读者们，请公正地听我讲，这些可都是绝对真实的。

① 这里对罗马军队于公元85—86年在多瑙河下游连续战败、萨比努斯总督和福斯库斯将军阵亡、图密善皇帝御驾亲征的叙述都是确凿的，但罗马军队当时的敌人并不是在多尔帕纽斯率领下的哥特人，而主要是在德西巴卢斯(Decebalus)国王率领下的达西亚人。后来罗马军队扭转了战局，双方于公元88年议和。——译注

14　阿马尔家族世系

79　如同哥特人在他们自己的传说中所说的那样，这个贵族家庭中的第一位成员名叫伽普特（Gapt）。伽普特生胡尔穆尔（Hulmul），胡尔穆尔生奥吉斯（Augis），奥吉斯生阿马尔（Amal）[1]，“阿马尔家族”就是由他得名的。阿马尔生希萨尔尼斯（Hisarnis）[2]，希萨尔尼斯生奥斯特罗哥塔（Ostrogotha）[3]，奥斯特罗哥塔生胡努尔（Hunuil）[4]，胡努尔生阿塔尔（Athal）[5]，阿塔尔生阿奇乌尔夫（Achiulf）[6]和奥杜乌尔夫（Oduulf）。阿奇乌尔夫生安希拉（Ansila）[7]、埃迪乌尔夫（Ediulf）、乌尔特乌尔夫（Vultwulf）和埃尔马纳里克（Ermanaric）。乌尔特乌尔夫生瓦拉阿万斯（Valaravans），瓦拉阿万斯生维尼塔里乌斯（Venetharius）[8]。

---

① 意为“在木桩上雕刻的偶像”。——译注

② 意为“钢铁”。——译注

③ 意为“光辉的哥特人”。——译注

④ 意为“能够辟邪的人”。——译注

⑤ 意为“贵族”。——译注

⑥ 也拼作“Agiwulf”，意为“可怕的狼”。——译注

⑦ “安希拉”是对“安希斯”的昵称，即“半神半人的小英雄”。——译注

⑧ 也称维提米尔（Vithimir），东哥特国王，公元375—376年在位。“维尼塔里乌斯”的意思是“维尼特人（古斯拉夫民族）的征服者”。——译注

维尼塔里乌斯生汪达拉里乌斯(Vandalarius)[①],汪达拉里乌 80
斯生提乌迪米尔(Thiudimer)、瓦拉米尔(Valamir)和维迪米尔(Vidimir)。提乌迪米尔生提奥多里克。提奥多里克的女儿叫阿马拉斯文塔(Amalasventha),阿马拉斯文塔的儿子叫阿塔拉里克(Athalaric),女儿叫马特斯文塔(Mathesventha)。阿马拉斯文塔的丈夫欧塔里克(Eutharic)实际上可以算是她的远房亲戚,因为两者间存在着这样的亲缘关系:

上面提到的阿奇乌尔夫之子埃尔马纳里克生胡尼蒙德 81
(Hunimund)[②],胡尼蒙德生托里斯蒙德(Thorismund),托里斯蒙德生贝里蒙德(Beremud),贝里蒙德生维特里克(Veteric),欧塔里克就是这位维特里克的儿子。他娶阿马拉斯文塔为妻,生下了阿塔拉里克和马特斯文塔。阿塔拉里克在年幼时夭折,马特斯文塔后来又嫁给了维提吉斯,但没有和他生育子女。这对夫妻后来被贝里萨留(Belisarius)[③]一起带到了君士坦丁堡。维提吉斯死后,查士丁尼皇帝的侄子、最高行政长官日耳曼乌斯(Germanus)娶了马特斯文塔,并且帮她取得了贵族的地位。她为他生了一个儿子,也叫日耳曼乌斯。在丈夫去世后,她决心守寡。至于阿马尔家族的国度是如何被毁灭的问题,如果上帝肯帮忙的话,我将在以后适当的时候加以叙述。

现在让我们回到原来的出发地,讲述那些我们此前正在讨论 82

① 意为“汪达尔人的征服者”。——译注

② 意为“匈人的保卫者”。——译注

③ 拜占庭帝国统帅,生于公元500年前后,卒于公元565年。先后消灭了东哥特王国和汪达尔王国,是查士丁尼大帝收复意大利和北非的元勋。——译注

的民族如何达到他们事业目标的故事。据历史学家阿布拉比乌斯的记载[①]，他们中的一部分曾经在本都海滨附近的斯奇提亚停留过。这些人在哥特人中地理位置靠东，而其首领正是奥斯特罗哥塔。因此，这批人从此被称作“东哥特人”——这个名字到底是来自部族首领的名字，还是他们所处的地理位置，我们已经无从知晓了——而其他的哥特人则相应地被称作“西哥特人”。

① 5，38、42。——原注

15　马克西明皇帝

关于西哥特人，我们在前面已经讲过，他们越过多瑙河，在 83
莫伊西亚和色雷斯住了一段时间。从他们驻留在那里的人中，诞生了马克西明(Maximinus)皇帝[1]——马米娅(Mamaea)之子亚历山大皇帝[2]的继承者。如同叙马楚斯(Symmachus)在他历史著作中的第五卷里所叙述的那样，亚历山大被谋杀之后，军队便拥立马克西明，一个出身低贱的色雷斯人(Thracian)，当了罗马皇帝。他的父亲是一个名叫米卡(Micca)的哥特人，而母亲则是一个名叫阿芭芭(Ababa)的阿兰人[3]。马克西明在位一共三年，当他后来把武器指向基督徒的时候，他就同时失去了自己的权力和生命。

---

① 全名盖乌斯·尤利乌斯·维卢斯·马克西米努斯(Gaius Julius Verus Maximinus)，世称“色雷斯人马克西明”，罗马帝国历史上第一位出身异民族的“士兵皇帝”，公元235—238年在位，曾多次对日耳曼人用兵。——译注

② 全名马尔库斯·尤利乌斯·格西乌斯·巴西阿努斯·塞维尔乌斯·亚历山大(Marcus Julius Gessius Bassianus Severus Alexander)，罗马皇帝，公元222—235年在位。——译注

③ 和其他认为马克西明是该塔伊人的原始史料相比，此处对他出身的记载显得更加可靠。下面对他个人事迹的记载也都来自叙马楚斯的史书。——原注

84 度过童年之后，他先是在军用草场当了一阵子农夫，然后去塞维鲁(Severus)皇帝[①]那里。这天正逢皇子的生日庆典，当马克西明抵达时，皇帝本人正在观看军事竞赛。看见这个情况后，马克西明就用自己的母语恳求皇帝，虽然自己只是个年轻的半野蛮人，但还是请允许他参加受过专业训练的军人们所进行的有奖摔跤比赛。

85 塞维鲁非常欣赏他的个头——据说他足有 8 尺多高[②]——于是就吩咐他与自己营帐里的辎重兵们摔跤，但前提是不得伤害任何人。结果马克西明连续把 16 个士兵摔倒在地，其间甚至连一次都没有休息过。获奖之后，他被皇帝派到骑兵部队里服役。又过了三天，当皇帝到训练场的时候，见他正在那里野蛮地放肆，于是便吩咐一个护民官严格地用罗马人的训练方式管教他。当马克西明意识到皇帝正在讲他的时候，就走到皇帝的马头前面，并开始快速奔跑。

86 皇帝于是也用马刺刺马，在后面紧跟着马克西明，这样追着他跑了许多圈，直到他喘不上气了为止，然后对他说："我的色雷斯人，在跑步之后，也许你还愿意再摔摔跤吧?"而他回答说："啊，陛下，只要您愿意的话。"听了这话，塞维鲁就从他的马上跳下，命令精力最饱满的军人和他较量。但是他还是把连续七个最强壮的对手摔倒在地，而且其间依然没有休息过一次。因此，他被皇帝授予

---

① 全名卢齐乌斯·塞普提米乌斯·塞维尔乌斯(Lucius Septimius Severus)，罗马皇帝，公元 193—211 年在位。——译注

② 8 罗马尺约合 2.37 米。——译注

了一块银制奖章，还得到了一条金项链作为赏赐，从此成为皇帝的贴身侍卫。

后来，他在安东尼·卡拉卡拉(Antoninus Caracalla)[①]手下当 87
军官，由于不断获得显赫的功勋，名誉越来越高，军事头衔也随之不断增加，最终因为表现勇敢而升任百夫长。当马克里努斯(Macrinus)[②]就任皇帝的时候，他离开军队长达三年之久。而且，虽然他被任命为护民官，但他从不去见马克里努斯，因为他认为，这个罪行累累的政府实在太卑鄙了。

但当安东尼的儿子埃拉伽巴卢斯(Elagabalus)[③]即位后，他就 88
回来继续做护民官，随即在马米娅之子亚历山大的率领下漂亮地击败了帕提亚人。当亚历山大在莫贡提亚库姆(Mogontiacum)[④]被暴动的士兵杀害后，马克西明没有经过元老院的决议，便被军队推举为皇帝。可他此后一切优秀的成就，却都因为他对基督徒的

① 原名马尔库斯·奥尔利乌斯·安东尼乌斯(Marcus Aurelius Antoninus)，罗马皇帝，公元211—217年在位。因为他生前喜欢穿着一种名叫“卡拉卡拉”的日耳曼式样的紧身外套，所以自己也被称为“卡拉卡拉”。——译注

② 全名奥佩里乌斯·塞维尔乌斯·马克里努斯(Marcus Opellius Macrinus)，罗马皇帝，公元217—218年在位。——译注

③ 原名瓦里乌斯·阿维图斯·巴西阿努斯(Varius Avitus Bassianus)，罗马皇帝，公元238年在位。因为他生前信奉叙利亚闪米特民族的太阳神“埃拉伽巴尔”，所以自己也被称为“埃拉伽巴尔”。——译注

④ 罗马帝国莱茵河防线上的重镇，即美因兹(Mainz)。——译注

邪恶迫害,而化为了灰烬。当他在阿奎利亚(Aquileia)被普皮奥(Puppio)[①]谋杀后,帝国就留给了菲利普(Philip)[②]。我们在这本小书里,从叙马楚斯的史书里节选了这些内容,为的是要告诉读者,我们此前正在讨论的民族中的一员,是怎样升到罗马皇帝的宝座上的。但是本书的主题要求我们,赶紧回到原先的出发点去。

① 即"普皮埃努斯"(Pupienus)。——原注〔译者按:全名马尔库斯·克罗迪乌斯·普皮埃努斯·马克西穆斯(Marcus Clodius Pupienus Maximus),罗马皇帝,公元238年在位。由于施行暴政,马克西明很快失去了罗马贵族和人民的支持,元老院在公元238年4月11日选举普皮埃努斯和巴尔比努斯(Balbinus)两位元老为新的罗马皇帝。当马克西明进攻意大利时,普皮埃努斯负责防守阿奎利亚城。他顽强地顶住了对方的围攻,最终利用敌军将士中的不满情绪,鼓动他们杀死了马克西明。但在当政99天后,普皮埃努斯和巴尔比努斯便也都被暴动的禁卫军杀死了。〕

② 全名马尔库斯·尤利乌斯·菲利普斯(Marcus Julius Philippus),世称阿拉伯人菲利普,阿拉伯血统的罗马皇帝,公元244—249年在位。普皮埃努斯和巴尔比努斯死后,高迪安三世(Gordian Ⅲ)还担任过一段时间的罗马皇帝。公元244年2月,作为罗马军队主要将领的菲利普在波斯战争期间发动兵变,逼迫高迪安三世让位给自己,随即又将其杀害。在位期间,菲利普曾主持过罗马建城的千年庆典,最终死于内战。——译注

16　奥斯特罗哥塔国王

现在,哥特人在本都海岸的斯奇提亚一侧扎住了脚跟,那里的 89
土地非常辽阔,海湾数目很多,江河流经的面积也极其广阔。汪达尔人几度匍匐在他们脚下,马考曼人(Marcomanni)[①]被迫向他们称臣纳贡,夸德人(Quadi)[②]的君主降为他们的奴仆。当我们上面所说的菲利普——与他也叫菲利普的儿子,同为在君士坦丁之前仅有的信仰基督的罗马皇帝,在他们执政的第二年[③],罗马城庆祝了它建城的千年盛典——统治着罗马人的时候,由于他取消了罗马应当缴付给哥特人的年金,而使哥特人从罗马的朋友变成了仇敌。因为虽然在各个国王管辖下的哥特民众居住在相距甚远的土地上,但他们都与罗马帝国结盟,而且为此每年获得一定的礼物,这早已成为惯例了。

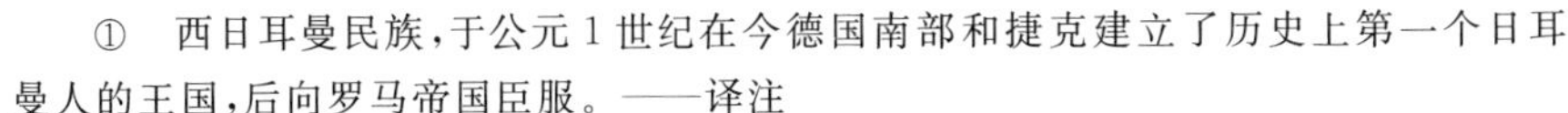

① 西日耳曼民族,于公元1世纪在今德国南部和捷克建立了历史上第一个日耳曼人的王国,后向罗马帝国臣服。——译注

② 西日耳曼民族,马考曼人长期的同盟者,于公元4世纪为西罗马帝国所灭。——译注

③ 罗马建城的千年庆典(公元248年4月)举办于阿拉伯人菲利普在位的第四年,而不是第二年。——译注

90 在失去年金之后,为了报复,奥斯特罗哥塔很快率领他的族人越过多瑙河,洗劫了莫伊西亚和色雷斯。为了把他赶回斯奇提亚去,菲利普派来了元老德基乌斯(Decius)[①]。当此人发现自己拿哥特人完全没有办法的时候,他就解散了部队,让士兵们回老家去,以便造成一副哥特人是因为自己这些部下的疏忽,才渡过多瑙河的假象。然后他宣称,自己已经处罚了这些违纪者,[②]随即就回去见菲利普。但是当那些在沙场上久经磨难的士兵们突然被解雇的时候,他们便愤怒地去投靠奥斯特罗哥塔。

91 奥斯特罗哥塔接收了这些人,在同他们交谈之后勇气倍增,于是带了30万武装的本民族男子发起进攻。为了这场战争,他又接收了一些泰法利人(Taifali)和阿斯丁人(Asdingi)[③],还加上3 000名卡尔皮人(Carpi)。这是一个非常好战并敌视罗马的民族,但是后来,在戴克里先(Diocletian)[④]和马克西米

① 全名盖乌斯·美西乌斯·奎因图斯·德基乌斯(Gaius Messius Quintus Decius),伊利里亚血统的罗马皇帝,公元249—251年在位。本是普通元老,因帮助阿拉伯人菲利普巩固政权,并在巴尔干击退哥特王奥斯特罗哥塔的入侵而飞黄腾达。后被部下拥立为帝,在内战中消灭了阿拉伯人菲利普父子。即位两年之后,在和哥特人的战争中阵亡,是第一位被蛮族军队杀死的罗马皇帝。——译注

② 此处文字有脱漏。——原注

③ 汪达尔人中地位最高的一个部落。——译注

④ 全名盖乌斯·奥尔利乌斯·瓦勒里乌斯·迪奥克勒提亚努斯(Gaius Aurelius Valerius Diocletianus),罗马皇帝,公元284—305年在位。因看到罗马帝国太大而难以治理,与同僚马克西米安分享了"奥古斯都"的头衔,后来又封伽勒里乌斯(Galerius)和康斯坦提乌斯(Constantius)两位将军为"恺撒",四人各负责帝国的一部分事务。在位期间推动行政改革,将全国划分为12个行省,罗马帝国从此出现了分裂的苗头。——译注

安(Maximianus)①做皇帝时,他们被当时担任"恺撒"②的伽勒里乌斯·马克西米安(Galerius Maximianus)③征服了,并逼迫他们向罗马帝国纳贡。除这些民族以外,奥斯特罗哥塔还收编了从佩乌西安岛(Peucian)——该岛位于本都海滨的多瑙河口附近——来的哥特人和佩乌西尼人(Peucini)。

他任命哥特人中出身最显贵的阿盖图斯(Argaithus)和君特 92
里克(Guntheric)为将领,然后率军快速地越过多瑙河,第二次洗劫了莫伊西亚,并且进攻该行省的著名首府马尔西安波利斯(Marcianopolis)。在长期围困之后,城内居民以缴纳巨额金钱为代价,换取了哥特大军的撤离。

因为我们已经提到了马尔西安波利斯,那就让我们简短地了 93
解一下它的情况。如同世人所说的那样,这座城市是图拉真(Trajan)皇帝④出于以下原因而建造的。有一次,他姊妹马尔西娅(Marcia)的女儿⑤在从现在市中心流过的泊塔穆斯河(Potamus)

① 全名马尔库斯·马克西米亚努斯(Marcus Maximianus),罗马皇帝,公元286—305年在位,戴克里先的同事。——译注

② 在罗马帝国,真正的皇帝必须拥有"奥古斯都"的头衔,"恺撒"一职往往被授予皇储和皇帝较为信任的亲属,如儿子、侄子或女婿,以及资历较浅的共治者。——译注

③ 全名盖乌斯·伽勒里乌斯·瓦勒里乌斯·马克西米亚努斯(Gaius Galerius Valerius Maximianus),罗马皇帝,公元305—311年在位。——译注

④ 全名马尔库斯·乌尔皮乌斯·特拉扬乌斯(Marcus Ulpius Trajanus),罗马皇帝,公元98—117年在位。他先后征服了达西亚、亚美尼亚、美索不达米亚和阿拉伯半岛西北部,是罗马帝国历史上武功最显赫的君主。——译注

⑤ 约达尼斯在此处关于人名的记载不准确。图拉真的母亲名叫马尔西娅,他的姊妹名叫马尔西亚娜(Marciana),而马尔西亚娜的女儿则名叫马提迪娅(Matidia)。在图拉真即位后,马尔西亚娜和马提迪娅都陆续被封为"奥古斯塔"(Augusta,即女皇)。——译注

中沐浴——这条河里的水非常纯净，味道也特别好。当她正要汲水的时候，身边的一只金杯突然落入了河里。因为金属的密度比水大，所以它很快便消失在深渊中了。可是过了一段时间，那金杯又缓缓地浮出了水面。这是一件极其不寻常的事情：首先，一个空着的金杯自行跳入了河流；其次，在被波涛吞没之后，它居然还能重新回到水面上来。图拉真听说这件事后，大为惊讶。他猜想这河水里居住着神灵，因此便下令，在这个地方建造一座城市，并且按照他姊妹的名字，称它为马尔西安波利斯。

17　格皮德战争

然后，如同我们已经说过的那样，该塔伊人在拿到大笔赎金之后，解除了对马尔西安波利斯的长期围困。当格皮德人看到该塔伊人无往而不胜，并且又缴获了这么多战利品时，出于妒忌的心理，他们便拿起武器，开始攻击自己的这个亲戚部族。如果你想知道，格皮德人是如何与该塔伊人产生亲缘关系的，那么我就简短地介绍一下。你应该还记得，我在一开始（第 25 节）讲过，哥特人是在国王伯里格的率领下，离开他们原来在斯堪德扎岛上的家园，乘坐仅仅三艘帆船，来到大洋彼岸所谓的“哥特斯堪德扎”地区。 94

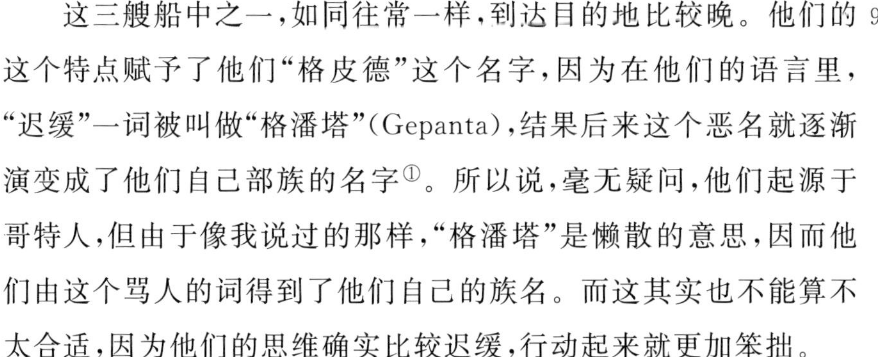

这三艘船中之一，如同往常一样，到达目的地比较晚。他们的这个特点赋予了他们“格皮德”这个名字，因为在他们的语言里，“迟缓”一词被叫做“格潘塔”（Gepanta），结果后来这个恶名就逐渐演变成了他们自己部族的名字[①]。所以说，毫无疑问，他们起源于哥特人，但由于像我说过的那样，“格潘塔”是懒散的意思，因而他们由这个骂人的词得到了他们自己的族名。而这其实也不能算不太合适，因为他们的思维确实比较迟缓，行动起来就更加笨拙。 95

当时他们出于妒忌哥特人的原因，停留在一个被维斯图拉河浅 96

① 按照穆勒豪夫的说法，“格皮德”这个名字的本意是“缺乏工作能力”。——原注

滩包围着的,被他们的语言叫做“格皮多尤斯”(Gepedoios)[1]的岛上,不跟大伙儿一块继续走了。他们那时在格皮德尤斯岛上居住的地方名叫“斯培西斯”(Spesis),如今被维维达尔人(Vividarii)[2]占据着,这个民族是当初大批难民凑巧汇聚到一个地方,相互融合而成的。

97 至于格皮德人自己,则早就搬到其他比较好的土地上去了,因为他们的国王法斯提达(Fastida)号召他安静的人民拿起武器,扩大自己祖国的领土,先是几乎彻底消灭了勃艮第人,接着又征服了许多其他的民族。到了此时,法斯提达又无缘无故地进攻哥特人,就这样以他不可容忍的好斗本性,伤害了两个民族长久以来建立在血缘关系基础上的友好同盟。出于过度的狂妄,他不断地为他的人民开拓更多的领土,可是因此却把他本国内的人口数字弄得日渐稀少。

98 他派使者去见当时东西哥特人两族共同的君主奥斯特罗哥塔,抱怨说他的国度被夹在高山和密林之中,因此不得不提出两个要求,哥特人可以在其中任选一个加以满足:要么与他开战,要么送给他一块土地。

99 性格坚毅的哥特王奥斯特罗哥塔回答说,他讨厌这样一场战争,因为和亲戚交锋对他是一件非常痛苦和不道德的事情,但是他无论如何也不会放弃他的国土。很快,格皮德人就发动了进攻。为了不至于让人耻笑自己是懦夫,奥斯特罗哥塔也号召他的部队

---

① 意为“格皮德人之岛”。——译注

② 即第5章中所说的“维迪瓦里人”。——原注

起来抵抗侵略者。两军于奥哈河(Auha)流经的伽尔提斯城(Galtis)[1]附近遭遇,双方在战场上表现得都极其勇敢,这是因为他们的武器种类和搏斗方式完全一样。但是,较好的军事纪律和体能帮了哥特人的大忙。

最后,当格皮德人中的一部分已经开始退缩时,夜幕把交战双 100
方暂时隔离开来。当初骄傲自大的格皮德王法斯提达见势不妙,赶紧趁此良机,放弃了他们留在战场上的尸体,带着巨大的羞愧和耻辱,撤回了他的祖国。大获全胜的哥特人对格皮德人的迅速撤退感到满意,他们也返回家园,在奥斯特罗哥塔国王的领导下,享受着快乐的和平时光。

① 可能是阿尔特河(阿卢塔河)畔的伽尔特城(Galt),但手抄本中的“奥哈河”是否就是阿卢塔河,还有待考证。——原注

18　德基乌斯皇帝

101　在奥斯特罗哥塔死后，他的继承者克尼瓦(Cniva)国王把哥特军队分为两部分。其中一部分被克尼瓦派去征服莫伊西亚，因为他知道，那里的统治者们由于疏忽而放松了对边界的防守。他自己则带了七万军队去攻打欧斯西亚(Euscia)，也就是诺瓦(Nova)[①]。在这里，他被伽卢斯(Gallus)将军[②]成功地挡住了，只好转而攻击尼科波利斯(Nicopolis)，一座位于亚特卢斯(Jatrus)河畔的著名城镇，是图拉真皇帝在击败萨尔马特人之后，特意为纪念这次胜利而建造的。当德基乌斯皇帝意外地突然抵达的时候，克尼瓦立即解围，并率部撤回不远处的海穆斯(Haemus)山区[③]。在筹集到足够的装备以后，他又迅速出发，这次的目标是菲利普波利斯(Philippopolis)[④]。

102　德基乌斯知道哥特人的这个动向之后，也赶紧率军翻越海穆斯山脉，打算去救援菲利普波利斯。就在他于路途上的贝罗阿

① 诺瓦城位于阿尔特河河口附近的多瑙河南岸，“欧斯西亚”这个名字在其他史料中没有出现过。——原注

② 全名盖乌斯·维比乌斯·特里伯尼亚努斯·伽卢斯(Gaius Vibius Trebonianus Gallus)，罗马皇帝，公元251—253年在位。——译注

③ 即保加利亚中部的老山山脉(Planina)，又称巴尔干山脉。——译注

④ 都位于今希腊与保加利亚接壤的北部山区。——译注

城(Beroa)[①]附近整顿因旅途劳累而疲惫不堪的人马时，克尼瓦和他的哥特人突然像闪电一样地出现在德基乌斯的面前。他们击溃了罗马军队，并且翻越重重高山，把皇帝和少数从战场逃出来的幸存者从奥斯西亚一直追赶到莫伊西亚，也就是伽卢斯将军负责防守的地区。他已经集结了在此区域和在乌斯库斯城(Uscus)[②]驻扎的所有军队，准备即将来临的战争。

但在长期围攻之后，克尼瓦还是占领了菲利普波利斯，他的力 103
量因缴获的大量战利品而得到了进一步加强。菲利普波利斯的指挥官普里斯库斯在战败后还和哥特人结成了同盟，转而共同攻击德基乌斯皇帝。在随后的战斗中，哥特人用一支箭射穿了德基乌斯的儿子[③]，让他悲惨地死去。据说，当死者的父亲看见了这残酷的情景时，为了鼓舞士气，他这样说道：“没有人会为此悲伤！仅仅一个军人的死亡，不是帝国的什么严重损失。”但是出于父亲的天性，他无法控制住自己的情绪，因此带头拼命进攻，决心要么为儿子报仇雪恨，要么也一同战死沙场。当他把敌人追到莫伊西亚一座名叫阿布里图斯(Abrittus)[④]的城镇时，中了哥特人的埋伏，就这样为他的统治和生命画上了句号。因为他在战斗之前，曾向此城神庙中的偶像奉献过特别的牺牲，所以那个广场至今还被叫做“德基乌斯的神坛”。[⑤]

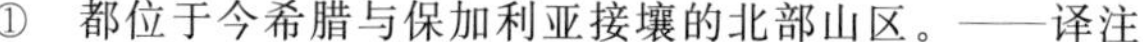

① 都位于今希腊与保加利亚接壤的北部山区。——译注

② 一般拼作 Oescus，位于多瑙河入海口附近。——原注

③ 名叫赫伦纽斯(Herennius)，在阵亡前刚被父皇加封为“奥古斯都”。——译注

④ 在今保加利亚的拉兹格拉德(Razgrad)城郊区。——译注

⑤ 德基乌斯在位期间，为了维护罗马帝国内部人民信仰的统一，采取各种措施，推广意大利和希腊的传统多神教，打击新兴的基督教，因此作为基督徒的约达尼斯特意在此挖苦他搞偶像崇拜。——译注

19　大瘟疫

104 德基乌斯死后，伽卢斯和沃卢西亚努斯（Volusianus）[①]继承了他的罗马帝国的统治权。当时，一次毁灭性的瘟疫[②]，几乎和我们在九年前遭受的那场瘟疫[③]同样可怕，它蔓延到地球的各个角落，尤其是包括亚历山大里亚（Alexandria）在内的埃及受到的损害最为严重，正如历史学家迪奥尼西乌斯（Dionysius）流着眼泪报道的那样[④]。我们尊敬的基督徒和殉道士塞浦里安（Cyprian）主教，也在他名为《论死亡》的著作中描述了它的具体情况。

105 在这时，一个名叫埃米利亚努斯（Aemilianus）[⑤]的人看到，哥特人可以不受惩罚地进入帝国，而没有什么力量能够有效地抵御他们，就认为自己也可以这样做。他于是利用皇帝的疏忽，率领自

---

① 伽卢斯皇帝的儿子，与父亲共享了“恺撒”和“奥古斯都”的称号。——译注

② 一次自公元 250 年起发源于埃塞俄比亚的瘟疫，沉重地打击了罗马帝国。——译注

③ 指公元 541—543 年间在君士坦丁堡流行的瘟疫。——原注

④ 此段文字出自希耶罗尼慕斯的《编年史》，254。迪奥尼西乌斯是当时亚历山大里亚的主教。——原注

⑤ 罗马帝国的莫伊西亚总督，因多次击败哥特人而威名显赫。他于公元 253 年被部下拥立为皇帝，此后向罗马进军，伽卢斯皇帝父子在迎战他的前夕死于士兵哗变。但在普布里乌斯·里奇尼乌斯·瓦勒良（Publius Licinius Valerianus）称帝后，埃米利亚努斯本人也于同年为属下所谋杀。——译注

己的全部军队入侵了莫伊西亚，四处洗劫城镇和平民，以便获得当地的统治权。但在往后的几个月中，对抗他的武装力量不断地增长，因而在造成巨大的破坏之后，他差不多就在自己开始邪恶计划的那个地方被杀死，丧失了他一直在贪婪地追求着的权力。

至于我们在上面提到过的伽卢斯和沃卢西亚努斯这两位皇 106
帝，他们虽然只统治了不到两年便离开了人世，但在这两年期间，到处都和平稳定，他们也到处都受到爱戴。只有一件事有时会受到非难，那便是这场大瘟疫，但也只有没有头脑、喜欢吹毛求疵的诽谤者才会这么做[①]。执政不久，这两位皇帝就和哥特人结成了同盟。他们死后，权力落入了伽利埃努斯(Gallienus)[②]之手。

① 欧特罗皮乌斯在他的史书的Ⅸ,5 里这样写道:“伽卢斯和沃卢西亚努斯这两位皇帝……他们的政府只是由于当时四处流行的大瘟疫而著名……”奥罗修斯在他的著作的Ⅶ,21 里也是这么说的。——译注

② 原名普布里乌斯·里齐尼乌斯·恩格纳提乌斯·伽利埃努斯(Publius Licinius Egnatius Gallienus),瓦勒良皇帝之子,瓦勒良即位后任命他为“恺撒”和“奥古斯都”,公元 253—268 年在位。——译注

20 南征亚细亚

107 由于他(伽利埃努斯)沉浸于奢华的享乐生活之中,哥特领袖雷斯帕(Respa)、维杜克(Veduc)和塔尔瓦尔(Tharuar)建造了帆船,经赫勒斯滂海峡(Hellespont)[①]前往亚细亚。他们洗劫了许多人口众多的城市,并且纵火焚毁了以弗所城著名的狄安娜神庙——就是我们以前说过的,由亚马孙人建造的那座神庙。然后他们进攻比提尼亚(Bithynia),破坏了查尔西顿城,它后来被科涅里乌斯·阿维图斯(Cornelius Avitus)部分地修复了。甚至直到今日,它位于王城[②]附近的遗址仍然在向后世的造访者展示着它在毁灭之前的辉煌。

108 哥特人的亚细亚之行就这样在一开始便大获成功。在洗劫了无数城镇之后,他们再次越过了赫勒斯滂海峡,在归途上又攻陷了特洛伊(Troy)和伊利乌姆(Ilium)[③]。这些城市还没有从阿伽门农(Agamemnon)战争[④]中稍微恢复一点元气,就又被敌人的刀剑重

---

① 意为"介于希腊和本都之间的海峡",即在今土耳其的欧亚两部分之间,连接马尔马拉海与爱琴海的博斯普鲁斯和达达尼尔海峡。——译注

② 指君士坦丁堡。——译注

③ 伊利乌姆是特洛伊城的别名。——译注

④ 公元前12世纪的特洛伊战争。——译注

新破坏殆尽。在亚细亚惨遭蹂躏之后，下一个就该色雷斯体会哥特人的野性了。他们首先攻击那里的安夏罗斯（Anchialos），即帕提亚国王萨达纳帕卢斯（Sardanapalus）[①]在海穆斯山脚下海滨地区建造的一座城市。

他们应当是在那里停留了许多天，尽情地享受安夏罗斯城外 109
十二里处的温泉浴。这条泉水从滚烫的大地深处喷涌而出，在世界上无数的温泉之中，它对增强病人的体力是特别有效的。

① 萨达纳帕卢斯建造过一座安夏罗斯城，但它并不位于海穆斯山脉附近，而是在西里西亚。

21 君士坦丁皇帝[1]

110 当哥特人回到祖国以后，又应伽勒里乌斯·马克西明(Galerius Maximinus)皇帝[2]的请求，前去援助抗击帕提亚人入侵的罗马军队。哥特人忠实地作战，藉着他们的帮助，马克西明赶跑了沙普尔(Sapor)大王[3]的孙子波斯国王纳尔西乌斯(Narseus)，缴获了他的全部财宝，还俘虏了他的妻妾和子女。当戴克里先在亚历山大里亚击败阿基琉斯[4]，马克西米亚努斯·赫尔库留斯

---

① 全名盖乌斯·弗拉维乌斯·瓦勒里乌斯·康斯坦丁乌斯(Gaius Flavius Valerius Constantinus)，罗马皇帝，公元306—337年在位。在多次内战中获胜后，自公元324年起成为罗马帝国唯一的统治者。在位期间，兴建新都君士坦丁堡，以与元老院的罗马对抗；推进政府和军事改革，加固帝国的边防。晚年皈依了基督教。——译注

② 即马克西明·代亚，东罗马帝国皇帝，公元310—313年在位。他最终被李锡尼皇帝击败，在逃亡中死去。——译注

③ 波斯萨珊(Sassanid)王朝君主，公元309—379年在位。曾与罗马帝国在叙利亚和亚美尼亚多次交战，互有胜负。——译注

④ 公元297年8月，埃及人民在卢奇乌斯·多米提乌斯·多米提亚努斯(Lucius Domitius Domitianus)的率领下，发动暴乱，宣布独立。当多米提亚努斯在该年12月被谋杀后，一个名叫阿基琉斯的人继承了他的职位。不久后，戴克里先皇帝亲自率领军队前来镇压独立运动，在亚历山大里亚战役中杀死阿基琉斯，恢复了罗马帝国对埃及的统治。——译注

(Maximianus Herculius)[①] 消灭了非洲的奎克艮塔尼人(Quinquegentiani)[②]时,他们以为帝国的胜利与和平都要归功于自己,所以开始疏远哥特人。

但是长期以来,如果没有哥特人的帮助,罗马军队在对抗任何 111
民族的战斗中显然都要费很大的劲,所以他们经常向哥特人请求援军。因此,后来君士坦丁大帝的政府也曾召唤哥特人,以便对抗他自己的亲戚李锡尼(Licinius)[③]。他们成功地打败了李锡尼,将他包围在萨洛尼卡(Thessalonica),剥夺了他的权力,并且在胜利者君士坦丁的授意下处死了他。

在兴建罗马著名的竞争对手——皇帝以自己的名字命名的那 112
座城市时,和他结盟的哥特人也起了巨大的作用,因为他们当时向他派遣了 4 万名男子,以便帮助帝国对抗各个敌对的民族,这些士兵到今天还在帝国内被称为"盟友"呢。那时,哥特人的国家在他们的两位国王——阿里亚里克(Ariaric)和奥里克(Aoric)——的统治下,正呈现一片蒸蒸日上的景象。他们死后,掌握哥特政权的是格贝里克(Geberic),他以自己超凡的勇气和高贵的出身而闻名遐迩。

---

① 即戴克里先的共治者马克西米安皇帝(公元 286—305 年在位)。——译注

② 古代北非的一个土著游牧民族,柏柏尔人(Berber)的五大部落之一〔其余四大部落分别是:伽拉曼特人(Garamanti)、穆苏拉米人(Musulamii)、盖图尔人(Gaetuli)、巴夸特人(Baquati)〕。他们在公元 297 年底入侵罗马帝国的毛里塔尼亚(Mauretania)和努米底亚(Numidia)行省,但被马克西米安皇帝击退。——译注

③ 全名弗拉维乌斯·伽勒里乌斯·瓦勒里乌斯·里奇尼亚努斯·李锡尼(Flavius Galerius Valerius Licinianus Licinius),君士坦丁的妹夫,罗马皇帝,公元 308—324 年在位。起初负责统治罗马帝国的西半部,不久改任东部皇帝。后与君士坦丁决裂,在内战中被俘,于公元 325 年被斩首。——译注

22　汪达尔战争

113　作为希尔德里特(Hilderic)的儿子、奥维达(Ovida)的孙子、尼达达(Nidada)的后代，格贝里克所获得的荣誉一点儿也不少于他的祖先。当自己的统治刚刚建立起来的时候，他就开始寻求扩张疆土，因此和汪达尔国王维斯马尔(Visimar)发生了冲突。此人是阿斯丁贵族后裔，按照历史学家德西普斯(Deuxippus)[①]的说法，他的祖先地位相当显赫，而且以勇猛善战出名。德西普斯还提到，因为双方之间的距离过于遥远，这些汪达尔人很少能够从海滨地区到我们的边境上来。那时他们住在格皮德人现在活动的地方，那里流淌着马里西亚河(Marisia)、米利亚尔河(Miliare)、吉尔皮尔河(Gilpil)，以及比上面这几条河流都要巨大的格里西亚河(Grisia)。

114　汪达尔人的四邻是这样的：东边是哥特人，西边是马考曼人，北边是赫尔蒙杜尔人(Hermunduli)[②]，南边则是希斯特河，也被称

---

① 应拼作“Dexippus”，此人曾经报道过奥勒良皇帝对汪达尔人的一次胜利。——原注〔译者按：奥勒良，全名卢齐乌斯·多米提乌斯·奥勒里亚努斯(Lucius Domitius Aurelianus)，罗马皇帝，公元270—275年在位，重新统一了自伽利埃努斯皇帝以来陷入分裂状态的罗马帝国。〕

② Hermunduri的另一种写法，格里乌斯(Gellius)也是这样拼的。——原注

为多瑙河。当汪达尔人在这个区域停留时，哥特国王格贝里克在我前面已经提到过的马里西亚河岸上，与他们展开了战斗。刚开始时双方势均力敌，但是没过多久，汪达尔国王维斯马尔就和他的大部分将士们一起被击毙了[①]。

哥特人出类拔萃的领袖格贝里克就这样摧毁了汪达尔军队， 115
缴获了大批战利品，然后回到他从那里来的地方，即他的祖国。从战场上逃脱的部分汪达尔人重新聚集起来，把他们的老弱妇幼等不能作战的成员组织成队伍，离开了他们不幸的家园，向君士坦丁大帝请求一块容身之地。这便是潘诺尼亚(Pannonia)[②]，他们以皇帝的属民身份在那里定居，前后大约有 60 年之久。很久以后，他们应前任执政官和最高行政长官斯提里科(Stilicho)将军[③]的邀请，前往高卢，在那里不断地掠夺自己的邻居，但又一直没有获得固定的定居点。

① 此战发生在公元 335 年，地点在今罗马尼亚与匈牙利接壤的地区。——译注

② 戴克里先时代划分的罗马帝国 12 大行省之一，范围包括今奥地利、匈牙利的多瑙河以南部分，以及前南斯拉夫的大部分领土。——译注

③ 全名弗拉维乌斯·斯提里科(Flavius Stilicho)，汪达尔血统的西罗马帝国将领，生于公元 365 年前后，卒于公元 408 年。自公元 395 年起，成为西罗马帝国实际上的摄政者，在与日耳曼人的冲突中屡立战功。后来，仇视汪达尔人的政治集团煽动霍诺留斯皇帝，逮捕并处死了他。没有可靠证据表明汗达尔人于公元 406 年对高卢的入侵与斯提里科的外交政策有关。——译注

23 埃尔马纳里克国王

116 在哥特国王格贝里克与世长辞之后，又过了一些日子，最高贵的阿马尔家族成员埃尔马纳里克(Ermanaric)继承了哥特王位。他征服了北方如此之多的好战民族，并且强迫他们服从哥特人的法律，以至于我们的祖先公正地把他和亚历山大大帝相提并论。先后匍匐在他的王杖之下的，有如下的这些民族：高尔特斯奇提亚人(Golthescytha)、提乌多人(Thiudo)、因奥西人(Inaunxi)、瓦西纳布隆凯人(Vasinabroncae)、梅勒人(Mere)、摩登人(Morden)、伊姆尼斯卡里斯人(Imniscaris)、罗伽人(Roga)、塔德赞人(Tadzan)、阿陶尔人(Athaul)、纳维高人(Navego)、布伯格奈人(Bubegenae)和考尔代人(Coldae)①。

117 虽然他早已因为征服了如此之多的民族而声名鹊起，但是他依旧不依不饶地追击以阿拉里克(Alaric)国王为首的赫卢利人残部，直到把他们全部消灭为止。正如历史学家阿布拉比乌斯告诉我们的，这个民族过去住在被希腊人叫做“赫勒”(Hele)②沼泽的莫伊提斯大沼泽附近，因此得名为“赫卢利人”。

---

① 这是一些闪米特部族的名字，在其他史料里均没有出现过。——原注

② 在希腊文中写作 Ele，意思是“沼泽”。——原注

他们一度因自己敏捷的身手而自傲，那时没有哪个民族不曾在他们中间雇佣过轻步兵。但是，尽管他们依靠高超的速度，曾经多次在战场上解救自己，到头来还是在稳健而缓慢的哥特人面前溃不成军，最终被迫像其他民族那样，老老实实地为哥特王埃尔马纳里克服务。 118

在打垮了赫卢利人之后，埃尔马纳里克又把目光投向了维尼特人[①]。作为单个的战士，这个民族的成员虽然受人轻视，但庞大的人口数目却让他们在一开始鼓足勇气，试图抵抗哥特人。然而，一大群胆小鬼加起来还是胆小鬼，特别是当受上帝眷顾的大批勇士攻击他们的时候，这一点便能看得更加清楚。这些被我们一开始在历数民族名称时所提到过的人，本源虽然相同，但现在却有了三个名字：维尼特人、斯克拉文人和安特人。尽管因为我们的罪孽，他们现在到处惹是生非[②]，然而在那时，他们全部服从着埃尔马纳里克的指令。 119

后来，这位统治者还征服了远在日耳曼尼亚海滨的埃斯特人(Aesti)。靠着非凡的智慧和勇气，他把斯奇提亚和日耳曼尼亚的所有民族都置于掌控之中，就如同统治自己的部下那样得心应手[③]。 120

① 即文登人(Venden)。——原注

② 各斯拉夫民族于公元6世纪在东欧平原上逐步兴起。——译注

③ 此处的行文十分重复累赘，因此我做了一些简化。——原注

24　匈人的入侵

121　但就在这不久之后，像奥罗修斯所说的那样①，匈人向哥特人发动了血腥的侵略战争。这个民族的野蛮本性令世人无法想象，关于他们的起源，我们从古代资料里得到的解释是这样的：该塔伊人自离开斯堪德扎岛后的第五位君主——即伽达里克大王之子菲利梅尔——首先率领他的族人进入了斯奇提亚。在定居下来之后，菲利梅尔在自己的部落中发现了一些巫婆。他怀疑这些在哥特语中叫做“哈里卢巫”（Haliurunnae）②的女人是敌对势力派来的奸细，于是就下令把她们赶到离自己的队伍很远处的荒野中去游荡。

122　当这些巫婆们慌不择路地闯入荒漠深处时，被那里不洁净的鬼怪看见了。他们搂住这些巫婆，并与她们交配，那个野蛮至极的

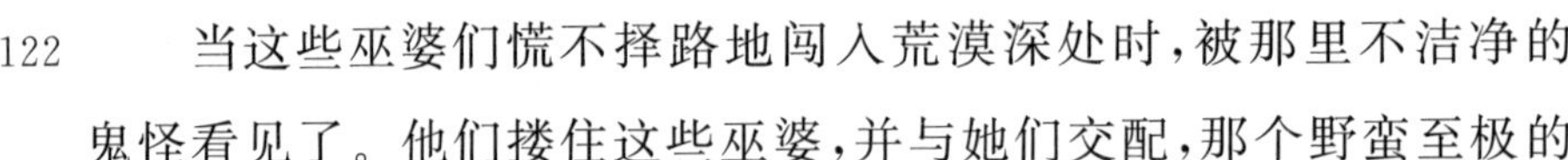

① Ⅶ，33，10：“以前长期被隔绝在无法通行的群山之中的匈人，突然向哥特人发动了愤怒的攻击，通过多次施加压力的办法，将对方赶出了昔日的家园。”——原注

② 在哥特文中写作 Haljaruna，但词意已有所改变。——原注〔译者按：也拼作“阿尔劳恩”（Alrauen），指生物学上的毒参茄（拉丁文学名为 Mandragora officinarum，也被译作风茄）。这是一种茄科药草，含有神经毒素，有麻醉作用。小剂量使用可治疗各种精神病和皮肤病，提高性能力；大剂量使用会产生幻觉，并导致上瘾。在古代是西方巫师必备的药物，甚至成为巫师行业的象征。此处所说有关匈人起源的鬼怪传说显然与服用这种药草后在大脑中产生的迷幻状态有关。〕

民族就这样诞生了。这个奇丑无比、不堪入目、个头矮小、长相全然不似人类，除了一些乍听上去有些像人类语言的嘀嘀咕咕之外，什么声音都发不出来的民族，从此开始居住在沼泽地里。如此起源的匈人，后来逐渐接近了哥特人的国家。

历史学家普里斯库斯写道[①]：这个野蛮的部落，定居在莫伊提 123
斯大沼泽远处的边缘处，除了狩猎以外，什么都不会做。在他们成长为一个民族之后，就屡屡用盗窃和诡计扰乱附近民族的和平生活。有一天，当这个民族中的几个猎人正像往常那样，在莫伊提斯大沼泽内侧的边缘上[②]狩猎的时候，意想不到地看见一只小母鹿出现在他们的视野之中。看到猎人后，它便跑入沼泽，像一位向导那样，走一会儿就站住，然后再继续前进。

猎人们跟随着这只小母鹿，就这样步行穿越了莫伊提斯大沼 124
泽——这片沼泽以前一直被他们当作真正的、无法通行的海洋。当斯奇提亚未知的土地暴露在陌生民族面前之后，小母鹿就忽然消失了。依我之见，这只小母鹿必然是某个敌视斯奇提亚人的魔鬼化身而成的。

这些此前对莫伊提斯大沼泽之外的世界一无所知、因而为好 125
奇心所吸引的匈人，迅速认定：这条过去无人知道的路径，是上帝有意显示给他们的。他们立即回到自己的部落，把他们的发现——令人赞叹的斯奇提亚土地，告诉了所有的人。然后，匈人就

① 普洛科皮乌斯在《哥特战记》Ⅳ，5 中也有相似的叙述。——原注

② 如果手抄本在此处的写法是正确的话，那么约达尼斯的意思可能是指克里米亚半岛及其西面的海岸。——原注

沿着他们由小母鹿的指引而发现的那条道路向斯奇提亚前进，一路上所遭遇的人不是被他们杀死，就是向他们屈服了。

126 他们像旋风一般卷过莫伊提斯大沼泽，以前居住在该沼泽周围的各个民族，比如阿尔齐德祖尔人（Alcildzuri）、伊提马尔人（Itimari）、通卡斯人（Tuncarsi）[①]、波伊斯克人（Boisci）等[②]，都老老实实地跟着他们走了。在礼节上与匈人类似、但在文明程度和身材容貌上却大不相同的阿兰人[③]起来反抗，可是在几次交战后也被征服了。

127 即便是那些在战斗中并不占下风的对手，也会被匈人恐怖的眼神而吓得落荒而逃，所以他们几乎战无不胜。要知道，这些人天生一副黝黑的丑陋容貌，矮小的躯干上长着一个可憎的块状物体，看上去根本不像是头颅，上面甚至连五官都没有，只有几个类似眼睛的小洞。他们在自己的野性外表下隐藏着肆无忌惮的性格，而且在他们的孩子出生的第一天，这种残酷的特征便暴露无遗：匈人男子用铁刀划破他们初生婴儿的面颊，为的是让孩子们在品尝母乳的鲜美滋味以前，就学会忍耐伤痛的折磨。

128 因为脸上应该长出胡须的地方都被划出了疤痕，所以他们一

① 疑为通古斯人（Tungusian），即属于阿尔泰语系中满—通古斯语族的北亚民族的统称，鲜卑的一部分以及契丹和女真等民族都属于该语族。——译注

② 普里斯库斯也提到过这些斯奇提亚部落的名字。——原注

③ 阿米安（Ammian）在《编年史》31，2，21 中写道："哈兰人（Halani，即阿兰人）在各个方面都与匈人十分类似，但他们的生活方式和风俗并不那么野蛮。"——原注〔译者按：阿米安即阿米亚努斯·马克里努斯伯爵（Ammianus Marcellinus Comes），希腊人，于公元 330 年左右生于安条克（Antiochia），公元 395 年左右在罗马去世。他是继塔西佗之后，罗马帝国最重要的历史学家，曾长期担任高级将领。编撰有 31 卷《罗马史》（Rerum gestarum libri），叙述了公元 96—378 年间的罗马帝国历史。〕

直到老都不长胡须，也不戴相应的首饰。虽然形象惨不忍睹，但他们身手矫健，而且骑术高超。匈人的肩膀很宽，适合使用弓箭，脖子总是傲慢地笔挺着。虽然他们长着近似人的形状，但生活方式却如同禽兽那样野蛮。

当该塔伊人看见这个已经消灭了许多部落的好战民族时，他 129
们大为惊骇，于是去与他们的国王商量，如何能逃脱这样一个敌人的毒手。虽然像我们前面说过的那样，哥特国王埃尔马纳里克曾经打败过许多的民族，但正当他在考虑如何抵御匈人的侵犯时，此前被他征服的罗索蒙人(Rosomoni)[①]却心怀不轨，阴谋要暗害他。在这个民族中的一个人叛逃后，国王下令，用野马把他的妻子苏尼尔达(Sunilda)撕成了碎块。苏尼尔达的兄弟萨卢斯(Sarus)和阿米乌斯(Ammius)为了给她报仇，用剑刺进了埃尔马纳里克的肋部。

这次受伤使埃尔马纳里克的身体极其衰弱，匈王巴兰伯 130
(Balamber)[②]利用这个机会，率军攻入东哥特人的国家。此时，西哥特人因为一些争论，已经和他们分手了。在创伤和匈人入侵痛苦的双重打击下，埃尔马纳里克绝望地结束了自己的生命，死时已满110岁的高寿。他的死，使匈人在与哥特人——或者如同我们前面说过的那样，因为居住在东方的缘故，被称为东哥特人——的战争中，获得了最后的胜利。

① 这个民族在其他史料里均没有出现过，无从考证。——原注(译者按：部分近现代学者猜测，罗索蒙人是一个阿兰人的部落。)

② 又名“巴拉米尔”(Balamir)，它与“巴兰伯”一词在古突厥语里的意思都是“年轻的国王”。——译注

25　西哥特人的逃亡

131　西哥特人——即东哥特人居住在较为靠西地区的同胞——看到他们的亲戚如此惊恐，大为震骇，完全不知道自己应该怎样对付匈人的入侵。在深思熟虑之后，他们最后决定向罗马皇帝瓦伦提尼安(Valentinian)[①]的弟弟瓦伦斯(Valens)皇帝[②]派遣使团，提出请求说：如果能给他们划出色雷斯或莫伊西亚的一部分土地以供定居的话，他们将愿意遵从东罗马帝国的法律，老老实实地做皇帝的臣民[③]。为了获得对方更多的信任，他们还许诺皈依基督教，前提是皇帝得派会说他们语言的牧师来。

132　瓦伦斯得知此事，非常高兴地同意了，因为这其实也是他一直在寻求做的。他让该塔伊人进入莫伊西亚，希望他们能在那里为帝国构筑起抵御其他蛮族的一面墙壁。因为当时瓦伦斯皇帝在思

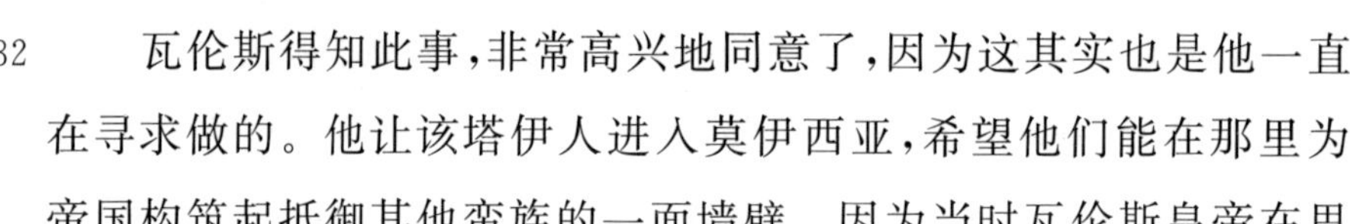

① 全名弗拉维乌斯·瓦伦提尼亚努斯(Flavius Valentinianus)，即瓦伦提尼安一世，西罗马帝国皇帝。公元364—375年在位，执行宗教宽容政策，一直致力于维护罗马帝国的北部边界。——译注

② 拜占庭帝国皇帝，公元364—378年在位，阿里乌斯教派坚定的支持者。——译注

③ 按照阿米安在《编年史》31,4,1中的说法，哥特领袖弗里提格的基督徒部下因受到另一位哥特领袖阿塔纳里克(Athanaric)的迫害，所以向罗马帝国提出了避难的要求。——原注

想上受到了不诚实的阿里乌斯教徒(Arian)[①]的影响,所以他关闭了我们派别[②]所有的教堂,还把那个异端的一些成员作为传教士送到西哥特人那里去。因为极端缺乏宗教经验,所以他们根本就无法察觉,这些人给他们带来的竟是异端的毒药。就这样,瓦伦斯皇帝设法让西哥特人变成了阿里乌斯教派的信徒,而非真正的基督徒[③]。

在晚些时候,他们出于对福音传播的热情,又向自己的远 133
亲——东哥特人和格皮德人宣扬该异端理论,最后使得说他们这个语言的所有民族都加入了这个邪教。而他们自己,则像我们已经说过的那样,靠着皇帝的许可,在临岸达西亚(Dacia Ripensis)、莫伊西亚和色雷斯等省份的多瑙河沿岸定居了下来。

① 阿里乌斯教是基督教早期的重要支派,由希腊神学家阿里乌斯(Arius,生于公元260年,卒于公元336年)创建,以其独特的反三位一体理论而知名。阿里乌斯教派认为,圣灵,即逻各斯(Logos,也译作“道”或“理智”)是上帝从虚无中创造出来的,所以它并不等同于圣父(上帝)。耶稣基督在逻各斯被创造出之前就已存在,上帝使逻各斯充满了他的灵魂,所以逻各斯也不等同于圣子(耶稣基督),圣父、圣子、圣灵三位一体的神学理论因而不能成立。自公元320年起,阿里乌斯教派受到传统教会的长期打击和批判,但在西亚、北非和日耳曼人中仍然相当流行,公元7世纪后逐渐衰亡。——译注

② 即正统基督教派(Orthodox)。——原注〔译者按:Orthodox一词现指东正教,但当时正统基督教派尚未分裂,还没有天主教和东正教的说法。〕

③ 出自奥罗修斯,7,33,19。——原注

26　阿德里亚堡[①]战役

134　很快，就像时常发生在还不是完全定居的民族身上那样，西哥特人遭遇了大饥荒。此时取代国王们统治他们的公爵和侯爵，即弗里提格、阿拉特乌斯（Alatheus）和萨夫拉克（Safrac）[②]，对他们军队的危险状况感到同情，因此请求罗马将军卢皮奇努斯（Lupicinus）和马克西穆斯，向他们开放一个市场。为什么"对黄金疯狂的渴望"[③]会不起作用呢？出于贪婪，这两位将军不光以高价卖给他们羊和牛的肉，甚至还有死狗和不洁净动物的尸体，一块面包居然得拿一个奴隶来交换，而一块肉也被要价到十镑钱。

135　当哥特人已经没有了奴隶和财产的时候，贪婪的商人又在这紧急关头索要他们的儿子们作为报偿。出于对后代幸福生活的考虑，这些父母们认为，与其把孩子交给这些商人，倒还不如出售自

---

① 旧译"亚德里亚堡"（Adrianople），也写作"哈德良堡"（Hadrianople 或 Hadrianopolis），意思是"哈德良（Hadrian）之城"。色雷斯东部重镇，位于今土耳其埃迪尔内（Edirne）城郊。阿德里亚堡战役发生于公元 378 年 8 月 9 日，以罗马帝国的重步兵军团被西哥特人、阿兰人、匈人的重骑兵部队彻底粉碎而在世界军事史上闻名。——译注

② 阿米安在《编年史》31，4 中也提到过这三个人的名字。——原注

③ 出自维吉尔的《阿涅伊斯》，Ⅲ，56。——原注

己的自由；况且，如果有幸被比较仁慈的主人买下，他们应该能够得到足够的食物，不至于被饿死。在这个艰苦的时刻，罗马将军卢皮奇努斯邀请哥特领袖弗里提格去他那里参加一个宴会，但他的真正用心，却是要害掉弗里提格的性命。弗里提格没有意识到这是个邪恶的计划，于是只带上为数不多的几个随从，就去赴宴了。

当他正在罗马将军的军用帐篷里进餐的时候，突然听见自己 136
的部下正因为被可耻地谋害而痛苦地喊叫着：罗马士兵们正在这房子的另一个部分里，按照他们将军的命令，企图杀死弗里提格的随从。这些人的喊叫声刚一传进了听觉敏锐的弗里提格耳中，他便立即察觉了这个骗局。他于是抽出自己的剑，靠着自己的勇气和敏捷，从宴会上冲了出去，把正受到死亡威胁的下属从罗马士兵的手中救了出来。

如此一来，这些善战的男人就得到了他们一直渴望着的机 137
会——宁肯死于战场，也不愿被饥饿毁灭。他们马上就拿起武器，杀死了罗马将军卢皮奇努斯和马克西穆斯。哥特人的饥荒和罗马人的安全，就都在那天结束了。此时的哥特人不再是异乡人或外国人，而是如市民和主人那样，开始统治从自己的驻地到多瑙河的大片北方领土。

当瓦伦斯皇帝在安条克听说这事的时候，就立刻组织了一支 138
部队，向色雷斯挺进。在这里，一场悲惨的战斗爆发了，最后哥特人大获全胜。瓦伦斯皇帝自己受了伤，逃进阿德里亚堡附近的一个农场里。追赶上来的哥特人不知道皇帝本人竟然会躲藏在如此破旧的一个小屋里，于是就像他们习惯对敌人的建筑物做的那样，随手点火把它焚毁了。就这样，瓦伦斯与他帝王的辉煌一同化为了灰烬。他的这个结局完全符合上帝的法令:引导别人信奉异端邪说的人必须被烧死,因为他们把爱的火焰变成了地狱之火[①]。在这次光辉的胜利之后,西哥特人获得了色雷斯和临岸达西亚地区,并且安心地定居下来,就好像那里是他们自古以来的祖传领土一样。

① 这一句出自阿米安的史书,也见于维克多(Victor)的《文选》(Epitome)第46章,以及奥罗修斯史书中的Ⅶ,33。——原注

27　提奥多西皇帝

当西班牙人提奥多西(Theodosius)①被格拉提安(Gratian)皇 139
帝②任命为东罗马帝国皇帝、从而成为他叔父瓦伦斯的继承人时，帝国的军事训练水准被很快恢复到了一个较高的层次。由于他远离几位前任的懒惰和粗心等毛病，哥特人感到了恐惧。因为这位皇帝有着敏锐的洞察力，为人精明能干，行动谨慎，所以他能够靠着严厉的军规、慷慨的作风、不时施加给将士的恩惠，把他那原本士气低落的军队激励成一支能够完成任何勇敢任务的强大武装力量。这些士兵们因为得到了一位较好的领袖而信心大增，便向哥特人发起了进攻，并且把他们赶出了色雷斯边境。

但是当提奥多西皇帝突然病得如此严重，以至于医生们已经 140
准备放弃治疗的时候，哥特人就再一次获得了他们的勇气。他们将军队分成三个部分，弗里提格率领他的那支部队进攻塞萨利(Thessaly)、伊庇鲁斯(Epirus)和亚该亚(Achaia)，而针对潘诺尼

① 提奥多西乌斯一世大帝，罗马帝国皇帝，公元379—395年在位。自公元394年击败西罗马帝国皇帝奥格尼乌斯后，成为最后一位统治整个罗马帝国的皇帝。宣布正统基督教为罗马帝国国教，严禁其他一切宗教派别。——译注

② 全名弗拉维乌斯·格拉提亚努斯(Flavius Gratianus)，西罗马帝国皇帝，公元375—383年在位。早期执行宗教宽容政策，晚期则明显倾向于正统基督教。——译注

亚的军事行动则由阿拉特乌斯和萨夫拉克的部下负责。

141 格拉提安皇帝因为汪达尔人入侵，此时正在从罗马前往高卢的路上。在得知哥特人正利用提奥多西身体状况的危机而向边境派遣越来越多的军队时，他便立即率军前去抵抗。然而他并不完全信赖自己的武器，而是用仁慈和礼物战胜了他的对手；他许诺供给哥特人足够的食物，就这样不仅实现了地区的和平，而且还与哥特人结成了同盟。

28　西哥特—罗马同盟

在身体康复之后，提奥多西皇帝得知，格拉提安皇帝已经达成 142
了哥特人和罗马人之间的同盟协议。这正是提奥多西所一直期盼着的，因此他大为高兴，表示完全赞成。他派使者去给弗里提格的继承人阿塔纳里克[①]送去了礼物，并且以最亲切的方式，邀请他去君士坦丁堡与自己签署结盟条约。

阿塔纳里克很乐意地接受了这个邀请，当他进入王城的时候， 143
惊讶地大叫起来："啊！我的眼睛在这里看到了我的耳朵过去听到过、但我的心灵却不肯相信的事物"，指的就是这座伟大而著名的城市。他好奇地到处参观，为这座城市的独特位置、往来船只在水上熙熙攘攘的交通、著名的城墙以及虽然来自不同地区、但却如同河水流入盆地那样汇聚在这里的众多民族而惊叹。当他看见行列整齐的军队时，他说："皇帝真是地上的神，谁要想和他对抗的话，必将自作自受地付出他的生命。"

---

① 西哥特领袖，公元 364—381 年在位。曾迫害基督徒，并两度与瓦伦斯皇帝交战。在公元 376 年被匈人击败后，被迫改而执行亲罗马的政策。他并非弗里提格的继承人，而是在同时期分领不同部落的酋长，并且相互敌视。他在公元 380 年的西哥特内战中被弗里提格击败，逃往拜占庭帝国避难。他于公元 381 年 1 月 11 日抵达君士坦丁堡，1 月 25 日去世，可能是提奥多西皇帝为了讨弗里提格的欢心而谋杀的。——译注

144 在这样对君士坦丁堡大加赞赏了一番之后，他被皇帝亲手赐予了更高的荣誉，即贵族头衔。几个月后，阿塔纳里克去世了[①]。皇帝对他的友情如此之深，以至于他给予了阿塔纳里克比生前更多的荣耀：他有幸在一座尊严的坟墓里安息，在葬礼上，皇帝本人在他的棺椁前开路。

145 阿塔纳里克死后，他的全军继续以下属的身份为提奥多西皇帝服务；在罗马人的领导下[②]，他们与罗马士兵被混编为同一支军队。君士坦丁皇帝时代的盟友兵役制又重新被启用了，参加者自称为“盟友”(Foederati)。从他这些忠实的朋友们中间，皇帝挑选了超过两万名战士，依靠他们攻打在谋杀格拉提安后占领了高卢的暴君欧格尼乌斯(Eugenius)[③]，成功地战胜并惩处了他。

① 阿奎塔尼亚(Aquitania)的普罗斯帕尔(Prosper)报道说，阿塔纳里克在抵达君士坦丁堡15天后便被谋杀了，而马克里努斯则声称他死于某种疾病。——译注

② 此句出自奥罗修斯史书中的Ⅶ，34，7。——译注

③ 约达尼斯此处的叙述是错误的，在公元383年谋杀格拉提安并控制了高卢和不列颠岛的罗马将领是马格努斯·马克西穆斯(Magnus Maximus)。提奥多西皇帝联合格拉提安之子瓦伦提尼安二世，在公元388年击败并杀死了他。公元392年，瓦伦提尼安二世又被法兰克血统的部下阿勃伽斯特(Arbogast)谋杀，后者拥立修辞学家欧格尼乌斯为罗马皇帝。提奥多西于是又发动第二次西征，在公元394年击败并杀死了欧格尼乌斯，阿波加斯特斯自杀，之前多次分裂的罗马帝国被重新统一。——译注

29　同盟的终结

在喜爱和平、亲善哥特民族的提奥多西逝世之后，他的儿子们[①]开始用自己豪华的生活方式毁灭他们的帝国，还剥夺了赠与他们的盟友——哥特人——的习惯性礼物。在这种情况下，哥特人对罗马人的厌倦开始增加。因为担心长期的和平会消磨掉自己的勇气，他们推举了阿拉里克[②]为哥特国王。此人拥有的高贵出身仅次于阿马尔家族，因为他是巴尔特(Balthi)家族的成员。“巴尔特”这个名字来自他们在战场上的勇猛作风，哥特语中的“巴尔塔”(Baltha)就是“勇猛”的意思。 146

当这位阿拉里克被选为国王后，他把自己的部下召集来商谈，并向他们提议说，与其作为外国盟友在他人手下享受和平，还不如用自己的努力来开拓疆土。于是，在斯提里科和奥勒良(Aurelianus)做执政官的时候，阿拉里克组建了一支军队，穿过潘诺尼亚的希尔米乌姆(Sirmium)[③]，沿着右岸[④]进入了全无防备的 147

---

① 指拜占庭帝国首任皇帝阿尔卡狄乌斯(Arcadius，公元395—408年在位)和西罗马帝国首任皇帝霍诺留(Honorius，公元395—423年在位)。——译注

② 较早的抄本常把他的名字拼作“哈达里克”(Hadaric)，和把“阿兰人”拼作“哈兰人”一样，在单词的最前面多出了一个H。——原注

③ 即今塞尔维亚的诺维萨德。——译注

④ 原文写作dextro latere，指的可能是多瑙河的右侧河岸。——原注

意大利。他们没有遇见任何抵抗，就轻松地抵达了坎迪第阿努斯河(Candidianus)[1]上的桥梁，离皇城拉文纳只剩下三里[2]的路程了。这座城市建在沼泽和海洋之间，被波河(Po)的水流环绕，只有一面可供人通行。

148　拉文纳的远古居民，如我们的祖先所说的那样，被称为“埃尼台人”(Ainetai)，是“值得赞赏”的意思。它位于罗马帝国伊奥尼亚海滨(Ionian sea)的一个拐角里面，像一个岛那样，被汹涌的洪水封锁着[3]，东边面对着大海。

149　如果有人从科西拉(Corcyra)和希腊(Hellas)出发，笔直地向这里航行的话，他将在航线的右方首先看到伊庇鲁斯(Epirus)，然后是达尔马提亚(Dalmatia)[4]、利布尼亚(Liburnia)、希斯特里亚，最后到达威尼提安岛(Venetian)。在城市的西面覆盖着大片的沼泽，其中只有一条非常狭窄的道路可以穿行，起着城门的作用。它的北方是波河的一条支流，那里也被叫做阿斯空(Ascon)盆地。

150　在它的南方，也同样流淌着人称“意大利河流之王”的波河，别名叫埃里达努斯河(Eridanus)[5]。奥古斯都皇帝曾挖了一条很宽的沟渠，让这条河中七分之一的水量流过城市的中心。在它的入海处，有一个非常美丽的港口。如同迪奥所写的那样，据信在远古时代，它能够容纳一个二百五十艘船的舰队在此安全下锚。

① 即坎迪亚诺河(Candiano)。——译注

② 约合 4.4 千米。——译注

③ 卡西奥多卢斯在其书的Ⅶ，24 中也提到当地潮水淹没低地的情况。——译注

④ 今克罗地亚和波斯尼亚一带。——译注

⑤ 出自维吉尔的《农事诗》，Ⅰ，482。——原注

法比乌斯(Fabius)[①]则报道说，眼下这个港口看上去活像一个 151
广阔的果树园，树上面挂的全是水果，连一张船帆都看不到了。这座城市拥有三个名字，分别代表它的三个部分：最前面的部分叫做拉文纳；而另一头则被称为克拉西斯(Classis)；城市和海洋之间的部分叫做恺撒里亚(Caesarea)，那里海滩上的沙子十分适合于修建马路。

① 蒙森认为："法比乌斯"实际上就是阿布拉比乌斯的名字。——原注

30 阿拉里克国王

152 当西哥特人的军队进入这座城市的郊区时，他们给正在里面居住的霍诺留皇帝派去了一个使团，询问皇帝说，他是否能允许哥特人和平地在意大利定居下来。在这种情况下，他们会和罗马人如此和睦地居住在一起，以至于人们可以把这两者当作同一个民族；但如果皇帝不肯开恩的话，那么较强的一方就应该赶走较弱的一方，独自统治这块土地。听了这个建议，霍诺留皇帝非常害怕，于是立即召集元老院会议，商议如何才能把哥特人赶出意大利的边界去。

153 最后他们通过了这样一个决议：阿拉里克和他的民族可以在远处的行省、即高卢和西班牙定居，如果他们有这个能力的话。霍诺留皇帝签发了这个赠送的命令，因为在汪达尔国王盖瑟里克(Geiseric)[①]的侵犯之下，他们反正已经快要丢失这两个行省了。

---

① 汪达尔国王，公元428—477年在位。在公元429年率领汪达尔人离开西班牙前往北非，攻占迦太基(Carthage)、撒丁(Sardinia)、科西嘉(Corse或Corsica)、西西里等地，建立起第一个在前罗马帝国领土上建立的并被拜占庭皇帝承认(公元442年)的日耳曼王国。他是虔诚的阿里乌斯派教徒，在所属领土上严厉地打击天主教，并于公元455年对罗马城进行了长达14天的洗劫。约达尼斯在此关于他的叙述是错误的，占领高卢和西班牙的汪达尔国王是盖瑟里克的同父异母兄长君德里克(Gunderic，公元406—428年在位)。——译注

哥特人同意了这个安排，于是就向皇帝授予他们的那两个行省进发了。

虽然哥特人不曾对意大利造成任何的破坏，但是斯提里科将 154
军，最高行政长官兼霍诺留皇帝的岳父——因为他的两个女儿，即玛丽亚(Maria)和特曼提娅(Thermantia)，先后嫁给了皇帝，不过上帝却使她们处女的纯洁不被破坏，并把她们召回了自己身边[①]——这位斯提里科却阴险地埋伏在考提安山脉(Cottian)里的坡伦提亚城(Pollentia)，等着毫无戒备的哥特人进入他设下的陷阱，但结果却导致了意大利的灾难，以及他自己的耻辱。

当哥特人突然看到他的时候，起先大受惊吓，但他们很快就恢 155
复了自己的勇气，而且彼此激励，然后如同他们习惯的那样，向斯提里科的军队发动猛攻，几乎把它彻底消灭了，并且干掉了他本人[②]。然后，他们在所到之处痛快地发泄自己的怒火，回到他们来时路上经过的利古里亚(Liguria)，抢到了许多战利品。随即他们又以同样的方式洗劫了埃米利亚(AemiIia)[③]，然后沿着在皮切努

① 霍诺留皇帝是同性恋，斯提里科的两个女儿因此至死都还是处女。——译注

② 这场战斗发生在公元402年。按照更加可信的普罗斯帕尔的说法，它最终以平局告终。约达尼斯经常被指责对阿拉里克的军事成就加以过分的美化，但卡西奥多卢斯的编年史显示，是他首先改写了普罗斯帕尔的原文，约达尼斯后来只是照本宣科而已。——原注〔译者按：约达尼斯在此关于坡伦提亚战役的叙述值得怀疑。如马滕斯博士的原注所说，按照古罗马史料记载，这场发生在公元402年复活节的战斗不分胜负，实际上的胜利者更有可能是斯提里科，因为西哥特人此后被迫撤回他们位于伊利里亚的根据地。公元406年8月22日，斯提里科在拉文纳被霍诺留斯皇帝杀害，此后阿拉里克才向意大利进军并包围罗马城，而攻占它则是在公元410年。〕

③ 意大利北部的一个省份，首府是博洛尼亚(Bologna)。—译注

姆(Picenum)和图斯奇亚(Tuscia)[①]之间的弗拉米尼安(Flaminian)军用大道向罗马城进发,洗劫了道路两侧的所有城镇。

156 当他们最后进入了罗马的时候,在阿拉里克的命令下,拿走了里面的一些东西;但是,他们并没有像许多蛮族那样,在城内到处点火,也没有允许神圣的地方受到侵犯[②]。之后他们向坎帕尼亚(Campania)和卢卡尼亚(Lucania)进发,给那些地区带来了相似的灾难,最后到达布鲁提尔地区(Bruttia)。他们在这里停留了很长时间,计划前往西西里,并且通过那里到非洲去。布鲁提尔地区位于意大利东南角的最远端,这里是亚平宁山脉(Apennine)开始的标志。它像一根舌头那样伸展进入亚得里亚海(Adriatic sea),把它和第勒尼安海(Tyrrhenian sea)分隔开来。它的名字来自过去统治这里的女王布鲁提娅(Bruttia)。

157 如同我们前面所说的那样,西哥特国王阿拉里克带着整个意大利的财富来到了这里,并且决定通过西西里前往非洲,以便在那里享受和平的生活。但是,没有上帝意志的同意,任何人也不能完成他想要做的事,因此他的许多战舰都被可怕的海水吞没了。这次灾难沉重地打击了阿拉里克,当他正在考虑自己下一步应该怎样行动时,却突然在死神的召唤下,早早地离开了这个世界。

① 自公元4世纪中叶以来,亚诺河(Arno)以北的埃特鲁里亚(Etruria)地区的新名称。——原注

② 攻占并洗劫罗马城后,阿拉里克被罗马帝国当时著名的神学家圣奥古斯丁(St. Augustinus)在自己的《布道书·55》中称为惩罚罗马文明和人民的"上帝之鞭"(Flagellum Dei),这个绰号后来被基督徒普遍地用来称呼阿提拉等入侵欧洲的东方蛮族领袖。——译注

衷心爱戴他的属民对他的逝世感到极度的悲哀，他们让流经 158
康森提亚城(Consentia)附近的布森提努斯河(Busentus)改道——这条河里从山上流向城市的水十分有益于健康，然后命令俘虏们在干涸的河床上挖出一个墓穴，再将河水改回原道。为了让后人不能发现这个地点，他们处死了所有参加挖掘坟墓工作的人。而西哥特人的统治权，则被他们授予了阿拉里克的亲戚阿塔乌尔夫(Athawulf)①。不仅他的健美体型令人难忘，他的品德也同样出色。因为虽然他身材不高，但四肢的比例却相当匀称，面孔也长得非常英俊。

① 哥特国王，公元410—415年在位，阿拉里克的小舅子。——译注

31　阿塔乌尔夫与普拉希迪娅

159　当阿塔乌尔夫获得政权之后，他便再次回到罗马，并且像蝗虫那样，把在哥特人第一次洗劫后所有幸存下来的财富都抢光。他不仅在意大利掠夺私人的财产，就连这个国家的公共资产也不放过，而霍诺留皇帝则完全无力抵抗。阿塔乌尔夫甚至还从那座城市里带走了他的妹妹普拉希迪娅(Placidia)，即提奥多西皇帝和他第二位妻子[①]所生的女儿。

160　阿塔乌尔夫被她的贵族气质、美貌和纯净贞操所吸引，因此与她在埃米利亚一座名叫“尤利广场”(Forum Julii)的城市里举行了婚礼[②]。通过他们两人的结合，帝国与哥特人化成了一个整体，了解到这个情况的异族人因此都被有效地恐吓住了。此后，阿塔乌尔夫放过在事实上已经失去了权力、但因为变成了亲戚而令他产生好感的霍诺留皇帝，改向高卢进军。

---

① 指瓦伦提尼安一世之女、瓦伦提尼安二世之妹伽拉(Galla)皇后。——译注

② 事实上，这场婚礼是在纳博讷(Narbonne，法国南部海港)举办的。埃米利亚根本就没有一座名叫“尤利广场”的城市，而只有一座名叫“利维广场”(Forum Livii)的城市。历史上共有两座名叫“尤利广场”的城市，其中一座在意大利的威尼提亚，另一座在法国普罗旺斯(Provence，纳博讷城所在地)的海岸边。——原注(译者按：这场婚礼是在公元414年1月举办的。此处的“尤利广场”即今法国戛纳西郊的弗雷瑞斯镇。“尤利广场”也译作“弗留利”。)

当他抵达那里的时候，曾经为了争夺高卢而进行过残酷战斗的周边部族——法兰克人和勃艮第人——都大受惊吓，纷纷退回他们自己的领地里去了。我们前面提过的汪达尔人和阿兰人以前曾得到罗马皇帝的许可，在两个潘诺尼亚省份里定居；但由于仍然害怕哥特人一旦回来所能构成的威胁，他们后来也迁入了高卢。 161

可是在晚些时候，他们又逃出了那块他们几乎从没有真正占领过的土地，并把自己封锁在西班牙境内。从他们祖先讲述的故事里，我们可以得知，哥特王格贝里克给他们的民族带来了多么深重的灾难，并且是如何用他的勇气将他们从他们的故乡里驱逐出来的。在这种情况下，高卢的土地就为初来乍到的阿塔乌尔夫敞开了大门。 162

当哥特人在高卢建立的王国已经得到巩固时，他开始对西班牙人产生了同情，决定把他们从汪达尔人的侵略中解救出来。因此，阿塔乌尔夫把宝物和没有能力参战的人员留在巴塞罗那(Barcelona)，然后率领他忠实的部下进入了西班牙腹地，并在那里频繁地与汪达尔人作战。但在占领高卢和西班牙之后的第三年，阿塔乌尔夫却因为嘲笑埃佛尔乌尔夫(Everwulf)[①]的外貌，被这个怀恨在心的侏儒用剑刺伤了内脏，因而丧命。在他死后，塞格里克(Segeric)被推选为国王，但他也被他自己叛逆的部下谋杀了，比阿塔乌尔夫更快地失去了他的政权，以及他的生命。 163

① 据说是个汪达尔人。——译注

32　瓦里亚国王

164　此后，瓦里亚(Valia)[①]一个非常严格而明智的人，被推选为自阿拉里克以来的第四位哥特国王。因为害怕瓦里亚会撕毁阿塔乌尔夫在很久以前签订的友好条约，在驱逐邻近民族以后，会再次对罗马帝国使用武力，霍诺留皇帝派了一位战功卓著，而且富于手段的将领君士坦提乌斯(Constantius)[②]率军来对付他。同时，霍诺留还希望把他妹妹普拉希迪娅从奴隶身份的耻辱中解救出来，所以他和君士坦提乌斯讲好，只要康斯坦提乌斯能用和平或战争，或其他任何的方法，把普拉希迪娅带回国来，就可以同她结婚。

165　君士坦提乌斯被这个诺言所激励，于是率领大量的武装人员，以及几乎可以同王室相比拟的装备开赴西班牙。哥特王瓦里亚则带着同样雄壮的军队，在比利牛斯(Pyrenees)山隘里迎击他。通过使节来往，双方达成协议，瓦里亚放皇帝的妹妹普拉希迪娅回国，而且应该在紧急情况下援助罗马帝国。那时，一个名叫君士坦丁的人篡夺了高卢的政权，还拥立自己从前当修道士的儿子君士

---

① 也可拼作“瓦尔亚”(Valja)或“瓦拉”(Walla)。——译注

② 即君士坦提乌斯三世，西罗马帝国将领。在公元417年与普拉希迪娅结婚，公元421年被霍诺留册封为皇帝，并于同年去世。——译注

坦斯当了皇帝。但是他的帝国并没能维持多久：哥特人和罗马人的联军很快就在阿里拉图（Arelatum）杀死了他，接着又在维也纳（Vienna）杀死了他的儿子[公元411年][1]。在他们之后，自认为可以用同样鲁莽的行为夺取罗马帝国的约维努斯（Jovinus）和塞巴斯蒂安（Sebastian）也都被杀死了[公元412年]。

在瓦里亚执政的第12年，当匈人也被罗马人和哥特人从他们 166
几乎已经盘踞了50年之久的潘诺尼亚地区驱逐走时，哥特国王发现，在很久以前被阿塔乌尔夫从高卢腹地赶走的汪达尔人，现在又大胆地入侵了他的领地，也就是加利西亚。大约是在希耶里乌斯（Hierius）和阿达布尔斯（Ardabures）当执政官的时候[公元427年]，这些汪达尔人开始在西班牙各地烧杀抢掠，瓦里亚赶紧率领军队去讨伐他们。

① 此句及下面的段落均出自马克里努斯伯爵，卡西奥多卢斯也引用过。——原注

33　盖瑟里克国王

167 但是汪达尔国王盖瑟里克已经应波尼法提乌斯(Bonifatius)[①]的邀请,前往非洲。波尼法提乌斯因为曾经遭到瓦伦提尼安皇帝[②]的侮辱,打算用损害帝国的办法进行报复,所以发出了这个邀请[③]。他们于是横渡过狭窄的伽德斯海峡,这道把西班牙与非洲分离开的海峡还不到7 000步[④]宽,是第勒尼安海注入大洋的出口。

168 这位通过他自己给罗马人带来的灾难而闻名于全世界的盖瑟

① 旧译为卜尼法,西罗马帝国将领,与埃提乌斯并称为"最后的罗马人",后在与埃提乌斯进行的内战中受伤致死。——译注

② 即瓦伦提尼安三世,西罗马帝国皇帝,公元425—455年在位,是君士坦提乌斯三世与普拉希迪娅之子。——译注

③ 波尼法提乌斯邀请汪达尔人前往非洲之事实际上与当时年仅10岁的瓦伦提尼安三世皇帝没有什么关系。据普洛科皮乌斯记载,埃提乌斯长期与波尼法提乌斯争权夺利。为了陷害当时正治理着北非地区的波尼法提乌斯,埃提乌斯就向瓦伦提尼安三世的母亲普拉希迪娅太后进谗言,说波尼法提乌斯在辖区里胡作非为,若太后不信,可召其回罗马审查,他害怕受惩处,一定不敢来。普拉希迪娅太后于是下诏,召波尼法提乌斯回罗马。埃提乌斯同时又给波尼法提乌斯写信,说太后打算加害于他,劝他不要来罗马。波尼法提乌斯担心会遭到讨伐,果然不去罗马,并向当时占领着西班牙的盖瑟里克求援,答应把北非的三分之一割让给他。盖瑟里克欣然接受,立即率八万大军渡过直布罗陀海峡。正在此时,普拉希迪娅发现了埃提乌斯的阴谋,与波尼法提乌斯和解。波尼法提乌斯闻讯急忙阻止盖瑟里克进军,但为时已晚。——译注

④ 约合10千米。按:直布罗陀海峡实宽为14—40千米。——译注

里克中等身材，因为曾有一次从马背上摔下来过，走起路来的样子显得有些跛。他为人深思熟虑，寡言少语，蔑视奢侈的生活方式，情绪易怒而贪婪，精于挑唆他人，擅长散布流言蜚语，在民族间制造分裂和敌意。

我们提到的这个人应波尼法提乌斯的热情邀请抵达非洲，并 169
且按照上帝的意志，在那里维持住了自己的威望，并且统治了很长一段时间。在临死之前，为了预防他的几个儿子将来因为争夺王位而发动内战，他把他们叫到身边来，并立下这样的规矩：他们中年龄越大的，越有权继承王位；也就是说，在活着的人当中，年纪相对较大的弟弟应该继承他去世的兄长，并且依此类推。因为他们在很多年内都注意遵守这个指令，所以他们得以快乐地统治了他们的王国许多年，并且不像其他民族那样由于内战玷辱自己的名声，而是按照次序，一个接一个地用和平手段得到统治权。

他们王位继承的次序是这样的：首先是“父亲和主宰”盖瑟里 170
克本人，其次是胡尼里克（Huniric）[①]，第三位是君塔蒙德（Gunthamund）[②]，第四位是特拉萨蒙德（Thrasamund）[③]，第五位是希尔德里克（Hilderic）[④]。此后这个民族蒙受了灾难：格利默尔（Gelimer）[⑤]不顾祖先留下的规章，把希尔德里克从王国里赶了出

① 汪达尔国王，盖瑟里克的长子，公元477—484年在位。——译注

② 汪达尔国王，盖瑟里克的第三个儿子根托（Gento）的次子，公元484—496年在位。——译注

③ 汪达尔国王，根托的第三个儿子，君塔蒙德的弟弟，公元496—523年在位。——译注

④ 汪达尔国王，胡尼里克之子，公元523—530年在位。——译注

⑤ 汪达尔人的末代国王，根托的第四个儿子格拉里斯（Gelaris）的长子，公元530—534年在位。——译注

去，并且杀死了他，将统治权抢到了自己的手里。

171 但是他的所作所为并没有不受处罚，因为查士丁尼皇帝很快就决定讨伐他。他和他属下的所有贵族，以及他像一个土匪那样掠夺来的所有财产，都被著名的东罗马帝国统帅、前任执政官和最高行政长官贝里萨留带到了君士坦丁堡。在这里，他为市民举办了一场规模宏大的马戏演出。但他对自己行为的悔恨来得太迟了，因为他已经失去了王权。他被贬为平民，并且遭到流放，因为物质条件不够令人满意，他很快便去世了。

172 就这样，在将近 100 年之后，世界土地中的第三部分——非洲，被从汪达尔人的奴役中解放出来，回到了帝国的自由怀抱。因为君主的懦弱和将领的不忠诚，它被野蛮人从罗马帝国的版图上割裂走了多么长的时间啊！当时，他被一位聪明的皇帝和一位忠诚的将领所光复，并一直繁荣至今。虽然在这之后，它必须忍受内战的折磨和摩尔人（Moor）的叛逆，但查士丁尼皇帝在上帝庇护下取得的凯旋，又帮助它回到了完全和平的状态。我们为什么要叙述这些与我们的主题不相关的事情呢？让我们回到原先的主题去吧。

173 哥特王瓦里亚率领他的军队猛烈地进攻汪达尔人，如果不是在他身上发生了与阿拉里克当年计划前往非洲时所发生的同样不幸[①]的话，他甚至要一直把敌人追赶到非洲去了。在一次并不血腥的胜利之后，他带着在西班牙取得的巨大荣誉回到了图卢萨

① 指哥特海军因遭受飓风而沉没的事件。——译注

(Tolosa)[①];他又按照自己以前答应过的条约,帮助罗马帝国在许多行省里赶走了敌人。在很长的时间之后,他因病离开了尘世。

正在此时,托里斯蒙德的儿子贝里蒙德,就是我们在前面的阿 174
马尔家族谱系中提到的那位,带着他的儿子维特里克,从仍旧在斯奇提亚受匈人压迫的东哥特人那里动身,来到了西哥特王国。由于拥有出众的勇气和高贵的身份,又作为许多国王的后代,他相信,自己很容易就会被西哥特的亲人们推举为国王。可是,如果该人从来没有戴上过王冠的话,那又有谁会考虑选择推举一位哪怕是出身阿马尔贵族家庭的人做国王呢?

因此,虽然他不止一次地宣扬自己的身份,但在瓦里亚驾崩 175
后,所有人都还是支持提奥多里克当了王位的继承者。贝里蒙德于是去找提奥多里克[②],并依靠高度的思维能力,用审慎的沉默掩盖住了自己高贵的出身;因为他知道,国王肯定会怀疑前王室的后裔。为了不把以往的政治秩序打乱,他对其他人不承认他的身份这件事表示了容忍。贝里蒙德和他的儿子因此也得到了提奥多里克国王的厚待;国王指定他参加了议会,而且还和他坐在同一张桌子边;这倒不是因为他高贵的出身——国王对此并不知情——而是因为他出众的勇敢精神和高度的思维能力,这些特点是他平常无论如何也隐藏不住的。

① 即图卢兹(Toulouse)。——原注

② 两个手抄本都把他的名字拼作 Theodoric,而他的拉丁文原名是“提奥德里杜斯”(Theoderidus),而不是德语中的“提奥德里希”(Theoderich)。——原注

34 阿提拉的崛起

176 现在让我们总结一下前面已经说过的事件：瓦里亚在高卢人身上交了一点好运，当他死后不久，吉祥而幸福的提奥多里克[1]继承了王位。他为人极其温和，而且在精神和身体两方面都异常地勇敢。在提奥多西和费斯图斯(Festus)两位执政官的领导下[公元 439 年]，罗马人与他签署了停战协议，并且依靠匈人友军的帮助，向高卢发动进攻。这次行动吓跑了一群业已建立起联盟的哥特人，他们在盖纳斯伯爵(Comes Gainas)[2]的指挥下，曾经占领过君士坦丁堡。那时指挥罗马军队的是最高行政长官埃提乌

---

① 即提奥多里克一世，西哥特国王，公元 418—451 年在位。据吉本考证，他可能就是阿拉里克一世大王的儿子，因为他的儿子提奥多里克二世曾经称攻陷罗马的阿拉里克为自己的“祖父”。但部分现代学者则认为，提奥多里克一世其实更可能是阿拉里克的女婿。——译注

② 拜占庭帝国的哥特裔雇佣军将领。公元 399 年，另一位哥特雇佣军将领特里比吉尔德(Tribigild)率部发动叛乱，自封为东哥特国王，联合盖纳斯等人向拜占庭帝国发动进攻，于公元 400 年夏天攻占了君士坦丁堡。拜占庭贵族和市民们不堪忍受哥特叛军的暴政，纷纷发动起义，城内的 7 000 名哥特人遭到屠杀。盖纳斯率残部逃往多瑙河下游，结果被匈人杀死，他的首级被匈王乌尔丁(Uldin)作为公元 401 年的新年礼物送往君士坦丁堡。——译注

斯(Aetius)[①],他来自莫伊西亚最勇敢的部族,是高登提乌斯(Gaudentius)的儿子,生于杜罗斯托鲁姆城(Durostorum)[②]。他能够忍耐战争的辛劳,可以说是为了罗马帝国打败并征服狂妄的苏阿维人(Suavi)[③]和野蛮的法兰克人而生的。

在李托利乌斯(Litorius)[④]率领下的匈人盟军协助下,罗马军 177
被集结起来进攻这些哥特人。当双方的军队奋战了很长的时间以后,他们认识到,任何一方的实力都不比对方弱,而且也同样地勇敢。所以他们决定停战,并且打算恢复到从前和睦相处的状态中去。双方于是签订了盟约,互相保证持久的和平,然后撤回了各自的疆土。

在这段和平时光以后,匈王阿提拉成为斯奇提亚几乎所有民 178
族的唯一统治者,而且他的威望还继续在世界上所有的民族中扩散开去。应年轻的提奥多西皇帝之命,曾经出使过匈人的国家的

① 全名弗拉维乌斯·埃提乌斯(Flavius aetius),西罗马帝国统帅。出身贵族家庭,父亲是一位日耳曼血统的军官,母亲是意大利人。生于公元 390 年前后,与波尼法提乌斯并称为"最后的罗马人"。公元 403—406 年,到西哥特国王阿拉里克处担当人质;自公元 406 年起,又以人质身份在匈人的国家生活多年,因此精通哥特语和胡语,并与匈王卢阿(Rua)建立起了深厚的友谊。后依靠匈人和哥特盟军的协助,屠灭勃艮第尼伯龙根(Niebelungen)王国,打败波尼法提乌斯,执掌西罗马帝国军政大权,四度担任执政官。公元 451 年,联合西哥特等日耳曼民族,在沙隆(Chalon)会战中击退匈王阿提拉。公元 454 年,因功高震主,被瓦伦提尼安三世刺杀于拉文纳城。——译注

② 即希里斯特里亚(Silistria)。——原注

③ 也译作斯威弗人,西日耳曼民族,在公元 406 年与汪达尔人和阿兰人共同入侵高卢,后来占领了西班牙西北部,于公元 585 年被西哥特国王劳维吉尔德(Leuwigild)征服。留在莱茵河东岸的苏阿维人构成了后来居住在德国西南部的施瓦本人(Schwaben)。——译注

④ 埃提乌斯的副将,曾经多次负责统率匈人盟军,公元 439 年在围攻西哥特王国首都图卢兹的战斗中阵亡。——译注

历史学家普里斯库斯在报道中这样描述说:“我们渡过波涛汹涌的提希亚河、提比西亚河(Tibisia)和德里卡河(Dricca)[①],然后来到很久以前维迪哥亚——哥特人中最勇敢的一位——被萨尔马特人的诡计所击败的地方。此处离阿提拉国王所住的地方已经不远了,那是一座非常大的城市。[②]

179 在那里,我们看见了用光滑的木板制成的房屋,当地人对我们说,它们的结构如此牢固,以至于目光最敏锐的眼睛也看不出木板之间的接缝。在那里也可以看到很大的餐厅,以及式样漂亮的柱廊。庭院是如此之宽阔,以至于人们光从它的面积就能知道,这里是国王的宫殿。”这便是阿提拉国王——所有野蛮国家的统治者——的住所,比起所有那些被征服的城市来,他更喜爱这里的居室。

① 在普里斯库斯的希腊文原书中,这三条河流被叫做“德里孔河”(Drecon)、“提伽斯河”(Tigas)和“提菲萨斯河”(Tiphesas)。下面关于阿提拉历史的描述有很多与普里斯库斯的史书重合之处,蒙森曾特别在他整理的手抄本中对它们做过标记。——译注

② 近代考古发掘显示,在阿提拉之前,匈人没有统一的主营,伏尔加河下游、高加索山北麓及多瑙河北岸均有较大的聚落。可能乌尔丁建都于维也纳与布拉迪斯拉发之间,布勒达建都于布达佩斯附近(布达佩斯之名就源于布勒达),而阿提拉的新都则建于今塞尔维亚北部的蒂萨河下游。——译注

35 阿提拉的身世

这位阿提拉是蒙德祖克(Mundzuc)[①]的儿子,蒙德祖克的兄弟 180
奥克塔(Octar)[②]和卢阿(Rua)[③]曾经在阿提拉之前当过国王,但并
不控制阿提拉后来统治的所有领土。在他们死后,阿提拉和他的
哥哥布勒达(Bleda)[④]继承了统治权。为了增强个人的实力,阿提
拉谋杀了他的哥哥,并且迅速地进行了一场决定性的战斗,在部下
的尸体上建立起了自己的强权。

虽然他是用这个丑恶的方法来获取权力的,但他却还是利用 181

---

① 又名“蒙迪乌克”(Mundiuc),布勒达与阿提拉之父,公元420年前后去世。“蒙德祖克”一词在古突厥语里的意思是“珍珠”。——译注

② 匈王,又名“乌普塔罗斯”(Uptaros)。公元415年前后即位。公元430年,他因饮食过度,在节日宴会中突然去世。“奥克塔”一词在古突厥语里的意思是“强壮、多力”。——译注

③ 匈王,又名“罗阿斯”(Roas)、“卢伽”(Ruga)或“卢吉拉”(Rugila)。公元422年前后即位,于公元434年在围攻君士坦丁堡的前夕死于雷击。一说他在战局僵持的情况下与拜占庭帝国和谈,回国后才去世。——译注

④ 匈王,阿提拉之兄,公元434—445年在位。在古日耳曼传说中,他又被叫做“布吕德林”(Bloedelin),哥特语里的“布勒达”和德语里的“布吕德林”意思都是“蠢材”。另一说,“布勒达”是对兄长的昵称,即“哥哥”,但可信度不高。另据西方学者较新的考证,“布勒达”一词可能来自古突厥语里的Blidae,意思是“明智的统治者”。——译注

正义的天平给自己残暴的行为找到了一条可耻的出路[①]。在阴险地谋杀了统治着很大一部分匈人的王兄布勒达[公元 445 年]以后,阿提拉把整个民族统一在了他自己的王杖之下。在进一步征服了大量的其他民族以后,他开始渴望征服世界第一流的民族——罗马人和西哥特人。

182 据说阿提拉的军队有五十万之众,而他又天生就是一个要来震撼全世界的人。用一种无法解释的方法,他让所有的国家都陷入了对他可怕传说的恐惧之中。他走路的姿势十分傲慢,眼神总是游移不定地向两旁扫动,以此使他勇猛的精神力量也体现在他的身体运动中来。他是一个特别喜爱战争的人,但为人却比较内向;明智而周全的思考能力是他的优点。对别人的请求,他从不生硬地加以拒绝;对于那些第一次被征服的民族,他表现得十分仁慈。他个头比较矮,肩膀比较宽,脑袋很大,眼睛很小。他长着稀疏的、夹杂着灰色的胡须,扁平的鼻子,肤色很深,这是他出身的标记。

183 他天生就对胜利充满信心,在发现战神玛尔斯的宝剑以后,这种信心变得更为强烈,因为斯奇提亚地区的国王们都把它看作是神圣的武器。历史学家普里斯库斯细致地描述了他得到这把剑的经过:“当时有一位牧人发现,牛群中的一头小母牛虽然身上没有什么显著的伤口,走起路来却一瘸一拐的。于是他忧虑地沿着地

① “正义的天平”通常指法律。这句话的意思似乎是说,阿提拉在残暴地杀害了王兄布勒达及其部属之后,巧妙地利用某种司法手段,让自己的继位事实合法化了。——译注

上的血迹查看,结果碰上了一把宝剑。很明显,那头小母牛是在吃草时,不小心踩在这剑刃上了。这位牧人把剑从土里挖出来,并立即拿去献给阿提拉。他非常喜欢这个礼物,并且野心勃勃地认为,自己已经被任命为整个世界的统治者,因为战神玛尔斯之剑会在战场上赐予他不可战胜的强大力量。”

36　抗匈联军的组建

184 我们在前面提到过的汪达尔国王盖瑟里克得知阿提拉正在致力于征服全世界，于是派人给他送去了许多礼物，并催促他对西哥特人发动战争。这是因为盖瑟里克曾经伤害过西哥特国王提奥多里克的女儿，所以害怕对方会前来报复。这位公主本来已经与盖瑟里克的儿子胡尼里克结婚，而且至少在婚后享受了一段快乐的时光。但在此之后，对亲生孩子也同样残酷的盖瑟里克突然怀疑儿媳妇正在阴谋毒害自己，于是割掉了她的鼻子和耳朵，然后遣送回她在高卢的父亲那里去。看到这个女孩可怜的遭遇，连陌生人都会感到同情，她的父亲当然就更是被刺激得一心要复仇了。①

185 因为受了盖瑟里克的贿赂，阿提拉决定发动这场他策划已久的战争；他派使节去意大利见瓦伦提尼安皇帝，目的是在罗马人和西哥特人之间制造不和。他清楚，他不能指望在一场战役中击败的对手，能够通过相互间的仇恨而自行消灭，所以宣称：他绝对不

---

① 此事发生在公元442年后不久。是年西罗马帝国与汪达尔王国和谈，承认了汪达尔人对北非的主权。作为交换条件，盖瑟里克需向罗马运输粮食，并派自己的长子胡尼里克赴拉文纳充当人质。西罗马皇帝瓦伦提尼安三世又表示，打算将自己的女儿小欧多希娅(Eudoxia)许配给胡尼里克为妻，胡尼里克于是决定与自己的原配(即提奥多里克的女儿)离婚。后者企图阻止此事，结果被盖瑟里克以叛乱罪施以肉刑。——译注

希望损害他与罗马帝国的友好关系，但将不得不与敌视他的西哥特国王提奥多里克交战。因为他非常希望自己的建议能够被接受，所以在信中其余的部分写满了谄媚的甜言蜜语，企图使人们相信他的谎言。

以同样的方式，阿提拉又给西哥特国王提奥多里克写了一封 186
信，要求对方解除与罗马人的同盟，还说两国最近几次不成功的交往已经激怒了他。就这样，这个粗野而又狡诈的匈人在发动战争之前，首先利用阴谋诡计打击对方。

但瓦伦提尼安皇帝却并没有中阿提拉的这个诡计，而是派遣 187
一位使节去见西哥特人和他们的国王提奥多里克，并向他们传达这样的旨意："最聪明、最勇敢的民族啊，陛下请求你们，与我们联合起来，对抗那企图奴役全世界的暴君。此人发动毫无理由的战争，自以为只要是他想做的，就都是正当的。他贪婪的野心完全没有界限，过度的勇气导致了他的狂妄。这个蔑视法律和权利的人显然是自然界的敌人，理应受到所有人痛恨。

"你们还记得吗——这件事当然是会留在记忆里的——你们 188
不是被匈人经过堂堂正正的、至少双方作战条件均等的战争打败的，而是因为他们利用诡计和欺诈——这其实是人们所更加惧怕的——发动突然袭击而失败的。即便是想对我们保持沉默的话，难道你们就真能够听任匈人的狂妄行径不受处罚吗？你们现在拥有的势力不仅来自你们手中的武器，也来自你们与我们和平共处的盟约。所以，请来援助我们的帝国吧，因为你们自己也住在它其中的一个部分里；让我们共同的敌人将来问问他们自己，我们之间的同盟是多么的有价值！"

189 通过这些以及与这些类似的话,瓦伦提尼安的使节们在提奥多里克国王面前获得了成功。他回答他们说:"罗马人,你们得到了你们所希望得到的:你们使阿提拉也成了我们的仇敌。无论他在何处发出挑战,我们都会去追击他;即便是他因为征服了许多民族而傲慢自大,哥特人也将与这个狂妄的人战斗。除了双方都是非正义的战争以外,我不认为任何一场战争是危险的;只要陛下愿意垂青,世界上就没有什么危险能够吓倒我们。"

190 使节们快乐地用掌声表达了他们对国王决定的赞赏。所有人都渴求战争,并且希望马上去和他们的仇敌——匈人——决斗,西哥特国王提奥多里克于是就率领他的大量族人开赴战场。他把自己较为年幼的四个儿子——即弗里德里克(Frideric)、欧里克(Euric)、雷特默尔(Retemer)和希姆聂里特(Himnerith)——留在家里,只带着和他最年长的两个儿子:托里斯蒙德(Thorismud)和提奥多里克(Theodoric)去参战。每个人都乐于参加这支勇敢的军队,他们对战友间的相互援助充满信心,并享受着甜美的友谊。为了战友的安全,他们宁愿陷入同样的危险!

191 在罗马人一方的有最高行政长官埃提乌斯——那时整个西部地区(Hesperia)的中流砥柱,谨慎的作风使得他有能力利用手下从四面八方召集起来的将士们,对抗那无数的野蛮敌军。下列民族参加了他的盟军:法兰克人、萨尔马特人、阿莫里西安人(Armorician)、利提西安人(Litician)[1]、萨克逊人、利帕尔

① 一个长期为罗马帝国效力的半自由日耳曼民族,在其他文献中被叫做"莱提人"(Laeti)。——原注

人(Riparian)[1]、奥利比昂人(Olibrione)[2]。后者曾经参加过罗马军队,而现在则以盟友的身份参战。还有一些凯尔特人(Celtic)[3]和其他日耳曼民族也参加了罗马人的联军。

他们就在卡塔洛尼亚平原(Catalaunian Plains)[4]上与匈人的 192
军队相遇了,那里也被称为毛里亚西安平原(Mauriacian Plains),长达100高卢劳瓦(Leuva)[5],宽达70高卢劳瓦[6],一高卢劳瓦相当于1 500步[7]。大地的这一部分就这样变成了无数民族的战场,两支军队都由世界上最勇敢的将士组成;双方也都没有搞什么阴谋诡计,而是在光明正大的战役中展开了较量。

将如此众多的民族不约而同地召集在这块土地上的,究竟是 193
什么原因?那激发了他们决意武装厮杀的仇恨,又应当是多么的

① 法兰克人的一支。——原注

② 邹斯(Zeuss)猜测,这个民族就是定居在摩泽尔(Mosel)河谷、被罗马人称为"阿洛布里格斯"(Alobriges)的古高卢民族,在当时已经短暂地脱离了罗马帝国的统治。——原注

③ 也译作"塞尔提克人",一些印欧语系的欧洲古代农耕民族的统称,包括古高卢人(Gaul)、布立吞人(Brit Brittone)、比尔及人(Belgian)、伽拉太人(Galatian)等,红头发是其外貌的标志。原住地在莱茵河和多瑙河上游地区,自公元前9世纪开始大举向外扩张,至公元前4世纪控制了欧洲西部、南部的大部分土地和小亚细亚腹地,还曾经于公元前387年攻占罗马外城,后来逐渐被罗马人和日耳曼人所征服。其后裔现在多数居住在法国北部、苏格兰、爱尔兰等地。——译注

④ 意为"沙隆城附近的原野",位于法国马恩河(Marne)中游的小镇沙隆城西郊。——译注

⑤ 一般被拼作Lieues。高卢当地的长度单位,1高卢劳瓦大约相当于2.2千米,100高卢劳瓦合220千米。——译注

⑥ 合150千米。——译注

⑦ 这个战场的大致位置在特鲁瓦(Troycs)城附近。——原注

深？这场大战证明了，人类仅仅是为他们的国王们而生活的，因为他们随随便便的一个命令就足以使众多民族惨遭屠杀；那狂妄的国王只要一时兴起，自然界得花上好几百年时间才能造就的所有成果便将毁于一旦！

37 阿提拉的备战

但是在介绍这场战役本身的过程之前,我们有必要解释一下 194
在此次战争中已经发生过的各种情况,因为它不仅是一场特别著名的,而且也是一场极其复杂、令人困惑的战役。出于对未来灾难的恐惧,阿兰人的国王桑吉班(Sangiban)曾经答应向阿提拉臣服,并把他当时负责防卫的一座叫做奥尔良(Aureliana)[①]的高卢城市交给对方。

当提奥多里克和埃提乌斯得知此事的时候,他们就赶在阿提 195
拉抵达之前,在这座城市周围造了许多防御工事,并且把可疑的桑吉班看管起来,然后把他和他的族人带到了盟军之中。这件事使匈王阿提拉十分震惊,他对自己的军事实力失去了信心,因此有些害怕即将开始的战斗。但他又感到逃跑是比死亡更加糟糕的事情,所以决定让巫师们对未来战斗的结局加以占卜。[②]

按照匈人的习俗,他们首先屠宰牲畜,然后观察它们的内脏形 196

① 现代拼作“Orleans”。(译者按:意为“奥勒良之城”。)——原注

② 埃提乌斯原本在奥尔良驻扎了一个罗马军团,其中甚至包括大批反对阿提拉的匈人雇佣军。他们和阿兰人一起,顽强地抵御阿提拉的进攻长达数十天,直到罗马、西哥特和其他日耳曼族援军赶到。阿提拉只得放弃围城,向东北方撤退,但在卡塔洛尼亚平原被抗匈联军追上,在无法脱身的情况下被迫进行了沙隆会战。——译注

状和被刮干净的骨头的纹理。结果巫师们预言，这场战役给匈人带来的将是不幸；但作为一个比较小的安慰，他们又说，敌军的主要指挥官必将阵亡，他的死会令对方的胜利大为减色。阿提拉认为埃提乌斯总是在妨碍他的计划，所以一直想杀死对方，哪怕是他自己与埃提乌斯同归于尽也在所不惜。因此，虽然预言并不吉利，作为一位富有军事经验的统帅，他还是在当天的大约第九个小时[①]忧心忡忡地下达了作战的命令，以便利用即将到来的夜幕作掩护，在战场上获利。

① 即下午 3 点。——原注

38 两军的布阵

如同我们说过的那样，两支军队在卡塔洛尼亚的原野上遭遇 197
了。战场是一块平地，中间逐渐倾斜升高为一座丘陵。双方都想得到这个战略要点，因为它能够给军队提供相当重要的有利地形；匈人和他们的属下在它的右侧列阵，罗马人、西哥特人和他们的盟军在它的左侧列阵，然后开始为仍然还无人占据的丘陵主峰展开激烈的战斗。提奥多里克国王率领他的西哥特人构成了盟军的右翼，而埃提乌斯指挥的罗马人构成了它的左翼。我们前面提到过的阿兰国王桑吉班被他们安置在中间，目的是让可靠的部队把不受信赖的阿兰军队用军事手段看护起来。因为对于那些准备逃跑的人来说，当他们看见自己的退路已经被切断，就会不再迟疑地进行奋战了。

在他们的对面，匈人摆出了这样的阵形：阿提拉与他最勇敢的 198
部下在中央列阵，这样的安排可以使匈王本人在核心部队里得到最安全的保卫。

两翼由被他征服的众多不同的部族组成，其中最重要的是东 199
哥特人，他们由瓦拉米尔、提乌迪米尔和维迪米尔三兄弟领导，这三人都享有阿马尔家族成员的光荣称号，其出身甚至比和他们对阵的西哥特国王还要高贵。格皮德人著名的国王阿尔达里克

(Ardaric)也率领他数不清的族人前来参战,由于他不同寻常的忠诚度,阿提拉准许他在自己的顾问团中占有一席之地。阿提拉通过自己敏锐的智能进行观察,认为阿尔达里克和东哥特国王瓦拉米尔两人的才华比其他民族的首领更加出色。

200 瓦拉米尔这个人平时沉默寡言,但其实很擅长演讲,还能够娴熟地使用诡计。和我们前面说过的阿尔达里克一样,他也因自己著名的忠诚而得以参加匈王的顾问团。阿提拉对格皮德人和东哥特人有着充分的信任,所以指派他们去进攻他们自己的亲戚西哥特人。其余的那一大群人(如果我们可以这么说的话),也就是那无数民族的国王和酋长所率领的部队,都像仆役一般按照阿提拉的旨意行事。只要他用眼神发出一个信号,这些人便会毫无怨言地在恐惧和颤抖中着手执行他的命令。

201 至于万王之王阿提拉,他不仅独自处在所有人的地位之上,而且也负责照顾他属下所有的人。战斗就这样围绕着我们前面提到的那个战略要点开始了,阿提拉派他的部下去攻占该主峰,但托里斯蒙德和埃提乌斯先到了一步。他们努力地爬上了丘陵的顶端,并且利用自己有利的地理条件,很容易就把向上仰攻的匈人击退了。

39　阿提拉的战前演讲

当阿提拉看见他的军队因为这件事而情绪沮丧时，就认为，发表如下这么一篇演讲来鼓舞士气，是个明智的做法：“军人们！在击败了那样多的民族、征服了那么广阔的土地之后，你们终于有资格站在这块原野上了。因此我感觉，自己在现在这种环境下，还想用演说再进一步激励你们的行动，显得有些多余和愚蠢，好像你们还不明白，目前我们面对的是怎样的情况。对一位新入伍的士兵或一支从未参过战的部队来说，这可能还会起点作用。 202

“事实上，我大概也的确想不出什么你们乐意听的话了。这世界上还有什么东西，比战争更让你们感到熟悉呢？对一位勇敢的武士来说，又还有什么事情，比亲手复仇更加甜美呢？满足自己复仇的欲望，是自然母亲赐予我们人类的伟大礼物。 203

“所以，让我们立即向敌军发动猛烈的攻击吧！哪一方首先开始战斗，就说明他们比敌人更勇敢，而两军相逢勇者胜。让我们蔑视这些乌合之众吧！依靠同盟的力量保护自己，恰好是他们懦弱的证明。甚至在我们的攻击开始之前，他们的心中就会满怀恐惧。看，他们现在正忙着占领丘陵和高地，并为自己贸然下到开阔地带和我们作战而后悔呢！你们知道，罗马人的武器轻得就像灰尘一样，一点小伤就足以使得他们士气低落，而且这还是在他们保持着 204

阵形、高举着盾牌的时候!

205 “用你们习惯的耐力去战斗吧,不要去关心敌人兵力的多寡!让我们冲垮这些阿兰人,压碎这些西哥特人!在这敌军主力所在的核心地带,我们最容易迅速地赢得战争的胜利。当我们的第一条弓弦被拉断的时候,他们的队伍就必然会开始动摇,敌军阵形的骨架就支撑不住它的躯干了。这便是你们运用你们的勇气、发泄你们熟悉的怒火之时!

206 “匈人们,我阿提拉请求你们,拿起你们的武器来!谁如果受伤了,就用敌人的死亡来回击!谁如果还没有挂彩,就用敌人的血肉来填饱自己的辘辘饥肠!胜利者是永远不会被敌人击中要害的,那些战死者在和平时期反正也一样会死。当幸运之神本人并不准备把胜利赐予他人的时候,为什么匈人在众多民族身上取得百战百胜的幸运之路又要在这里结束呢?是谁为我们的祖先打开了从莫伊提斯沼泽到这里的通路,并赐予我们那数百年不可战胜的秘密?又是谁在尚未武装起来的你们腰间别上弓刀?匈人犀利的目光就连一大群联合起来的民族也无法承受,你们今天不要让我为与胜利失之交臂而懊丧。如今你们脚下的这块战场,已经许诺给予我们以这么多的胜利。我本人将首先向敌人射击。如果有谁胆敢在阿提拉作战的时候犹豫观望,他就将必死无疑!”他的将士们被这些话所激励,立即全部投入了战斗。

40　沙隆会战

虽然当时的情形十分可怕，但阿提拉国王的到场还是让哪怕 207
最胆小的人都不再犹豫了。肉搏战开始了；那是一场恐怖、凶暴、复杂的恶斗，两军将士表现之顽强，是在远古时代所从未被报道过的。那些即便只欣赏过一眼这奇迹般景象的人，在他们自己的一生中肯定都不会再看到类似的壮丽场面了。

如果我们能够相信长辈们的叙述的话，从死者伤口中流出的 208
鲜血如此之多，以至于使得一条在低矮的河岸中流过卡塔洛尼亚平原的小溪开始上涨——不是像平常那样，因为雨水的浇灌，而是因为从血管里流出的那种非同寻常的液体，已经汇成了它的一道支流。那些因为受伤而极度口渴的人们，就只得饮那和血混合在一起的溪水。是凄惨的命运，逼迫他们这样喝从自己血管里流出来的鲜血。

当西哥特国王提奥多里克正骑着马指挥他的军队前进时，突 209
然从马上摔了下来，然后被部下们的脚所践踏，就这样在壮年结束了自己的生命。但其他人则断言，他是被在阿提拉旗下战斗的东哥特人安达吉斯(Andagis)刺中而丧命的。这就应验了巫师们战前所做的预言，虽然阿提拉原以为他们指的是埃提乌斯。

此后，愤怒的西哥特人便离开阿兰人，冲入匈人的战阵中。要 210

不是阿提拉在此之前审慎地逃走，并且和他的属下撤进事先用马车围起来的防御圈的话，也几乎要被他们杀死了。尽管这不过是一道相当脆弱的防卫线，但在之前找不到任何墙壁提供守御工事的情况下，他们就只好在那里为他们的生命寻求避难。

211　这时，和埃提乌斯一起抢先占据了山丘，并且把仰攻的敌人击退的提奥多里克的儿子托里斯蒙德，却在漆黑的夜晚里误入了敌人的车队中。当他在那里勇敢地搏斗的时候，有人把头部已经受伤的他从马上拉了下来，然后他便在部下的照料下脱离了险境。

212　埃提乌斯也在夜晚迷了路，他一边心惊胆战地穿行于敌人之中，一边为哥特人是否遭遇了灾祸而担忧。最终到达友军营地以后，他就在他们的盾牌保护下度过了这个夜晚余下的时间。次日破晓时分，人们在战场上看到了成堆的尸体，并且看到匈人不敢冒险突围时，于是认为本方已经赢得了胜利。但是人们也知道，只有真正一败涂地，阿提拉才会从战场上逃走。

213　此时，阿提拉的所作所为并不像一个被击败的人，而是让部下不停地吹奏军号，并且作出时刻准备出击的姿态。他像一头被标枪刺中肋部的狮子，在巢穴的入口处来回地踱步，并不贸然向外跳跃，而是用自己持续的咆哮声吓唬别人。这位好战的国王就用如此的手段，让打败他的敌人们感到恐惧。因此，哥特人和罗马人聚在一起，讨论应该拿这位被打败的阿提拉怎么办。他们最后决定，把他就地牢牢包围起来，因为他肯定没有足够的粮食储备，而且从他防御圈中射出的冰雹般的飞箭也使得冒昧的进攻不大可能奏效。据说，即便是在最绝望的情况下，这位国王也保持着他坚定的意志。他命人用马鞍搭了一座用于火葬的柴堆，以便万一敌人攻

进防御圈时，他就能立即跳进去自焚。[1] 这样一来，就不会有任何敌人能够获得伤害他身体的快乐；或者，他这位那么多民族的统治者，就不至于落入敌人的手心。

① 这些阿提拉原来为准备自焚而堆砌的木柴于1793年在沙隆战场上出土，它们被填放在一个4米深的坑穴内，里面不仅有大量匈人式样的马鞍，还有许多其他的木制器具。——译注

41 战斗的结局

214 在围攻期间，西哥特人四处寻找他们的国王，王子们也寻找他们的父亲，因为当战斗终于获胜的时候，他们却发现他居然不在场。经过长时间的搜寻之后，他们终于找到了他——如同勇敢的男子汉那样，躺在战场上最厚的一堆尸体里。在敌人的视野中，他们用歌声向他表示敬意。人们可以看到，还沉浸在战斗造成的愤怒中的这些哥特人，怎样用他们并不和谐的声音向死者致以最后的敬意。他们也流出了勇敢的男子汉们的眼泪，因为就连匈人，也把那看作是十分光荣的死亡。有人因此断言，当敌人看到这位如此伟大的国王隆重的葬礼时，就会垂头丧气。

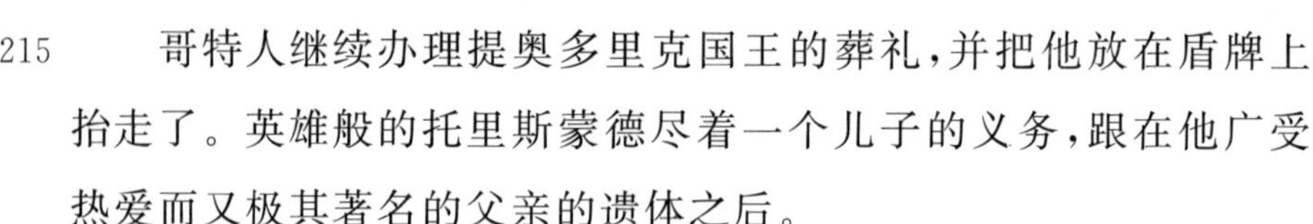

215 哥特人继续办理提奥多里克国王的葬礼，并把他放在盾牌上抬走了。英雄般的托里斯蒙德尽着一个儿子的义务，跟在他广受热爱而又极其著名的父亲的遗体之后。

216 当这些都结束了以后，迫切希望在残余的匈人身上为他父亲的死亡复仇的托里斯蒙德，在丧父之痛和自己业已在战场上被证实的勇气的驱使之下，向较为年长和富有经验的最高行政长官埃提乌斯请教，在目前的情况下，他应当做什么。但是埃提乌斯却担心，如果匈人被完全消灭了，罗马帝国就将会受到哥特人的压迫，所以便劝他赶紧回自己的祖国去，加固自己从先王那里继承下来的统治权。否则的话，他的弟弟们就可能得到他们父亲的包括西哥特王国在内的全部遗产，这样他和他的部下就只好面对一场严峻而不幸的内战了。托里斯蒙德没有察觉到这个建议的阴险用心，还以为埃提乌斯是出于好意才这么说的，于是便立即离开了匈人的包围圈，率部返回高卢去了。就这样，人性的弱点往往因为害怕面对危险的境况，而使他们自己失去了做大事的机会。

据报道，在最勇敢的民族参加的这场最著名的战役中，双方共 217
有十六万五千名将士阵亡，这还不包括此前战死的一万五千名格皮德人和法兰克人[①]。在这场战役进行前一天的晚上，他们在一场遭遇战中激烈交锋，法兰克人为罗马人而战，而格皮德人则为匈人而战。

当阿提拉得知哥特人已经撤退的消息时，像所有碰到突发事 218
件的人那样，他认定这是敌人经常使用的战术伎俩，所以又在他的营地里待了很长的时间。但当因为敌人的离去而导致的长久的沉默来临时，他就又感觉胜利在望了。他的精神首先十分愉悦，随即他的思想又转向回忆自己旧日的幸运上去了。托里斯蒙德在隆重地埋葬了他在卡塔洛尼亚平原上牺牲的父亲之后，回到了西哥特王国的首都图卢兹。尽管在这里受到了勇敢的弟弟们的热烈欢迎，但他在一开始还是努力地克制住自己真实的情绪，以便不至于诱发对王位继位权的争夺。

① 据同时期其他的史料记载，仅在格皮德人与法兰克人的前哨战中就有九万人阵亡，而在沙隆决战中阵亡的将士数目更高达三十万之多。——译注

42 阿提拉入侵意大利

219 当阿提拉因为西哥特人的撤退而得以如愿从敌人的包围中脱身时，他看到自己很快就处在了安全的环境之中，于是便开始着手征服罗马人。[公元 452 年]在对意大利的第一次入侵中，他包围了维尼提亚省的首府阿奎利亚城，它位于伸入亚得里亚海的一个半岛之上，从皮奇斯山脉(Piccis)流下的纳提萨河(Natissa)经过它东面的城墙根。

220 因为守城的罗马军队表现十分英勇，阿提拉虽然围攻了很长的时间，但却没有效果。他的军队也开始埋怨，要求撤退了。正当心情烦躁的阿提拉在城墙周围徘徊，思考是应该撤退还是继续围攻的时候，他突然看见几只白色的鸟，即原来在三角墙上筑巢的白鹳，违反它们自己的习惯，叼着它们的雏鸟离开城市，并越过原野飞走了。

221 作为一位特别敏锐的观察者，阿提拉立即从这件小事中推算出了将来的情况，于是就对他的军人说："你们看，这些能够预见未来的鸟雀，因为知道那即将陷落的要塞所面临的危险，正在离开这座注定要被毁灭的城市。你们不要把这件事看作毫无意义，或一个并不确定的信号。看吧，对未来的恐惧甚至都已经改变了鸟类的习惯！"他的部下很快就又热情高涨地投入到对阿奎利亚城的攻坚战去,他们利用攻城槌或其他类似的武器,迅速地攻破了城池,并在那里面疯狂地烧杀掳掠,以至于如今已留不下这座城市的什么遗迹了。

然后,比以前更加大胆,而且仍然没有喝够罗马人的鲜血的匈 222
人们继续席卷了维尼提亚省余下的城市。他们还占领了利古里亚省的首府米兰(Mediolanum)[①],这是他们占领的第一座帝都,提奇努姆城(Ticinum)[②]也遭遇了同样不幸的命运。然后他们又在狂怒中破坏了附近的所有地区,并且使得几乎整个意大利都趋于毁灭。阿提拉现在计划向罗马进军,但是如历史学家普里斯库斯所说,他的部下不是因为关爱这座对他们怀有敌意的城市,而是因为当他们了解到前任西哥特国王阿拉里克的命运后,对他们自己现任国王的生命产生了担忧。因为阿拉里克在攻占罗马后并没有活多久,而是即刻去世了。

当阿提拉的思想正在去留之间摇摆不定因而行动迟缓的时 223
候,一队和平使团从罗马前来见他。罗马教皇利奥(Leo)亲自来到维尼提亚省的阿姆布莱(Ambuleian)原野[③]会见阿提拉,那里是渡过明奇乌斯河(Mincius)的交通要冲。阿提拉很快地平息了他惯常的愤怒,许诺了和平,并回他从那里来的地方去了,也就是多瑙河的对岸。但他仍然威胁说,如果人们不立即把瓦伦提尼安皇帝

① 在现代意大利语中拼作 Milano,即英语中的 Milan。——译注

② 即帕维亚城(Pavia)。——译注

③ 在其他史料中没有提到过这个地方,所以其具体位置不明。——原注(译者按:维尼提亚省位于阿奎利亚与维罗纳之间的波河北岸平源。)

的姐姐——即普拉希迪娅太后的女儿——霍诺利娅(Honoria)公主[①],以及皇室财产中拿出的适当嫁妆送给他的话,他将会给意大利带来更大的灾难。

224 有人说,这位霍诺利娅公主虽然被人按照他兄长的旨令关押在皇宫里,以保持她的贞洁,但她却还是曾秘密地派遣一个宦官去见阿提拉,请他帮助自己从她弟弟的囚禁中解救出来。她就这样用全体国民的财富和自由去换取自己的快乐,这真是一件可耻的丑闻。

① 康斯坦提乌斯三世与普拉希迪娅之女,瓦伦提尼安三世的姐姐,很早就被母后封为"奥古斯塔"。曾与自己的管家欧根尼乌斯(Eugenius)私通,试图让欧根尼乌斯称帝未遂,后者被瓦伦提尼安三世处死。普拉希迪娅太后决定将霍诺利娅送往君士坦丁堡去受教育,但她在拜占庭帝国也不受欢迎。在气恼之中,霍诺利娅派宦官叙阿岑特(Hyacinth)去见阿提拉,还给他送去了自己的一枚戒指。阿提拉同意了双方的婚事,并向瓦伦提尼安三世要求半个西罗马帝国做嫁妆。拜占庭帝国把霍诺利娅和叙阿岑特送回拉文纳城,瓦伦提尼安三世处死了叙阿岑特,并回绝了阿提拉的要求,霍诺利娅也从此失踪。阿提拉于是在公元451年进犯高卢,在沙隆战役失败后,又于次年入侵意大利本土,作为他求婚失败的报复。在匈牙利传说中,霍诺利娅后来真的嫁给了阿提拉,并和他生有一子,名叫卡哈巴(Khaba)。——译注

43　阿提拉入侵高卢[①]

当阿提拉回到他的国家以后，他对于自己许诺的和平十分懊悔，感到无法忍受没有战争的生活。因此，他向东部的皇帝马尔西安(Marcian)[②]派去了使节，威胁说要蹂躏他的行省，因为他没有支付前任皇帝提奥多西[③]答应给阿提拉的贡金，而且还指望他的敌人会接受这个现实。但作为一位精明而狡诈的人，当他在威胁一方的时候，却把自己的武器瞄向了另一方，即转而报复那令他愤恨的西哥特人。 225

但在这里，他并没有得到他在罗马人那里获得的成功。他决定沿着与上次不同的另一条路线返回高卢，首先征服居住在卢瓦尔河(Loire)两岸的一部分阿兰人，以便让这次战争在此后能够获得与上一次不同的进展，对西哥特人构成更加可怕的威胁。因此阿提拉从当时匈人和被他们所征服的许多民族居住的达西亚和潘诺尼亚地区出发，率领他的军队去攻击阿兰人。 226

---

① 现代西方学者普遍认为，根本不存在这样一场阿提拉对高卢的第二次入侵战争，因为他在从意大利撤兵的第二年(公元453年)初夏就去世了。——译注

② 拜占庭帝国皇帝，提奥多西二世的姐夫和继承人，公元450—457年在位。——译注

③ 即提奥多西二世，阿尔卡狄乌斯皇帝之子，拜占庭帝国皇帝，公元408—450年在位。——译注

227 但和阿提拉一样机智的西哥特国王托里斯蒙德看出了对方的诡计,于是以他习惯的强行军速度来支援阿兰人,并且比阿提拉先到一步。他们开始交战,它的经过几乎与卡塔洛尼亚平原战役一模一样,托里斯蒙德彻底摧毁了阿提拉对胜利的希望,把他从自己的国家里赶了出去,并逼迫他丢盔卸甲地逃回了匈人的国家。就这样,著名的阿提拉,曾经获得过那么多胜利的统治者,因为企图消除自己过去在西哥特人手上遭受的耻辱,反而极不名誉地再次遭受了同样的失败,被迫丢脸地撤退了[①]。

228 与阿提拉相反,在把匈人的军队从阿兰人那里逐退之后,托里斯蒙德带着他基本上没有遭受什么损失的部队回到了图卢兹。在实现了和平以后,他在自己统治的第三年生了病。当他让人给自己放血的时候,一位敌视他的部属阿斯卡尔克(Ascalc)趁机要求他把武器取下,然后杀害了他。但靠着那只健康的手,他仍然用一把凳子打死了好几个敌人,为自己报了仇。[②]

① 其他原始史料都没有报道过这次战争,所以它的真实性值得怀疑。——原注

② 这里对托里斯蒙德死亡过程的描述是不可信的。——原注(译者按:托里斯蒙德实际上是被自己的弟弟提奥多里克二世和弗里德里克谋杀的。)

44 提奥多里克国王

在托里斯蒙德死后，他的弟弟提奥多里克[①]继承了对西哥特人的统治权。此人很快发现，他的一位亲戚——苏阿维国王里奇阿里乌斯(Riciarius)——是自己的敌人。里奇阿里乌斯认为，作为提奥多里克的亲戚，他有权利获得整个西班牙的统治权；他还相信，提奥多里克在王位上还没有坐稳的时候，就是最适合他实现他的计划的机会。 229

苏阿维人从前住在高卢和卢西塔尼亚，也就是西班牙右侧的海滨地区。它的东面是奥斯特罗戈尼亚(Austrogonia)；西面的山崖上，建有一位罗马将领西庇阿的神圣纪念碑；北面是大洋；南面则是卢西塔尼亚，以塔古斯河(Tagus)为边界。这条河里的沙子中混有金粒，和它普通的河泥资源一起向前流动。苏阿维国王里奇阿里乌斯就从那里发迹，并且努力想占领整个西班牙。 230

作为一个生性平和的人，他的亲戚提奥多里克派了一个使团去苏阿维王国，并友善地告诫里奇阿里乌斯，请立即离开别人的领地，不要妄自尊大地发动攻击，因为这样的野心会给他招致敌意。但里奇阿里乌斯却傲慢地答复说："如果你还在这里不停地抱怨我 231

① 指西哥特国王提奥多里克二世，公元453—466年在位。——译注

的进军，我就将一直打到你居住的图卢兹城去。在那里抵抗我吧，要是你能这样做的话！"这些话让提奥多里克很生气，他和所有的其他民族缔结了和约，然后去迎击苏阿维人。与他同行的有勃艮第人的两位国王：君迪乌克（Gundiuch）和希尔佩里克（Hilperic），他们是他忠实的伙伴。

232 双方在流经阿斯图里亚（Asturia）和伊比利亚的乌尔比乌斯（Ulbius）[①]河畔交战，为正义的事业而斗争的提奥多里克和他的西哥特人以胜利者的姿态结束了战斗，打垮并几乎彻底消灭了整个苏阿维民族。他们的国王里奇阿里乌斯从遭到敌人攻击的地区逃出，坐上一艘船，但却被第勒尼安海上的狂风卷了回来，就这样落入西哥特人之手。这个倒霉的人虽然在陆地和海洋之间跑来跑去，但还是在此后不久难逃一死。

233 获得胜利的提奥多里克宽恕了那些被他击败的人，没有长时间地在他们身上发泄自己的怒火，并委任他的家臣阿格里乌尔夫（Agriwulf）统治这些已经臣服的苏阿维人。但在苏阿维人的影响下，阿格里乌尔夫很快改变了他的想法，不再执行他的君主交给他的任务。他狂妄地认为，自己既然有勇气为提奥多里克征服这个国家，当然也有足够的勇气来保住这个国家。他属于瓦尔尼（Varni）家族，这个家族与哥特贵族们在血缘上相距甚远，所以他们既不热衷于为自由而奋斗，也不忠于他们的领袖。

234 一听说这件事，提奥多里克就很快调集了一支军队去进攻阿

① 一般拼作"乌尔比库斯"（Ulbicus），即利奥王国〔译者按：位于西班牙中部〕内的奥尔比哥（Orbigo）河。——原注

格里乌尔夫，以便把他从他篡夺的王位上赶下来。在提奥多里克抵达后，哥特人很快就在第一场战役中击败了阿格里乌尔夫，并对他的行为给予了适当的惩罚——他在失去了自己的下属后被俘，随即便被斩首了。这个以为他仁慈的君主会无视他叛逆行为的人，就这样遭到了报应。当苏阿维人看见他们的领袖已经被杀死的时候，就派他们的牧师到提奥多里克那里去求饶。出于对这位牧师的尊敬，提奥多里克不仅同意取消对苏阿维人的惩罚，而且还用善意的语调允许他们在本民族中自行选择一位侯爵，苏阿维人于是推举里米斯蒙德(Rimismund)做他们的首领。当提奥多里克解决了这件事，并且在各处确立了和平之后，便在他统治的第十三年中去世了。

45　欧里克国王

235 由于他的弟弟欧里克在保证自己的统治权和继承权方面表现得过于匆忙，人们不免对他产生了可怕的怀疑。① 当他和他的前任们统治着西哥特人的时候，瓦伦提尼安皇帝被马克西穆斯②阴险地谋杀了，后者像一位暴君那样篡夺了帝位[公元 455 年]。汪达尔王盖瑟里克听说此事后，就率领海军从非洲开往意大利，攻破了罗马，破坏了城中的一切。在出逃的路上，马克西穆斯被一名叫做乌尔苏斯(Ursus)的罗马士兵杀死了。

236 在他之后，按照东部皇帝马尔西安③的命令，马约里安

---

① 编者认为提奥多里克二世是被自己的弟弟欧里克谋杀的，阿文西斯(Avenches)的马里乌斯(Marius)在其著作的第 467 节中也持这种意见。以下关于西罗马帝国衰亡的内容主要来自马克里努斯的史书，但比他的编年史原文又有所补充。——原注

② 全名佩特罗尼乌斯·马克西穆斯(Petronius Maximus)，罗马元老，曾于公元 443 年出任执政官，是埃提乌斯的朋友。埃提乌斯被害后，他利用雇佣军对皇室的不满心理，于公元 455 年 3 月 16 日指使两名日耳曼雇佣兵刺杀了瓦伦提尼安三世，随即称帝，并强迫瓦伦提尼安三世的皇后欧多希娅与自己结婚。愤怒的欧多希娅写信向汪达尔王国求救，盖瑟里克于是在 70 天后率领汪达尔海军进围罗马城。对形势感到绝望的罗马卫兵们发动叛乱，杀死马克西穆斯，开城投降了。——译注

③ 拜占庭皇帝，阿尔卡狄乌斯皇帝的女婿，公元 450—457 年在位。——译注

(Majorian)[1]获得了西部的统治权。但他戴皇冠的时间也不长，因为当他征集部队，攻击当时正在骚扰高卢的阿兰人的时候，在被命名为叙拉(Hyra)的河流附近的德尔托纳城(Dertona)[2]被敌人杀死了。塞维鲁[3]继承了他的职位，但于执政的第三年中在罗马去世。当继承马尔西安在东部的统治权的利奥皇帝[4]得知此事时，他就派一位名叫安特米乌斯(Anthemius)[5]的最高行政长官去罗马。在抵达罗马之后，他立即向阿兰人派去了自己的女婿里西梅尔(Ricimer)[6]，这是一位出色的人，当时最重要的将领。在起初的战斗中，他消灭了大量的阿兰人，连他们的国王贝奥古斯(Beorgus)也都一起被彻底消灭了。

当西哥特国王欧里克看到罗马的政权不断地易手时，就打算 237
为他统治下的高卢谋求独立。为阻止此事，安特米乌斯皇帝向布立吞人(Brittone)寻求帮助[公元 470 年]。他们的国王里奥提穆

① 西罗马帝国皇帝，在阿维图斯死后由里西梅尔拥立，公元 457—461 年在位。最终又为里西梅尔所废，随即被处死于德尔托纳城。下文所说他战死在这里的讲法不准确。——译注

② 即斯克里维亚河(Scrivia)附近的托尔托纳城(Tortona)。——原注

③ 即塞维鲁三世，西罗马帝国皇帝，由里西梅尔拥立，公元 461—465 年在位。——译注

④ 即利奥大帝，拜占庭皇帝，公元 457—474 年在位。——译注

⑤ 西罗马帝国皇帝，公元 467—472 年在位。塞维鲁三世死后，他由拜占庭皇帝利奥一世指派前往罗马，为里西梅尔所拥立，最终又被后者废黜并处死。——译注

⑥ 苏阿维血统的西罗马帝国统帅，西哥特国王瓦里亚的外孙。公元 457—472 年期间，他是西罗马帝国实际上的统治者，曾四度次废立西罗马皇帝，公元 472 年 8 月在罗马病逝。——译注

斯(Riotimus)率领一万二千人向比图里伽斯城(Beturigas)[①]进发,在那里上岸,并被罗马人所接受。

238 西哥特国王欧里克率领着一支不计其数的军队来抵抗他们,也到达了那个地点。他和布立吞国王里奥提穆斯激战了很长的时间,终于在罗马援军赶来会合布立吞人之前,逼迫对方逃跑了。在损失了大部分军队以后,这位国王收集起他所能找到的全部残兵败将,跑到附近勃艮第人居住的地区,他们此时是罗马人的盟友。但是西哥特国王欧里克却还是占领了高卢的阿尔维纳城(Areverna),因为安特米乌斯皇帝此时已经去世了[公元 472 年]。

239 当安特米乌斯和自己的女婿里西梅尔在一场残酷的内战中争夺罗马城时,被后者杀死了,他的皇位随即被传给了奥林布里乌斯(Olybrius)[②]。此时,阿斯帕(Aspar)[③]在君士坦丁堡去世了,这个有着高贵的哥特血统的最高行政长官是在宫殿里被宦官们用剑刺穿的。他的两个儿子叫阿尔达布尔斯(Ardabures)和帕特里奇奥鲁斯(Patriciolus),其中第一个当上了最高行政长官,而另一个则做了利奥皇帝的副帝和女婿。当奥林布里乌斯在上台仅八个月后去世时[公元 473 年],格吕策里乌斯(Glycerius)[④]在拉文纳以与

① 即布尔日(Bourges,法国中部城市)。但里奥提穆斯并不是经海上,而是自布列塔尼(Bretagne)半岛抵达这座内陆城市的。——原注

② 西罗马帝国皇帝,由里西梅尔在公元 472 年 4 月拥立,于同年 11 月死于水肿病。——译注

③ 阿兰人和哥特人混血的拜占庭帝国将领,曾先后拥立马尔西安和利奥为拜占庭皇帝,公元 471 年被后者处死。——译注

④ 西罗马帝国皇帝,由里西梅尔的外甥君多巴德(Gundobad,后来就任勃艮第国王)拥立,公元 473—476 年在位。——译注

其说是选举、还不如说是篡位的方式当上了皇帝。但还不到一年，前任最高行政长官马克里努斯妹妹的儿子奈波斯（Nepos）[①]就把他赶下了台，并且命令他到罗马的一个港口里去做主教。

当欧里克看到这么多的皇位更替以后，就像我们在前面所讲 240
的那样，占领了阿尔维纳城。那里原先的罗马人领袖叫埃克迪西
乌斯（Ecdicius），他是一位高贵的元老，前任皇帝阿维图斯
（Avitus）[②]的儿子，一个仅仅掌握了几天统治权的人；在奥林布里
乌斯之前，他曾经当过几天皇帝，然后自愿退位到皮亚琴察城
（Placentia），并被任命为那里的主教。他的儿子埃克迪西乌斯曾
经和西哥特人战斗过很长的一段时间，但因为无法击败对方，他就
把那块土地——尤其是阿尔维纳城——交给了敌人，然后自己撤
到较安全的地区去了。

当奈波斯皇帝听说此事的时候，就命令埃克迪西乌斯离开高 241
卢，到他那里去，并任命奥里斯特斯（Orestes）将军[③]接替他的职
务。这位奥里斯特斯于是接管了军队，然后却出人意料地离开了
敌人，转而向罗马进军，一直抵达拉文纳城[公元 475 年]。他停留

① 西罗马帝国皇帝。格吕策里乌斯的西罗马帝位没有受到拜占庭帝国的承认，公元 474 年，奈波斯由利奥大帝指派前往罗马，击败了格吕策里乌斯和君多巴德，登基为西罗马皇帝，但在公元 476 年又被奥里斯特斯废黜。他逃往达尔马提亚，在拜占庭帝国的支持下，继续以西罗马皇帝的名义统治当地，直至公元 480 年去世为止。——译注

② 西罗马帝国皇帝，在佩特罗尼乌斯·马克西穆斯死后，于公元 455—457 年在意大利和高卢进行过统治，后来被里西梅尔击败杀死。——译注

③ 罗马政客，曾是阿提拉的主要顾问之一。在阿提拉死后投奔西罗马帝国，被奈波斯皇帝委以军国大任。公元 475 年发动兵变，拥立自己的儿子罗慕路斯·奥古斯图鲁斯称帝。后为日耳曼雇佣军司令奥多阿克在帕维亚（Pavia）击败并俘虏，随即斩首于皮亚琴察城。——译注

在这里，然后拥立自己的儿子罗慕路斯·奥古斯图鲁斯(Romulus Augustulus)当了皇帝。当奈波斯得知此事的时候，就赶紧逃往达尔马提亚，并且从此生活在那个前任皇帝格吕策里乌斯退位后担任萨洛纳(Salona)主教的地方。

46 西罗马帝国的灭亡

当奥古斯图鲁斯在拉文纳城被他父亲奥里斯特斯指定为皇帝 242
后不久[公元 476 年],托西林人(Torcilingi)[①]的国王奥多阿克[②]就和他那些出身斯基尔人、赫卢利人和其他民族的盟友们一起占领了意大利。他杀死了这位奥里斯特斯,把他的儿子奥古斯图鲁斯赶下了台,并且将其判刑,关押到坎帕尼亚地区的卢库拉卢姆城(Luculalum)里。

罗马人在西部的统治就这样终结,它由奥古斯都·屋大维 243
(Augustus Octavianus)在罗马建城后的第 709 年开始,当奥古斯图鲁斯退位时,加上他的前任们,这个政权一共存在了 522 年[③]。现

① “托西林”是斯基尔人的一个王朝,因此“托西林人”一词被普遍用来称呼斯基尔王室家族。——译注

② 匈人和斯基尔人血统的罗马雇佣军司令,负责统治斯基尔人的匈人将领埃迪卡(Edica)之子,生于公元 433 年。埃迪卡在波里亚河战役中阵亡后,他于公元 467 年继承了斯基尔王位。此后他担任西罗马帝国的日耳曼雇佣军司令,于公元 476 年发动兵变,逼迫罗慕路斯·奥古斯图鲁斯皇帝退位,自任意大利国王。在位期间,向拜占庭帝国称臣,于公元 493 年被入侵的东哥特国王提奥多里克击败后杀死。——译注

③ 约达尼斯在此的计算明显有误,屋大维在公元前 27 年称“奥古斯都”,建立罗马帝国,至公元 476 年西罗马帝国灭亡,一共应是 503 年。若从尤里乌斯·恺撒于公元前 44 年遇刺、屋大维掌权开始计算,则一共是 520 年。如采用 522 年说,则计算当始于公元前 46 年,恺撒在该年被元老院选为为期十年的独裁官。——译注

在,罗马和意大利都由哥特人的国王们统治着。在此期间,异民族的国王奥多阿克在征服了整个意大利以后,为了吓唬罗马人,在他的统治刚一开始的时候,就处死了布拉奇拉斯(Bracilas)伯爵[公元477年]。他巩固了自己的王国,并且控制它长达几乎十三年之久,直到我们下面要讲述的提奥多里克来到为止。

47 欧里克之死

让我们回到我们中断叙述的地方，也就是西哥特国王欧里克 244
在看到罗马帝国处于飘摇状态时，是如何把阿雷拉图姆(Arelatum)和马赛城(Massilia)[1]纳入自己的势力范围的。汪达尔王盖瑟里克用礼物诱使欧里克做这些事情，为的是使他自己从利奥和泽诺的威胁中解脱出来。因此他希望让东哥特人去侵略东罗马帝国，西哥特人去侵略西罗马帝国，这样两个帝国就都会忙于同敌人交战，他便可以在和平环境中统治非洲了。欧里克很高兴地按照盖瑟里克的建议做了，他原本就完全地掌握了西班牙和高卢，现在又征服了勃艮第人的土地。

在执政的第十九个年头，欧里克在阿雷拉图姆去世[公元 484 245
年]，他自己的儿子阿拉里克[2]继承了王位，此人是自阿拉里克大帝

---

① 现在一般拼作 Marseilles。——译注

② 阿拉里克二世，西哥特国王，公元 484—507 年在位。公元 507 年，他在沃勒(Vouille，在今法国西部)战役中被法兰克国王克洛维(Chlodwig)及其勃艮第联军击败并杀死，直接导致了图卢兹西哥特王国的灭亡。此后，西哥特人被迫逐渐放弃高卢中西部，向西班牙撤退。——译注

以来的第九位西哥特国王。和我们前面提到的那些皇帝们一样，阿拉里克也重复了他祖先的名字，而一个政权经常在与开国之君同名的君主手中结束。但让我们先放下这个主题，按照我在前面许诺的那样，回去完整地叙述哥特人的起源故事。

48　东哥特人与匈人

因为我已经尽力地描写了父辈们叙述的东哥特人和西哥特人 246
统一时的情况，对那些从东哥特人中分离出来的西哥特人的故事也讲得够详尽了，所以我们现在必须回到他们在斯奇提亚古老的居住地，用同样的方式讲述东哥特人的贵族家庭和他们的行为。可以肯定，在他们的国王埃尔马纳里克去世以及与西哥特人分离以后，他们就一直以匈人附庸的身份，在原来的土地上生活着；但阿马尔家族成员维尼塔里乌斯仍然保留着自己的贵族徽章。[①]

维尼塔里乌斯以祖父乌尔特乌尔夫的勇气为榜样，对于被迫 247
臣属于匈人感到悲伤，但他却不像埃尔马纳里克那样幸运。他一方面试图把自己的民族从匈人的桎梏里解脱出来，另一方面，为了显示自己的勇气，他率领军队开入了安特人的领土。在第一场战斗中，他被打败了；但他的行动像一名真正的勇士，为了吓唬敌人，他后来把对方名叫博兹(Boz)的国王，连同他的儿子们和七十名贵族一起都钉上了十字架，用他们的尸体加倍地增加那些被征服者的恐惧感。

① 这句话的意思是：维尼塔里乌斯和他的部下继续保持着独立的政治地位。——译注

248 当维尼塔里乌斯独立的统治持续了不到一年之后，匈王巴兰伯便无法再忍耐下去了，于是联合了胡尼蒙德大王的儿子——因为誓言和信任的缘故，而率领多数哥特人站到匈人一边的格西蒙德(Gesimund)，和他签署了新的盟约，然后率领军队去攻击维尼塔里乌斯。在一场漫长的战争中，维尼塔里乌斯赢得了第一次和第二次战役，没有人能够说清，他给匈人带来了多么大的损失。

249 但是在第三次战役中，因为两股敌对势力都已联合起来，匈王巴兰伯就在埃尔阿克河(Erac)[①]畔突然发动袭击，用箭射中了维尼塔里乌斯的头，使他因伤而死。然后，巴兰伯娶了维尼塔里乌斯的侄女瓦达梅尔卡(Vadamerca)为妻，最终征服了整个哥特民族，他们从此在匈人的统治下，过着和平的生活。他们通常由一位本民族的统治者指挥，但此人需要通过匈人的选举来得到承认。

250 在维尼塔里乌斯死后，统治他们的是胡尼蒙德，他是强大的国王埃尔马纳里克的一个儿子，在作战中十分勇猛，身材也很俊美，后来还曾成功地击败了苏阿维人。

251 在胡尼蒙德死了以后，他的儿子托里斯蒙德继承了他的职位，此人浑身都充沛着青年人的力量。在统治的第二年，他攻击了格皮德人，但在大获全胜之后，意外地坠马而死。在他死后，东哥特人如此深切地为他哀悼，以至于在40年内，没有其他的国王登上他的位置。[②] 对他的思念流传在人民的口中，直到瓦拉米尔长大

① 法希斯河的别名。——原注

② 这句话是对东哥特人丧失了独立的政治地位、受匈人奴役长达40年之久的隐讳说法。——译注

成人为止。他是托里斯蒙德的外甥汪达拉里乌斯之子，他的一个儿子贝里蒙德，如同我们前面已经说过的一样，因为蔑视甘愿受匈人统治的东哥特人，而去西方投奔西哥特人了。维特里克也出自贝里蒙德，他有一个儿子，名叫欧塔里克，与提奥多里克的女儿阿马拉斯文塔联姻，已经分离的几个阿马尔部落就这样又联合到了一起。欧塔里克和阿马拉斯文塔生下了阿塔拉里克和马特斯文塔。因为阿塔拉里克在少年时代就夭折了，马特斯文塔被带到了君士坦丁堡，并为自己的第二位丈夫日耳曼乌斯——查士丁尼皇帝的一个侄子——生下了一个儿子，也管他叫日耳曼乌斯。

我们现在要结束这已经开始的叙述，把话题转到汪达拉里乌 252
斯分成三支的后代上去。这位汪达拉里乌斯是埃尔马纳里克的侄孙，上面所说的托里斯蒙德的父辈，他生下了阿马尔家族的三个后代，即瓦拉米尔、提乌迪米尔和维迪米尔。他们之中的瓦拉米尔继承了王位，此时哥特人还和其他民族一起，附属于匈人。

在那个时候，观看这三兄弟的行为是很令人高兴的事，值得钦 253
佩的提乌迪米尔为他的哥哥瓦拉米尔的国家出战，而瓦拉米尔为其他人置办装备，维迪米尔也努力地帮助两个哥哥。因为他们互相的好感如此之深，所以他们每人都获得国家的一部分，并且能够保持住和平。但如前面说过的那样，他们也都从属于匈王阿提拉。他们不止一次拒绝和他们的亲戚西哥特人交战，但那匈王强制性的命令，即便是让人谋杀自己的父亲，也必须得到执行。如果不是阿提拉像所有民族，尤其是像罗马人所希望的那样，突然地死亡的话，斯奇提亚的任何民族都没有办法从匈人的统治中解放出来。他的人生既极其可耻，也同样地令人钦佩。

49 阿提拉之死

254 像历史学家普里斯库斯所报道的那样，在阿提拉死前，他按照本民族的习俗，在已经拥有了无数妻妾之后，又和一位极其美丽的、名叫伊尔迪科(Ildico)[①]的女孩结了婚[公元 453 年]。在婚礼上，由于过度地欢乐，他喝了很多葡萄酒，结果昏昏欲睡。当背朝下躺着的时候，他又像通常那样开始流鼻血，但这血却堵在鼻腔里出不去，最后倒灌进了咽喉，结果使他窒息而死[②]。就这样，这位好战的国王在醉酒的状态中可耻地死去了。次日早晨，当大半天都已经过去了的时候，王室的随从们不由得猜测，发生了什么不幸的事情。他们大喊大叫，随即砸开房门闯了进去。在那里，他们看到，阿提拉因为血管破裂而死在床上，身上没有任何伤口。那个女孩正带着沮丧的神色，蒙着头哭泣。

255 匈人们于是按照自己民族的习惯，剪去一部分头发，用刀划破

---

① 在日耳曼传说中，伊尔迪科是法兰克或勃艮第族的公主。——译注

② 阿提拉的伯父奥克塔也曾在宴会上以类似方式突然死亡，联系到阿提拉特别深的面色，以及经常流鼻血的病史，有理由猜测，匈王家族可能患有类似血瘤症的遗传性循环系统疾病。这种疾病的患者容易在情绪激动的情况下突然发病，导致血管破裂，流鼻血是其轻度症状，严重时将诱发生命危险。在日耳曼传说中，阿提拉是被伊尔迪科谋杀的。但很明显，匈人自己并不认为如此，伊尔迪科没有被他们当作嫌疑犯，这从下面他们给阿提拉唱的挽歌中就可以看出。——译注

自己的脸，使其面貌可憎。这样，那位伟大的军事英雄就不会被人用女性的眼泪，而是用男性的鲜血来哀悼了。① 在阿提拉死时，又发生了一件令人惊奇的事。东部的皇帝马尔西安一直因为自己的这位可怕的敌人而心怀忧惧，在阿提拉死的当晚，他在梦中看见，上帝向他展示了阿提拉已经被折断的弓——那件为他的民族做了如此之多贡献的武器。历史学家普里斯库斯也用可靠的证据增强了这件事的说服力。阿提拉对于这个大帝国来说是如此可怕，以至于他的死亡被认为是神灵的礼物。

在这里，我们只着重描写阿提拉的民族埋葬他的尸体过程中 256
的一部分情节。他的尸体被放置在平原中一个丝绸帐篷里的棺架上，然后他的族人们开始表演一场漂亮的戏剧。整个匈人民族中最好的骑士绕着他躺着的这块场地飞驰，就像马戏团里的表演一样，同时用下面的这首挽歌来赞扬他的行为：

“匈人最显贵的领袖阿提拉，蒙德祖克的后代，最勇敢民族的 257
君主啊！你以亘古未闻的强大力量，独自占据着斯奇提亚人和日耳曼人的王位；你恐吓着两个罗马帝国，攻占了它们无数的城市；靠着苦苦哀求和年年纳贡，它们才能够勉强保全自己其余的城市不受洗劫。在依靠幸运之神的保佑获得了所有的这些成就之后，你最终既不是由于仇敌造成的创伤，也不是由于下属的背叛，而是在快乐的幸福中，在你民族的辉煌中，毫无痛苦地离开了尘世。既然没有凶犯可以让我们为你复仇，那又有谁能将这称作你生命的

① 这样剪发割面的葬礼场景在古代欧亚游牧部落中是极其普遍的，匈奴、突厥、羌、马扎尔、斯拉夫等各民族都有类似的习俗。——译注

尽头?”

258 当他们用这样的挽歌悲叹过以后,就在他坟头上举行一个被称作“斯特拉瓦”(Strava)的仪式。在对死者的哀思中,他们一边痛饮着无数的饮料,一边发表起混合着少许欢乐情绪的言论。然后,匈人们在夜晚里秘密地把阿提拉的尸体埋入地下。他的第一口棺材是金制的,第二口是银的,第三口是铁的。[①] 他们借此表示,这位强大的国王所拥有的一切:铁代表他征服了大量的民族,黄金和银表示他获得了两个罗马帝国的贡品。他们又把缴获的一些敌军战利品、值钱的战马装饰品、各种发光的钻石以及装饰王宫的许多勋章放到那上面。为了让人类的好奇心远离阿提拉的坟墓,他的部下在它完工之后,杀死了所有参加建筑的工匠——多么可怕的薪酬啊!那些人在完成了工作之后,对于自己突然面临的死亡,都感到十分惊讶[②]。

① 有西方学者认为,阿提拉的棺材可能只有一口,上面被人用金、银、铁三种金属加以装饰,而不是一口纯金、一口纯银、一口纯铁的棺材。否则不仅花费惊人,而且在几天之内也很难迅速完工。——译注

② 此处对阿提拉遗体下葬过程的描述与前文中对阿拉里克葬礼的描述如出一辙,因此也颇具争议。——译注

50　匈人帝国的崩溃

在此之后，就像野心诱使年轻人经常做的那样，为了得到这个 259
国家，阿提拉的继承者们爆发了争执。因为他们全都愚蠢地渴望着统治，所以最终全都失去了这一权力。的确，对于这种王国来说，过多的王位继承人总是比缺乏继承人更具灾难性。由于阿提拉本人毫无限制的淫欲，他的儿子多得几乎可以组成一个民族，而他们现在全都要求平分匈人治下的其他民族。这些好战的国王们于是用抽签的办法，像对待仆从那样，决定了各个民族的归属。

当格皮德国王阿尔达里克得知此事的时候，他因为这么多民 260
族都遭到奴隶一般的待遇而感到非常愤怒，于是首先起来反抗阿提拉的儿子们，以便摆脱那可耻的压迫。通过这次叛离运动，他不仅使自己的民族，而且还帮其他受压迫的民族从奴役中解放了出来，而大家也都乐意同这位为所有人的幸福而斗争的领袖一同作战。为了这场毁灭性的战争，双方都做了充足的武装准备。

决战是在潘诺尼亚省一条叫奈道（Nedao）的河流[1]边进行的， 261
过去受阿提拉统治的每个民族都参加了这次交锋。一个国家被分为几个民族，就像一个身体被分为几段肢节那样，这些肢

① 具体位置不详。—— 原注

节并不相互帮助，而是因为头脑被消灭了的缘故，狂暴地相互对抗着。那些只要不自相残杀就从来不曾遇到旗鼓相当的对手的最勇敢部落，在内讧中耗尽了自己的精力。真的，这里肯定发生过一场令人赞赏的戏剧。在那块战场上，人们能够看到：用长矛作战的哥特人，愤怒地挥舞着短剑的格皮德人，他们的武器折断在卢吉人的创口里。还有以速度见长的苏阿维人，依靠弓箭显露头角的匈人，身披重铠的阿兰人，以及轻装上阵的赫卢利人。

262 在漫长而艰苦的拼杀之后，格皮德人终于得以为他们意想不到的胜利而欢笑。在阿尔达里克和他盟友们的剑下，横卧着三万具匈人和其他敌对民族将士的尸体。在这场战役中，阿提拉的长子埃拉克(Ellac)[①]阵亡了。他的父亲如此喜爱他，以至于把他的地位提到自己所有其他的儿子们之上。但埃拉克的命运与父亲的期望并不一致，在杀死了许多敌军之后，他最终像个真正的男子汉那样英勇地战死疆场。如果他的父亲还健在的话，可能也会乐意于这样光荣地死去。[②]

263 在埃拉克被杀之后，他的弟弟们便被驱逐到本都海岸附近，也就是我们前面所说，哥特人曾经居住过的地方。过去被普遍认为可以击败整个世界的匈人，就这样溃败了。民族内部的不和就是如此的有害，当他们能够把力量联合起来的时候，他们就可以在其

① “埃拉克”一词在古突厥语里的意思是“君王”。——译注

② 此句也可以理解为：“如果他(埃拉克)的父亲还活着的话，也必然会希望埃拉克能够获得这样光荣的死亡。”——原注

他人中制造恐怖；而当他们分裂的时候，就会很快被一同推翻。格皮德王阿尔达里克的这次胜利，给许多不愿意受制于匈人的民族都带来了幸福。他们长期以来沉痛的情感，现在因为重新获得的自由而大为振作。许多这样的民族都派遣使者去拜访罗马帝国，受到当时的皇帝马尔西安亲切地接见，并得到了供他们定居的地盘。

格皮德人用暴力夺取了此前由匈人占领的土地，以胜利者的 264
身份巩固了他们对整个达西亚地区的统治。作为勇敢的男子，他们要求与罗马帝国签订以和平和年金为主要内容的友好条约。皇帝高兴地同意了，直到现在，这个民族还一直享有罗马皇帝赠予他们的传统性礼物。当哥特人看到，格皮德人已经成功地占据了过去匈人的领土，而匈人则占据着他们自己过去的居住地时，就向罗马帝国请求一块土地，以便不必冒着危险去入侵其他地区。他们于是获得了潘诺尼亚，一片很宽的平原，它东邻上莫伊西亚，南邻达尔马提亚，西邻诺里库姆(Noricum)[①]，北邻多瑙河。这块土地上装点着许多座城市，其中的第一个是叙尔米斯城(Syrmis)[②]，最后是文多米纳城(Vindomina)[③]。

除此以外，由泽曼德里人(Cemandri)和部分匈人组成的扫罗 265
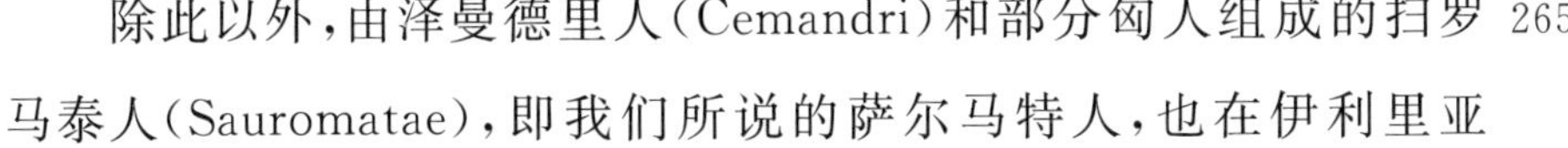
马泰人(Sauromatae)，即我们所说的萨尔马特人，也在伊利里亚

① 罗马帝国行省，疆域大体上即奥地利，也一度包括今德国东南部、匈牙利西部等地。——译注

② 即希尔米乌姆城。——原注

③ 即维也纳，当时也写作“文多伯纳城”(Vindobona)。——原注

地区中的卡斯特拉马尔提纳(Castramartena)城[①]附近获得了自己的居住地。属于这个民族的名人有彭塔波利斯(Pentapolis)[②]公爵波利维拉(Blivila)和他的兄弟弗罗伊拉(Froila),以及我们这个时代的贵族贝萨(Bessa)。而斯基尔人、萨达伽里人和一些以康达克为领袖的阿兰人,则获得了小斯奇提亚和下莫伊西亚。

266 我父亲阿拉诺维亚慕提斯的父亲帕里亚(即我的祖父),终身担任这位康达克的书记。我,约达尼斯,一个没有学问的人,在皈依基督教之前,也曾经与他的外甥君提吉斯(Gunthigis)将军〔也叫巴扎(Baza)〕,以及阿马尔贵族家庭的成员安德拉(Andela)之子安达吉斯[③]的一个儿子共事过,因为我们那时都担任书记的职务。卢吉人,还有其他几个民族,请求在比兹斯(Bizzis)[④]和阿尔卡迪奥波利斯(Arcadiopolis)一带建立自己的新居。阿提拉较年轻的一个儿子埃尔纳克(Ernac)[⑤]为自己的属下选择了小斯奇提亚最远的一个部分居住,而他的两个表兄,即埃姆尼德扎(Emnedzar)和乌岑杜尔(Uzendur),则占领了达西亚地区的奥斯库斯(Oescus)、乌图斯(Utus)和阿尔慕斯(Almus)[⑥]等城镇所在的多瑙河沿岸。

① 大概是临岸达西亚省里的马提斯城堡(Castra Martis)。——原注

② 一个北非地区的名称。——原注

③ 即前文所说,在沙隆战役中击毙西哥特国王提奥多里克的那名东哥特军人。——译注

④ 即色雷斯的比兹耶城(Bizye),离君士坦丁堡不远。——原注

⑤ “埃尔纳克”一词在古突厥语里的意思是“英雄”。——译注

⑥ 奥斯库斯、乌图斯和阿尔慕斯是多瑙河下游的三条支流,这三座城市因分别位于它们的河口而得名。——原注

许多散落于各处的匈人向皇帝臣服，以便在罗马尼亚（Romania）[1]境内获得定居点，人们至今还管他们叫做萨克罗蒙提斯人（Sacromontisi）和佛萨提斯人（Fossatisii）。

① 意为"罗马人的国家"，此处指罗马帝国（实际上是拜占庭帝国）。——译注

51 小种哥特人

267 此外还有其他的哥特人，即所谓的“小种哥特人”[1]，一个有无数人口的民族，他们的牧师兼主教乌尔菲拉（Ulfila）[2]为他们发明了文字。现在，他们住在莫伊西亚行省位于埃米蒙图斯（Emimontus）[3]山脚下的尼科波利斯。这是一个人数很多、但非常贫穷而且不好战的民族。他们拥有很多各个品种的牛，还有大量

① 拉丁文原名 Gothi minores。——原注

② 阿里乌斯教派的传教士兼语言学家，父亲是哥特人，母亲是希腊人。“乌尔菲拉”一词在哥特语中的本意是“小狼”。他于公元 341 年被任命为哥特主教，到多瑙河北岸的西哥特人中宣扬阿里乌斯教义，并使这种宗教很快传播到周边的其他日耳曼民族中。最迟自公元 2 世纪起，包括哥特人在内的日耳曼人都已经开始使用一种由 16 至 24 个字母组成的，通常刻在石碑、木板或金属制品上的如尼文（rune），但这种文字还相当原始，只能用来表达较为简单的意思。为了传教方便，乌尔菲拉利用希腊字母创造了哥特文，是为日耳曼民族的第一种书面文字。公元 348 年，因受到敌视基督教的哥特贵族集团追捕，乌尔菲拉被迫返回莫伊西亚行省，担任当地主教至公元 381 年，负责管理当地的哥特移民。他终身为阿里乌斯教派和日耳曼教徒的权利而奔走，于公元 383 年在君士坦丁堡病逝。乌尔菲拉所译的哥特文圣经被哥特人用金银铸成的字母镶嵌在紫红色的羊皮纸上，称为《银圣经》，现藏瑞典乌普萨拉（Uppsala）大学博物馆。——译注

③ 即前文所说的海穆斯山脉。——原注

给牛吃的干草和森林里的木材。那块土地上的小麦比较少，而其他水果的种类很多。但是他们根本不懂得如何种植葡萄，所以必须从邻居那里买葡萄酒，而他们中的大部分人则喝牛奶。①

① 古罗马人一般只喝泉水和葡萄酒，偶尔喝羊奶，极少喝牛奶。直接饮用牛奶在当时被认为是野蛮人的饮食方式，所以约达尼斯在此特意加以强调。——译注

52 匈人帝国的遗产

268 现在让我们回到原先谈论的那个民族,即东哥特人。此时,他们正在他们的国王瓦拉米尔以及他的弟弟提乌迪米尔和维迪米尔的领导下,居住在潘诺尼亚地区。虽然他们的领土是分开的,但却志同道合。瓦拉米尔住在斯卡尼翁伽河(Scarniunga)和黑水河(Aqua Nigra)之间,提乌迪米尔住在佩尔索湖(Pelso sea)[①]附近,而维迪米尔则住在其他两兄弟之间的土地上。这样就发生了如下的事件:阿提拉的儿子们认为哥特人是他们统治的叛徒,就像私自逃亡的奴隶一样,所以就在东哥特王族其他两兄弟并不知情的情况下,单独向瓦拉米尔发动了侵略。

269 瓦拉米尔虽然只拥有很少的部属,但却很好地顶住了敌人的攻击,并且在长时间的战斗之后,如此彻底地获得了胜利,以至于他的敌人们几乎连一小部分都没有幸存下来。剩余的匈人迅速地逃往由达纳伯河冲刷出来的斯奇提亚地区,这条河在胡语中被叫做“瓦尔”(Var)。此后,瓦拉米尔向他的弟弟提乌迪米尔派去使者,报告自己获胜的喜讯。就在这位使者抵达提乌迪米尔王宫的

---

① 即巴拉顿湖(Balaton,匈牙利的最大湖泊)。——原注

同一日，提乌迪米尔又获得了一个更大的喜讯：他的一位名叫埃尔列娃(Erelieva)的小妾，在那天为他生下了一个被寄予厚望的男孩，即提奥多里克。[1]

不久之后，当马尔西安皇帝没有按照惯例支付给哥特人用以 270
维持和平的礼金之时，瓦拉米尔国王和他的弟弟提乌迪米尔和维迪米尔就共同向皇帝派去了一支使团。这些人发现，同是哥特人的另一位提奥多里克——即特里亚里乌斯(Triarius)的儿子，他虽然并不属于阿马尔家族，但却在自己的部属中享有崇高的威望——由于和罗马人建立了紧密的友谊，而照常获得了礼金，而他们自己却被明显地忽视了。[2]

这些愤怒的哥特人于是拿起武器，穿越、洗劫并且攻占了几乎 271
整个伊利里亚地区。此后，皇帝便很快地改变了他的主意，决定重新回到此前的友好政策。他派来一个使团，支付了过去早已许诺过、但一直被拖欠的礼金，并且答应，以后不会再停止兑现这笔款项。按照该和平协议，罗马人从哥特人那里获得了一位人质，即我们在前面所提到过的提乌迪米尔的儿子提奥多里克。这个男孩此时已满七岁，并且进入了自己人生的第八个年头。当他的父亲为是否送他走而犹豫不决的时候，他的叔父瓦拉米尔恳求自己的哥

---

① 此说不确。据拜占庭史料记载，提奥多里克在公元459年以人质身份赴君士坦丁堡时年已八岁，如此他应当生于公元451年，而不是这里所说的瓦拉米尔与匈人交战的公元456年。因为瓦拉米尔没有子女，所以提奥多里克在出生后被生父提乌迪米尔过继给伯父瓦拉米尔。——译注

② 这位提奥多里克的妹妹是当时执掌拜占庭帝国军政大权的阿斯帕将军的情妇，他因此多次获得拜占庭政府的奖赏。——译注

哥履行协议，以便让罗马人和哥特人之间的和平事业不受损害。因此，提奥多里克被哥特人以人质的身份交给了罗马人，并且被带往君士坦丁堡，觐见利奥皇帝。因为他是个漂亮的男孩子，陛下对他的态度非常友好。

53 潘诺尼亚的东哥特王国

当哥特人和罗马人之间建立起稳定的和平关系之后，前者发 272
现，他们从皇帝那里获得的礼金并不够自己的开销，于是就以他们习惯的勇气，开始洗劫周边的各个民族，并首先把武器瞄准了居住在潘诺尼亚内部的萨达格人（Sadagis）。当阿提拉的一个儿子、匈王邓吉兹克（Denghizic）[①]得知此事的时候，就趁机聚集起少数仍然在他统治之下的民族，即乌岑杜尔人（Uzendure）、安吉斯基尔人（Angisciri）、比图古尔人（Bittugure）和巴多尔人（Bardore）[②]，前往潘诺尼亚的一座城市巴西亚纳（Bassiana），包围并勒索它所在的区域。

哥特人于是立刻舍弃了他们已经计划好了的针对萨达格人的 273
远征，转而攻击匈人，让他们如此丢脸地从那块土地上逃走，以至于从那时开始，直到今天，残余的匈人们都还对哥特人的武器心怀恐惧。当匈人最后终于被哥特人平定之后，苏阿维人的领袖胡尼蒙德率部出击，对达尔马提亚进行掠夺，并且抢劫了哥特人在草场

① “邓吉兹克”一词在古突厥语里的意思是“海风”。——译注

② 被认为是四个匈人部落，乌岑杜尔人在人类学上属于芬人。——译注

上放牧的一些牛群。这是因为,苏阿维亚(Suavia)[①]邻近达尔马提亚,离潘诺尼亚,尤其是哥特人当时正在那里居住的部分也不甚远。[②]

274 简短地讲,当胡尼蒙德率领他部下的苏阿维人从劫掠达尔马提亚的道路上归来时,碰上了哥特王瓦拉米尔的弟弟提乌迪米尔。牛群的损失并不令提乌迪米尔特别难过,但他担心,如果放任这些苏阿维人不受惩罚地离去,他们将来就会变得更加狂妄。因此,在一个狂风大作的夜晚,当苏阿维人都睡熟了的时候,提乌迪米尔突然意想不到地在佩尔索湖附近袭击了他们。敌人陷入了如此糟糕的困境,以至于连他们的国王胡尼蒙德都被俘虏了,而他手下侥幸逃脱刀剑之灾的军队也都全部投降。由于提乌迪米尔是一个非常富有同情心的人,所以在复仇之后,他仁慈地赦免了苏阿维人。他收胡尼蒙德为自己的养子,然后把全体苏阿维人和他们的国王都送回了苏阿维亚。

275 但胡尼蒙德很快就淡忘了他养父提乌迪米尔的仁慈,在一段时间之后,便把心中隐藏已久的诡计付诸实施了。他煽动当时居住在多瑙河沿岸并且与哥特人和平共处的斯基尔人撕毁盟约,和自己联合起来,向哥特人发动武装入侵。因为哥特人一直深信不疑地把这两个邻居看作自己的朋友,所以对这场战争全无准备。他们被迫拿起武器,用惯常的方法来为自己所遭受的不公平境遇

① 意为“苏阿维人之国”。——译注

② 在这里,约达尼斯是把“苏阿维亚”和“萨维亚”(Savia)搞混了,萨维亚是因流经当地的萨瓦河(Sava)而得名的。——原注

复仇。

在这场战役中，他们的国王瓦拉米尔骑着马，冲到前线上来激 276
励部队的士气，但却马失前蹄，把骑手摔了下来。瓦拉米尔立即被敌人的标枪刺穿，当场阵亡了。哥特人要求为他们国王的死亡和他们自己因盟友的背叛所遭受的耻辱复仇，因此如此勇猛地进行战斗，以至于在整个斯基尔部落中几乎没有一个人活下来；幸存的少数几个带有斯基尔族姓名的人也毫无例外地遭受了羞辱，他们拥有的一切全都被愤怒的哥特人彻底铲除了。[①]

① 此战和下文所说的波里亚河战役都发生在公元467年前后。——译注

54 提乌迪米尔国王

277 斯基尔人灭亡的消息，在苏阿维国王胡尼蒙德和阿拉里克两人的心中造成了极大的恐慌。依靠赶来援助的萨尔马特人的国王保卡(Beuca)和巴拜(Babai)，以及在埃迪卡(Edica)[①]和胡乌尔夫(Hunwulf)两位酋长率领下的斯基尔人残部(这些人被认为会不顾死活地为复仇而战)，他们向哥特人发动了新的进攻。支持他们的还有格皮德人，卢吉人援军的实力也并非微不足道，再加上从其他地区聚集起来的人，组成了一支规模巨大的部队。在潘诺尼亚的波里亚河(Bolia)[②]畔，他们扎下了大营。

278 在瓦拉米尔死后，溃散的哥特人投奔了他的弟弟提乌迪米尔。虽然他早已和他的兄长分享了国王的称号，但直到现在才获得了这个较高的权力地位。他召来弟弟维迪米尔，告诉他自己对战争的担忧之后，就迫不得已地拿起了武器。当战斗结束的时候，哥特人占据了上风，被杀死的敌军的鲜血像红色的海洋一般，淹没了广达 1 000 步[③]的整块平原，他们的尸体和武器堆积如山。

---

① 即奥多阿克的生父，在此战中阵亡。——译注

② 具体位置不详。——原注

③ 约合 1 480 米。——译注

当哥特人看见这幅情景的时候，他们以难以用语言表达的热 279
情欢呼着，因为他们的国王瓦拉米尔的血仇，以及他们自己被敌人强加的不公平境遇，都通过对方的这次巨大的失败而得以报复了。那些努力摆脱困境，最终得以从无数对手掌中脱身的敌人，全部极不光彩地逃回自己的故乡去了。

55 提乌迪米尔的征服战争

280 一段时间以后，当冬季的严寒来临之际，多瑙河的河面像往常那样被冻得如同石头一般结实，以至于足以让整支军队徒步从上面走过去，甚至还可以允许四轮马车和手推车等其他交通工具通行，而不再需要小艇运输。当哥特王提乌迪米尔看见它被冻结的时候，便率领他的军队步行越过多瑙河，出其不意地出现在苏阿维人的背后。苏阿维人的国家东邻拜奥瓦利人(Baiovarii)[①]，西邻法兰克人，南邻勃艮第人，北邻图林根人。

281 当时，住在阿尔卑斯山地上的阿勒曼人(Alemanian)是苏阿维人的盟友[②]，从他们那里流出的一些河流声音响亮地注入多瑙河之内。提乌迪米尔国王就在冬季，带领哥特军队进入了这样一个易于防守的地区，击败了互相结盟的苏阿维人和阿勒曼人，占领了他们的土地，并几乎完全征服了这两个民族。从这里出发，他又胜利地返回了自己位于潘诺尼亚的祖国，并且非常高兴地看到，自己

---

① 住在多瑙河上游的日耳曼民族，兴起于公元5世纪末，于公元534年被法兰克人征服。——译注

② 按照鲍曼(Baumann)的研究结论(《德国史研究》，16，1)，约达尼斯和当时其他的古代作家关于阿勒曼人是苏阿维人的盟友、甚至他们是同一个民族的说法都值得怀疑。——原注

以人质身份派往君士坦丁堡的儿子提奥多里克，现在已经连同许多礼物一起，被利奥皇帝送了回来。

如今，提奥多里克已经不再是个男孩，而进入了青年期，因为 282
他年满了十八岁。他获得了父亲手下一些可靠的部属，又从整个民族中挑选了一些追随者，总共大概有六千人。他没有告知父亲，就带着这些人越过了多瑙河，向萨尔马特人的国王巴拜进攻，后者当时刚刚击败了罗马将军卡蒙杜斯(Camundus)，因此趾高气扬地统治着自己的国家。提奥多里克在袭击中杀死了他，劫掠了他的家庭，抢走了他的财产，然后胜利地回去向父亲报告。他随即又攻陷了此前被萨尔马特人占据着的辛吉杜努姆城(Singidunum)[①]，而且并不把它归还给罗马人，却将它吞并入了自己的版图。

① 即贝尔格莱德。——译注

56　提乌迪米尔与罗马帝国

283　晚些时候，当附近的各个民族都因为这些掠夺性战争而逐渐衰弱时，哥特人自己也开始缺乏食物和衣服。对于这些平日以战争为唯一经济来源渠道的人来说，和平是十分不舒适的。因此，他们全都高声叫嚷着去找提乌迪米尔国王，请求他带领他们到他愿意去的任何地方作战。他于是召来自己的弟弟维迪米尔，在抽签决定目标之后，命令后者前往当时由格吕策里乌斯皇帝统治的意大利[公元473年]；而作为实力较强的一方，他本人也选择了一个比较强大的国家，即东罗马帝国。后来的事情就这样按计划进行了。

284　但维迪米尔刚刚进入意大利的土地，就为自己的罪孽付出了死亡的代价，很快便离开了人世，统治权被他同名的儿子维迪米尔所继承。格吕策里乌斯皇帝给小维迪米尔送去了礼物，希望使他把攻击目标从意大利转移到高卢去，因为那里正被各种不同的民族骚扰着。“在那个地方，”皇帝最后补充说，“还住着你们的亲戚西哥特人呢。”维迪米尔很快接受了礼物，接受了格吕策里乌斯皇帝的指令，向高卢进军了。在这里，他和自己的亲戚西哥特人联合起来，双方的部属再次融合成了一个整体，如同很久以前一样。他们于是居住在高卢和西班牙，并且成功地捍卫了自己的地位，使得

没有其他的力量能够处于他们之上。

而兄长提乌迪米尔则率领部下越过了萨乌斯河(Saus)[①],用 285
战争威胁萨尔马特人和罗马在当地的占领军,如果他们敢于挡他的道的话。出于恐惧,他们保持静默,不打算和这样强大的力量对抗。提乌迪米尔看到一切进展顺利,于是就向伊利里亚的第一座城市奈苏斯(Naissus)[②]发动了攻击。他委任阿斯塔特(Astat)和因维里亚(Invilia)两位伯爵辅佐自己的儿子提奥多里克,然后派遣他们通过了赫尔库里斯(Herculis)要塞和乌尔皮亚纳城(Ulpiana)[③]。

当他们抵达那里时,这些城镇都和斯托比(Stobi)城[④]一样投 286
降了。就这样,他们在伊利里亚占领了更多的地盘。以往,这些区域都是他们无法进入的,而自此以后就很容易了。他们首先劫掠了埃拉克勒亚(Eraclea)和拉里萨(Larissa)[⑤]这两座塞萨利的城市,按照战争法则,他们后来又加固了它们的城墙。但当提乌迪米尔国王看到他自己和他的儿子所交的好运时,却并不感到满足。他离开奈苏斯城,只在那里留下了少数人负责守卫。他自己向萨洛尼卡进攻,那里正由最高行政长官希拉里亚努斯(Hilarianus)率领一支皇帝的军队守卫着。

---

① 即萨瓦河(Sava)。——原注〔译者按:萨瓦河是多瑙河的一条支流,发源于克罗地亚,经波斯尼亚和塞尔维亚流入多瑙河。〕

② 即尼萨城(Nissa)。——原注〔译者按:尼萨城即今塞尔维亚东南部的尼什城(Nis)。〕

③ 即考斯腾迪尔城(Kostendil)。——原注

④ 即今马其顿的伊斯提伯城(Istib)。——原注

⑤ 原名 Heraclea Phythiotidis 和 Jenischeher,现在都已化为废墟了。——原注

287 当希拉里亚努斯看到萨洛尼卡已被一条壁垒所封锁，而且自己无力抵抗敌人攻击的时候，就向提乌迪米尔国王派去一位使节，依靠赠送的大量礼物，使得这座城市免于破坏。此后，罗马人的领袖与哥特人达成了和解协约，并主动把一些地区赠送给他们以供居住，即策鲁斯(Cerrus)、佩拉斯(Pellas)、欧罗普斯(Europus)、美托聂(Methone)、佩德纳(Pydna)、贝劳阿(Beroea)[①]和另外一个名叫希乌姆(Sium)[②]的城镇。

288 在这里，哥特人和他们的国王放下了武器，开始过和平的生活。不久后，提乌迪米尔在策鲁斯城染上了一种致命的疾病。他因此召哥特人前来开会，宣布传位于自己的儿子提奥多里克，然后便很快去世了。

① 这六座城市均位于马其顿。——原注

② 蒙森怀疑它就是迪奥斯城(Dios)。——原注

57 提奥多里克的即位

泽诺皇帝高兴地获知提奥多里克继位做本民族国王的消息，并给他寄来请柬，邀请他到君士坦丁堡来拜访自己。在这里，皇帝以应有的礼节款待了提奥多里克，并让他加入了宫廷中达官显贵的行列。在一段时间之后，为了增加提奥多里克的荣誉，泽诺皇帝不仅将他收为自己在军事方面的养子①，而且还用自己私人的费用，为他在城内举办了一次凯旋式。提奥多里克又被提升为正式的执政官②，这在世界上是尽人皆知的最高荣誉。这还不够，泽诺又让人在皇宫前展览提奥多里克这位伟人骑着马的图像。 289

当提奥多里克在君士坦丁堡快活地享受着与泽诺帝国结成的如此亲善的关系时，突然听说，他属下的那个民族(像我们前面所讲的那样，居住在伊利里亚)此时的生活既不舒适，也不富裕。他这个人天性就宁愿按照本民族的传统，靠自己的努力寻求生活，也不愿意在族人受苦的时候，独自懒惰地享用罗马帝国的财富。出于这种考虑，他对皇帝说:“虽然我至今尚未为您的帝国出过什么 290

① 此处的拉丁原文是 In arma sibi eum filium adoptativit，意思含糊。泽诺不可能收提奥多里克为自己真正意义上的养子。——原注

② 即公元 484 年的执政官。——原注

力，但如果合适的话，我还是希望陛下能够高兴地听取我心中的愿望。”

291 当提奥多里克的这个要求被皇帝习以为常地同意了的时候，他就说道：“为什么西部地区，那块由你们的祖先长期统治过的土地，以及那座曾经是世界的领袖与主宰的城市，如今都在遭受托西林人和卢吉人暴政统治的压榨？如果你愿意的话，就派我和我的民族到那里去。如果在上帝的帮助下，我取得了胜利的话，你就可以在不付出巨大损失的前提下，把自己虔诚的荣光照射到那里。对你们来说，如果我，你的仆人和儿子，能够战胜并占领那个王国的话，和那个与你们完全不相识的，而且还用匕首对你们的元老院和帝国的一部分地区施加暴政的人相比，这无疑是件更好的事情。因为如果我将来获胜的话，我将遵奉你们传统的仁政，像对待你们赠与我们的礼物那样占有它；而如果我被击败，也无损于你那虔诚的荣光；正相反，这还会节省你们在我们身上所花销的费用。”

292 虽然皇帝为提奥多里克即将离去而感到难过，但为了不让他伤心，所以还是同意了这个要求。通过元老院和罗马帝国政府，皇帝赠与他许多礼品，然后送他走了。[①] 提奥多里克就这样离开帝都，回到他自己的属民中去了[公元 489 年]。在这里，他率领所有与自己意见一致的哥特人，向西部地区进军，取了一条直路，通过

① 这段历史实际上与约达尼斯的叙述全然相反。只是在提奥多里克两次进攻拜占庭帝国并几乎占领了君士坦丁堡的情况下，为了解除东哥特人对首都的威胁，泽诺皇帝才被迫允许他带领部下前往意大利。——原注

潘诺尼亚行省的希尔米乌姆城[①]，进入了维尼提安地区，在所谓的松提乌斯桥(Sontius)[②]边扎下了营寨。

当提奥多里克在那里休息和整顿他的部伍和牲畜之时，奥 293
多阿克派了一支军队来攻击他。提奥多里克起来迎战，在维罗纳(Verona)郊外的一场大战中消灭了这支武装力量。随后，他拔营起寨，比以前更加谨慎地进入了意大利。在越过波河之后，他在皇城拉文纳外扎下了营寨，这里大概离一个叫皮尼塔(Pineta)[③]的地方有三里[④]路远。奥多阿克看见这个情况，便撤进坚固的城墙里去死守。他常常在晚上率领自己的部下出城来骚扰哥特军队，不是一两次，而是很频繁，就这样持续了将近三年之久。

但是奥多阿克这些的努力全然无用，因为整个意大利最后都 294
承认了提奥多里克为它的统治者，而且全国都服从他的旨令。奥多阿克本人和他的少量随从，以及身边的罗马人，每天都在拉文纳城内忍受着饥荒与战争的痛苦[公元493年]。因为已经毫无办法，他只得派使者出城，请求敌人的宽恕。

提奥多里克首先许诺了奥多阿克的要求，但后来却还是要了 295

① 潘诺尼亚的首府，位于萨瓦河北岸，距离米特罗维察(Mitrivica)不远。——原注〔译者按：米特罗维察，即今塞尔维亚西北部的斯雷姆斯卡·米特罗维察(Sremsca Mitrivica)市。〕

② 伊松佐河(Isonzo)上的一座桥梁。——原注

③ 即著名的皮尼亚(Pinia)森林，但那里的树木现在已经全部冻死了。——原注

④ 一罗马里相当于1 000步，约合1 480米，三罗马里约合4 440米。——译注

他的性命。[1] 在进入意大利的第三年里，提奥多里克遵照泽诺皇帝的劝告，放弃了象征帝国臣属的衣饰，以及自己民族的传统服装，改以哥特人和罗马人的国王的身份，开始使用王室的首饰。他向法兰克国王洛多因（Lodoin）[2]派去一个使团，并请求和他的女儿奥德弗里达（Audefleda）结婚。

296 洛多因高兴地把女儿嫁给了提奥多里克，因为他相信，通过这次联姻，他的儿子希尔德伯特（Childebert）、赫尔德伯特（Heldebert）和提乌德伯特（Thiudebert）[3]将会与哥特人结成友好的关系。可是，由于双方经常因高卢地区某些土地的主权归属问题而产生严重的冲突，这个联盟关系对维持和平并没有起过多大的作用。但当提奥多里克活着的时候，哥特人从来没有在法兰克人面前退缩过。

① 根据原籍安条克的历史作家约翰和同时代其他人的记载，提奥多里克本来无法攻陷拉文纳城，在拉文纳主教约翰二世的调停下，他答应与奥多阿克共同分享统治意大利的王权，这才得以入城。但提奥多里克很快反悔，在谈判会议上亲手刺杀了奥多阿克，并处死了他的全家。——译注

② 即克洛维（Clovis）。——原注

③ 实际上，克洛维共有四个儿子，他们的名字分别是：提乌德里克（Theuderic）、克洛塔尔（Chlothar）、希尔德伯特（Childebert）和克洛多梅尔（Chlodomer）。——原注

58 提奥多里克的政权

在提奥多里克与奥德弗里达生育后代以前，也就是当他还在莫伊西亚地区的时候，他的一个小妾就已经生下了两个女儿，其中一个名叫提乌迪哥托(Thiudigoto)，另外一个则叫做奥斯特罗哥托(Ostrogotho)。在提奥多里克来到意大利后不久，他就把这两个女儿分别嫁给了附近的两位国王：前一个嫁给了西哥特国王阿拉里克，后一个则嫁给了勃艮第国王希格蒙德(Sigismund)。 297

阿拉里克的儿子名叫阿马拉里克(Amalaric)，在他还是一个男孩时，就不幸地丧失了双亲。当他正由自己的外祖父提奥多里克照顾并保护的时候，他发现，维特里克(Veteric)的儿子——即贝里蒙德的孙子和托里斯蒙德的重孙——阿马尔家族一位后裔，年轻的欧塔里克，此时正住在西班牙。在青年时代，这个人就已经显出了不凡的智慧和勇气，还拥有无可挑剔的健壮身体。提奥多里克因此邀请他到东哥特人这里来，并且将自己的女儿阿马拉斯文塔嫁给了他。 298

为了更加广泛地扩大自己的贵族家庭，提奥多里克又把自己的妹妹阿马拉弗里达(Amalafrida)——即未来的东哥特国王提奥达哈德(Theodahad)的母亲——送到非洲，嫁给了汪达尔国王特拉萨蒙德为妻。她的女儿，即他自己的侄女阿马拉贝尔伽 299

(Amalaberga),则在他的要求下,与图林根国王赫尔米尼弗里德(Herminefried)结合了。

300 提奥多里克又在自己身边的一流显贵中挑选出了皮萨慕斯(Pitzamus)伯爵[①],并派遣他前去攻打西尔米乌姆城。他将该城的国王,即特劳斯提拉(Thraustila)的儿子塔拉萨里克(Thrasaric)[②]赶了出去,占领了这座城市,还俘虏了国王的母亲。此后,他率领2 000 名步兵和 500 名骑兵,到位于多瑙河和马尔古斯河(Margus)之间的马哥普拉努姆城(Margoplanum)[③]外,来帮助蒙多(Mundo)[④]抵抗与其交战的伊利里亚军阀萨维尼亚努斯(Savinianus),并且击败了伊利里亚的军队。

301 这位蒙多来自过去阿提拉所在的部落,他从格皮德人手中逃脱,流浪于多瑙河对岸荒芜的无人区内。凭借自己在附近地区召集起来的众多劫匪、强盗和谋杀犯的帮助,他在多瑙河岸上占据了一座被称为"赫尔塔"(Herta)的塔楼。在这里,他靠掠夺周围的邻居维持自己粗野的生活,并且被自己属下的这些流浪汉们推举为他们的国王。当他在与伊利里亚军队的战争中陷入不利境地,并由于心情沮丧而几乎要投降的时候,皮萨慕斯及时赶到,把他从萨

① 这个名字不正确,大概是在手抄本中发生的书写错误,因为恩诺迪乌斯(Ennodius)和卡西奥多卢斯都把这个人的名字写作"皮兹亚"(Pitzia)。——原注

② 格皮德国王。——译注

③ 大概是莫伊西亚的马尔古斯城。——原注

④ 拜占庭帝国将领,阿提拉之孙。他的父亲是阿提拉与格皮德王阿尔达里克之妹所生的儿子盖斯姆(Gheism),因此拥有格皮德血统,长期在格皮德王国生活,并自称格皮德人。曾担任查士丁尼大帝的骑兵司令,后来因在君士坦丁堡骚乱中救驾有功,被任命为伊利里亚总督。公元 535 年与其子毛里提乌斯(Mauritius)先后在与东哥特人的战斗中阵亡。"蒙多"在拉丁语里的意思是"世界"、"天空"或"清洁"。——译注

维尼亚努斯的手中救了出来。出于感激之情，他从此臣属于提奥多里克国王。

通过伊巴(Ibba)伯爵指挥的抗击法兰克人的战争，提奥多里 302
克国王在高卢也获取了不少的荣誉，因为超过三万名的法兰克人都在战争中被杀死了。在他的女婿阿拉里克死后，提奥多里克派遣自己的一名卫士提乌迪斯(Thiudis)去西班牙王国，负责保护他的外孙阿马拉里克在那里的统治。但是阿马拉里克在还很年轻的时候，便因为中了计划叛变的法兰克人的圈套，丧失了他的王国和他的生命[公元 531 年]。他的监护人提乌迪斯随即接管了这个国家的政权，并从西班牙出发，雪洗了哥特人因法兰克人可耻的叛变而蒙受的耻辱。此后，他终身统治着西哥特人。

在提乌迪斯之后[公元 548 年]获得了这个王国的提乌迪吉斯 303
克罗萨(Thiudigisclosa)[①]还没有统治多久，便被自己的部下谋杀了[公元 549 年]。他的继承人阿吉尔(Agil)领导这个王国，直至今日。阿塔纳吉德(Athanagild)则起来反抗他的统治，并且还利用了罗马帝国的实力，因为最高行政长官李贝里乌斯(Liberius)与他的军队正在前往那里的途中。提奥多里克终其一生，在整个西部世界中，没有哪个民族不与他结成友好的关系，或是向他臣服的。

① 应为“提乌迪吉斯克鲁斯”(Thiudigisclus)。——原注

59[①] 阿塔拉里克国王

304 当提奥多里克已经年迈，并且预感到自己将会很快离开人世的时候[公元525年]，就把手下的伯爵及其他的贵族们召集到一起，任命他的女儿阿马拉斯文塔的儿子阿塔拉里克，一个当时还不到十岁、但却已经丧失了亲生父亲欧塔里克的男孩，为未来的国王。提奥多里克向他们宣布了自己最后的意愿，要求他们尊敬自己的国王，敬爱元老院和罗马人民，把东部的皇帝看作仅次于上帝的仁慈的朋友。

305 在阿塔拉里克国王和他的母亲活着的时候，这些贵族们一直遵守着先王的这个遗令，因此享有了将近八年之久的和平。但对这个年轻国王的能力没有什么信心的法兰克人却非常地轻视他，并因此准备向他发动战争，他于是把他的父亲和外祖父所占领的高卢地区归还给了他们。而其余的地区，则都被和平而宁静地守卫着。当阿塔拉里克开始接近成年时，他和他的寡母都十分信赖东方的皇帝。但是他很快便不幸地去世了[公元534年]。

306 在深思熟虑之后，阿塔拉里克的母亲为了不让自己所在的哥特贵族家庭遭到削弱，便召来以在托斯卡纳(Tuscany)地区经营农

① 这最后两章的内容可以与普洛科皮乌斯的《哥特战记》相互参照。——原注

场为生的侄子提奥达哈德，并在宫中加冕他为新的东哥特国王。但他全然忘记了与阿马拉斯文塔的血缘关系，很快就把她从拉文纳的宫殿中赶了出去，并放逐到布尔斯尼安湖(Bulsinian)[①]中的一个小岛上。在度过了悲伤的几天之后，她被提奥达哈德的部下勒死在浴室里。[②]

① 位于罗马和泰拉奇纳(Terracina)之间的庞普丁(Pomptin)平原上。——原注

② 根据普洛科皮乌斯在《哥特战记》中的记载，阿马拉斯文塔在政治上属于亲拜占庭派，曾经协助过查士丁尼皇帝征服汪达尔王国，还在国内推行与哥特风俗抵触的罗马法规，因而遭到许多国民的反对；提奥达哈德对柏拉图哲学有研究，不懂军事但性格贪婪。两人之间积怨已久，出于个人私利的考虑，他们争先恐后地向查士丁尼政府卖国求荣。在阿塔拉里克国王病逝后，阿马拉斯文塔被迫将王位授予提奥达哈德，因为后者是阿马尔王族此时仅存的男性后裔。但双方仍然都在密谋除掉对方，提奥达哈德先发制人，逮捕并处决了阿马拉斯文塔。——译注

60　东哥特王国晚期诸王

307　当东罗马帝国皇帝查士丁尼得知这个消息的时候，深感震动，好像这件自己臣属被谋杀的政治阴谋是针对他本人一般。此时，依靠忠实的最高行政长官贝里萨留，他已经在非洲的汪达尔人身上赢得了辉煌的胜利[公元 533 年]。当贝里萨留的武器上还染着汪达尔人的鲜血时，查士丁尼皇帝就毫不迟疑地又派遣这位统帅去攻打哥特人[公元 535 年]。

308　睿智的先见之明使贝里萨留相信，他只有首先占领哥特人的主要粮食产地西西里岛，才能征服这个民族。贝里萨留因此把他的计划付诸实行，当他在特里纳克里亚岛(Trinacria)[①]登陆时，叙拉古城(Syracuse)中的哥特人发现，他们已经无法抵御对手，所以就在他们的司令官辛德里特(Sinderith)的率领下，主动向贝里萨留投降了。当这位罗马统帅占领了西西里岛的时候，得到了这样的情报：提奥达哈德已经派遣他的女婿埃佛蒙德(Evermud)，率领一队军队来到位于坎帕尼亚和西西里岛之间的海峡附近，即汹涌的亚得里亚海水分流进入第勒尼安海湾的地方，以便抵御他。

309　在抵达那里后，埃佛蒙德就在雷吉乌姆城(Rhegium)外扎下

---

① 即西西里岛。——译注

了营寨[公元536年]。但他很快发现,自己部下的状况很糟糕,所以就和少数知情的忠实仆人一起,主动来找胜利者,跪在贝里萨留的脚前,请求为罗马帝国的统治者服务。当哥特军队了解了这个事态的时候,他们便对提奥达哈德产生了怀疑,而且要求将他从王座上赶下台,并推举曾经担任过他的卫兵的将领维提吉斯接替国王的职位。

他们就这么做了,维提吉斯在荒野里被部下拥立为国王。他 310
进入罗马,并派遣一些最忠实的人到拉文纳去,负责杀死提奥达哈德。他们前往那里,并且执行了这项命令。在提奥达哈德国王被谋杀后,一位维提吉斯的信使向罗马人报告说,他的领袖,即那个还在荒野里的人,已经被他的人民推举为国王了。

在此期间,罗马军队已经渡过了海峡,并且向坎帕尼亚进军。311
他们首先毁灭了那不勒斯城(Naples),随即攻入罗马。在他们到达罗马的前几天,维提吉斯已经撤往拉文纳,并在那里与阿马拉斯文塔的女儿,同时也是前国王提奥多里克的孙女马特斯文塔结了婚。当他正在拉文纳的庭院里享受自己的新婚时,皇帝的军队离开了罗马,向托斯卡纳行省的两个要塞发动了进攻[公元536年]。当维提吉斯通过信使得知此事时,就派遣哥特领袖胡尼拉(Hunila),率领一支装备精良的部队,向佩鲁西亚(Perusia)①进发。

可是,当他们正在企图依靠长期的围攻,战胜率领少量兵力守 312
卫该城的马格努斯(Magnus)伯爵时,自己却被一支赶来救援的罗

① 即佩鲁贾城(Perugia)。——原注

马军队击败并彻底消灭了[公元 537 年]。当这个消息传到维提吉斯那里的时候，他愤怒得像一头狮子，调集起所有的哥特军队，从拉文纳出发，打算用长期的围困来向罗马人的堡垒施加压力。但是在十四个月之后，他的勇气消失了[公元 538 年]。他解除了对城市的包围，准备攻击阿里米努姆城(Ariminum)①。但这次行动也以相似的方式宣告失败，他不得不撤回拉文纳城[公元 540 年]。

313 当维提吉斯被包围在那里的时候，他毫不迟疑地带上他的妻子马特斯文塔和王室的宝物，主动出城向胜利者投降了。就这样，查士丁尼皇帝通过他的忠实的执政官贝里萨留，战胜了那众多民族的征服者，如此著名的王国，以及最英勇的民族，他们漫长的统治前后维持了将近两千零三十年之久②。维提吉斯被带到君士坦丁堡，皇帝还授予他最高行政长官的头衔。因为陛下的仁慈，他得以在那里又生活了超过两年的时间，然后才离开人世。

314 皇帝将他的寡妻马特斯文塔嫁给了自己的弟弟，即最高行政长官日耳曼乌斯③。[公元 550 年]在丈夫日耳曼乌斯死后，她生下了一个也同样被称为日耳曼乌斯的儿子。阿尼切皇族和阿马尔王族由此结合在一起，如果上帝保佑的话，它有可能会给两个贵族家庭都带来希望。

---

① 即里米尼城(Rimini)。——原注

② 也就是说，约达尼斯认为，哥特人的历史始于公元前 1490 年的伯里格国王。——原注

③ 如本书第 81 节所说，日耳曼乌斯其实是查士丁尼皇帝的侄子，而不是他的弟弟。——译注

结束语

以上就是对截止到我们这个时代为止，该塔伊人的起源、阿马 315
尔贵族家庭以及这些勇敢的男人成就的描述。这个光荣的家族起源于一位很光荣的君主，而降服于一位英勇的军人，他们的名望在几个世纪里都没有消退；没有，而且人们一直管得胜的查士丁尼皇帝和他的执政官贝里萨留叫作“汪达利库斯”（Vandalicus）、“阿非利加努斯”（Africanus）和“格提库斯”（Geticus）[①]。

阅读过本书的你应当知道，我已经追述了古代的文献，在它们 316
作者宽广的智慧之园里采摘了几朵鲜花，并且尽我个人的能力，给自己编织了一个花环。人们不应该相信，由于我个人也属于上面提到的这个民族，为了有利于它，除了我读到过或体验过的以外，又在书中增添了什么别的内容。即便如此，我也没有采用所有有关他们的文章或传说，因为我并不打算把他们的光辉业绩置于他们的征服者的荣耀之上。

① 意为“汪达尔人的征服者”、“非洲的征服者”以及“该塔伊人（哥特人）的征服者”。——译注

《罗马史》节选

(367—386节)

当提奥多里克国王在意大利去世之后,按照他的规定,他的孙子阿塔拉里克继承了他的王位;但此人当时只是一个8岁的男孩,所以他的母亲阿马拉斯文塔代替他领导政府。那时,被法兰克人长期占据着的高卢领土,也在她的要求下得到了归还。 367

当阿塔拉里克去世之后,他的母亲封她的侄子提奥达哈德为自己的共治者。在这个任命之后不久,她便被杀害了。因为她和她的儿子自很久以前就受到查士丁尼的保护,所以当皇帝听到她死亡的消息时,感到非常痛苦。他决定绝不放任这种罪行不受惩罚,所以就向西方地区派去了曾经征服过布匿人(Puni)[①]、战胜过汪达尔人并且佩戴着象征他本人旨意的徽章,位于所有民族地位之上的那位统帅[②]。 368

在第一次进攻中,贝里萨留占领了西西里岛,哥特将领辛德里特(Sinderith)在那里被战胜了。 369

在平息了迦太基的一次暴动之后,贝里萨留从那里返回了西西里。很快,指挥一支军队前来抵抗他的埃佛蒙德(哥特王提奥达哈德的女婿)因为看到这位常胜的执政官的运气实在太好,便自愿地在那里向他投降了。埃佛蒙德还要求贝里萨留前来援助渴望他的到来的意大利。贝里萨留于是率领一支由战舰和骑兵组成的军队出发,包围了那不勒斯,并在围城数日后的一天夜里,经过通水渠道攻入了这座城市。他击败了城内的哥特人和试图抵抗自己的 370

① 布匿人一般指古迦太基人,此处指在汪达尔王国疆域内生活的各个北非土著民族。——译注

② 即贝里萨留。——译注

罗马人,并且彻底地洗劫了这座城市。

371 当提奥达哈德得知此事的时候,便把他的一位将领维提吉斯晋升到全军地位最高的职位,并派他去抵御贝里萨留。

372 当维提吉斯还没有完全进入坎帕尼亚的荒野之时,出于对提奥达哈德的怀疑,他对自己的军队起了怜悯之心,于是就问他们:“你们打算做什么?”有部下回答说:“消灭那个要用哥特人的衰败和鲜血来偿还自己罪孽的人!”他们于是冲向维提吉斯,众口一词地拥立他做了国王。维提吉斯就这样如愿以偿地戴上了王冠,他随即按照全民的共同意见,派遣一些部下去拉文纳城,让他们在自己返回那里之前处死了提奥达哈德。

373 维提吉斯巩固了统治,终止了所有野战行动,接着就和自己的平民妻子离了婚。然后,他又利用暴力多于爱情的办法,与前国王提奥多里克的孙女马特斯文塔公主结了婚。当他正在拉文纳操办婚礼的时候,贝里萨留在12月9日攻进了罗马城,并且被那里的人民和元老院——他们的名字几乎早已与他们的美德一同进了坟墓——所接纳。他同时还占据了周边城市和地区的几个要塞。

374 在同胡尼拉率领的该塔伊人在佩鲁贾附近的第一次交锋中,贝里萨留打败了对手,杀死了超过七千人,并把敌人的残部一直追击到拉文纳城外。在第二次交锋中,他遭遇了维提吉斯本人。当这位国王正要依靠工事把罗马军队的堡垒围困起来的时候,贝里萨留用火焚毁了他用来攻城的机械和塔楼,并在饥饿的折磨下,与他相持了一年之久。

375 此后,贝里萨留发起反击,把维提吉斯赶到阿里米乌姆,随即又将他追击进拉文纳城并包围起来,最终迫使他在那里投降。和在该塔伊人身上一样,这同一位执政官又在二十多万法兰克大军身上取得了凯旋,他们是在国王提奥德伯特的率领下,入侵意大利的。但因为政府的命令,贝里萨留被迫不情愿地与法兰克人缔结了和平,并放他们毫无损失地离开了意大利。他俘虏了东哥特国王和王后,没收了他们王宫中的所有财宝,并把这些全部转交给了派他前来远征意大利的皇帝陛下。就这样,查士丁尼在很短的时间内,依靠他忠实的执政官,征服了两位国王,以及他们的两个王国。

…… 376

…… 377

……当执政官贝里萨留离开意大利,带着东哥特国王和王后, 378
以及他们王宫中的所有财宝,回去向他的皇帝复命时,居住在波河对岸的利古里亚地区的哥特人就又恢复了他们作战的勇气。他们推举他们当中的赫尔德巴德(Heldebad)[①]为国王,并展开了敌对行动。虽然同时要与好几支军队交战,但哥特人还是占据了上风,并牢牢地掌握住了战争的主导权。新年之后不久,赫尔德巴德被杀死,埃拉里乌斯(Erarius)[②]接替了他的职位。

但还没过一年,埃拉里乌斯也被谋杀了。对于意大利来说, 379
不幸的是,赫尔德巴德的一个侄子巴德维拉(Badvila)[③]在此时戴上了哥特王冠。他毫不迟疑地在埃米利亚地区的法文提亚城

① 即伊尔德巴德。——原注

② 即埃拉里克。——原注(译者按:根据普洛科皮乌斯在《哥特战记》中的记载,埃拉里克原本是位卢吉人的贵族。)

③ 即托提拉(Totila),他在硬币上的名字是“巴德维拉国王”(Badvila Rex)。——原注

(Faventia)[①]附近展开了一场战斗,并战胜了罗马军队。此后不久,巴德维拉与他的下级军官们一起,在图斯奇亚一个名叫穆切利(Mucelli)[②]的地方,通过行贿和甜言蜜语,幸运地赶走了当地的行政官员,并把那里的军队改编成了自己的部下。他随即横扫了包括罗马在内的整个意大利,攻占了所有的城市和要塞,抓获了全体元老,并把他们都调离了原先的工作岗位。在毁灭罗马城之后,巴德维拉返回了坎帕尼亚。

380 贝里萨留被从东方前线调回来抵御哥特人,看到兵力匮乏,他决心重建自己过去留在意大利的整支军队。他攻入拉文纳城,但在那里没有找到很多支持者。由于手中的部队不足以抵御敌军,所以他渡过亚得里亚海,撤往伊庇鲁斯,在那里与约翰(Johannes)和瓦勒里亚努斯(Valerianus)会师。但当他们正在那里争吵的时候,又被叫做巴德维拉的托提拉[③]完成了自己在意大利的敌对工程[④]。贝里萨留不忍心对这样残忍的事件袖手旁观,他率领一支舰队从西西里起锚出港,渡过第勒尼安海,来到罗马城的外港,并在下船之后进入了这座废都。看到罗马城已经惨遭毁灭而且荒无人烟,贝里萨留深感痛心。他立即要求自己的同事们,与他一起重建这座伟大的城市。

① 即法因扎(Faenza)城。——原注

② 即托斯卡纳的穆格罗(Mugello)城。——原注

③ 和“阿提拉”同样,“托提拉”一词在哥特语里也是对父亲的昵称。——译注

④ 即洗劫并拆毁罗马城。在攻占罗马之后,托提拉出于对罗马人的不信任,拆毁了一部分城墙,将全体罗马元老扣押为自己的人质,并命令全体居民离开这座城市,迁移到坎帕尼亚去。罗马城在此后的40天内荒无人烟,直到马丁五世(Martin V)主教组织难民返回故土为止。——译注

当城墙还没有完全建成的时候,贝里萨留听说,托提拉正在逼近这里。但他不为所动,对胜利充满信心地率领一支小部队出城去迎战对手,并且把托提拉打得大败。敌军在溃退时表现得如此慌乱,以至于被台伯河(Tiber)淹没的士兵比死在罗马人剑下的士兵还多。贝里萨留随即告诫自己的军队(在他离开的时候应该怎么做),然后返回西西里去给罗马城调运粮食。他一直驻扎在海峡附近,目的是让此时逗留在坎帕尼亚的托提拉提心吊胆。 381

但在这种情况下,君主们的思想却总还是在不停地起着变化。由于提奥多拉(Theodora)皇后[①]驾崩,贝里萨留被皇帝从西西里前线召回了君士坦丁堡[②]。

贝里萨留撤走之后,托提拉在不受干扰的情况下,以新的怒气向罗马发动了进攻,该城被迫把伊扫尔人(Isauri)[③]交了出来。托提拉又集结了各方面的所有力量,通过援军的协助,攻击并占领了西西里岛。 382

最高行政长官日耳曼乌斯率军前来抵御托提拉,在不久之前,他刚刚按照皇帝的旨意,同前东哥特国王提奥多里克的孙女——也是维提吉斯的寡妻——马特斯文塔结了婚。但他在萨迪卡城 383

① 查士丁尼大帝的皇后。公元500年前后生于君士坦丁堡的一个马戏团动物饲养员家庭,年轻时担任过哑剧演员,公元527年与查士丁尼结婚。为人精明能干,曾数次利用自己的智慧和毅力,把查士丁尼从政治危机中解救出来。公元548年6月28日在君士坦丁堡去世。——译注

② 公元549年,贝里萨留因无法扭转日渐被动的意大利战局,被查士丁尼皇帝解除意大利前线总司令的职务,并召回君士坦丁堡,改由亚美尼亚血统的宦官纳尔塞斯(Narses)指挥哥特战争。此事与提奥多拉皇后的驾崩并无直接关系。——译注

③ 古代居住在小亚细亚的一个民族,包括泽诺在内的多名拜占庭皇帝都出自该民族,约达尼斯在此处指的是罗马城内的拜占庭人。——译注

(Sardica)突然去世,留下了自己怀孕的妻子。在丈夫死后,马特斯文塔生下了一个儿子,也命名他为日耳曼乌斯。托提拉听说了这个好消息,于是立即向罗马人施加压力,并轻松地攻占了几乎整个意大利。

384 ……

385 ……

386 因为皇帝把提奥达哈德妹妹的女儿嫁给了伦巴第国王[①],所以在本方贵族们的领导之下,伦巴第人与罗马人缔结了盟约。在某一天,他们与罗马人的敌人格皮德人开战,并且在一次战役之后便占领了对方所有的领土[②]。在这场战役中,双方阵亡的将士加在一起超过六万人。自从阿提拉的时代以来,在我们这个时代的任何地区内都还从未有过如此惨烈的战斗,除了卡尔卢克(Calluc)将军与格皮德人[③]或蒙多与哥特人[④]进行的那两场战役以外,当时那两位统帅都以同样的方式阵亡了……

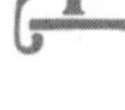

① 即当时的伦巴第国王阿尔伯因(Alboin)的父亲奥多因(Audoin),他当时迎娶了提奥达哈德的妹妹阿马拉伯格(Amalaberge)的女儿罗得林德(Rodelinde)公主。——原注

② 约达尼斯此处的叙述与拜占庭方面的历史记载有明显出入。公元567年,格皮德人的死敌伦巴第国王阿尔伯因联合阿瓦尔人(Avar)的统治者巴颜可汗(Bajan Chagan),一同进攻格皮德人。格皮德国王库尼蒙德(Cunimund)向盟友拜占庭帝国求援,但拜占庭皇帝查士丁二世(Justin Ⅱ)看到敌人力量强大,于是拒绝了对方的援助请求,直接导致了库尼蒙德的战死和格皮德王国的灭亡。约达尼斯的《罗马史》完成于此前16年,而当时伦巴第人与格皮德人之间的长期战争还刚刚开始,尚未分出胜负。——译注

③ 据马克里努斯伯爵的史书记载,此战发生在公元539年,卡尔卢克初战告捷,但后来还是被格皮德人杀死了。——原注

④ 公元535年,蒙多在达尔马提亚被东哥特人击败。——原注

附　　录

1　欧洲民族大迁徙历史年表

时　　间	事　　件
公元前 2 世纪	因为气候和经济原因，日耳曼人离开他们位于斯堪的纳维亚半岛和日德兰半岛的原住地，越过波罗的海，向中欧迁徙。
公元前 113 年	条顿人（Teuton）和辛布里人（Cimbri）越过莱茵河，进入高卢和北意大利。
公元前 105 年	条顿和辛布里联军在阿劳西奥（Arausio）战役中全歼了 8 万罗马军，直接导致了马略（Marius）的军事改革。
公元前 101 年	罗马军队消灭了入侵高卢、意大利的条顿人和辛布里人。
公元前 1 世纪末	哥特人在东欧平原的波罗的海沿岸登陆。
公元前 58—前 53 年	恺撒征服了高卢，并消灭了移居到莱茵河西岸的部分日耳曼人。
公元前 52 年	在日耳曼盟军的帮助下，恺撒成功地镇压了高卢的维钦及托列克斯（Vercingetorix）大暴动。
公元前 12—前 9 年	奥古斯都发动第一次日耳曼远征，前锋德鲁苏斯（Drusus）将军抵达了易北河西岸，并死在那里。马考曼族的领袖马波德（Marbod）率领族人迁徙到中欧地区，在那里建立了历史上的第一个日耳曼王国。
1 世纪	哥特人进入今俄罗斯南部，不久后抵达黑海。
4—6 年	奥古斯都发动第二次日耳曼远征，打败了伦巴第人。

续表

时　间	事　件
9 年	日耳曼尼亚总督瓦卢斯(Varus)的三个罗马军团在条顿堡(Teutoburger)森林战役中被切卢斯克(Cherusci)贵族阿米尼乌斯(Arminius)率领的日耳曼联军歼灭。
14 年	阿米尼乌斯与马波德发生冲突,德鲁苏斯之子日耳曼尼乌斯趁机再次率罗马军入侵日耳曼尼亚。
19 年	马考曼王国由在阿米尼乌斯领导的切卢斯克和哥特等日耳曼民族联军的打击下崩溃,马波德国王逃往罗马帝国避难。
21 年	阿米尼乌斯被亲戚谋杀,切卢斯克族衰亡。
83 年	图密善皇帝开始在莱茵河与多瑙河之间建造长城。
2 世纪下半叶	哥特人击败了汪达尔人,迫使他们向西南迁徙到捷克、斯洛伐克等地。
238 年	哥特人首次入侵多瑙河下游。
251 年	哥特王克尼瓦在阿布里图斯战役中杀死了罗马皇帝德基乌斯。
256—268 年	以哥特人为首的蛮族海军多次入侵罗马帝国的黑海、爱琴海和地中海东部沿岸地区,造成了巨大的破坏。
260 年	阿勒曼人摧毁了罗马帝国在莱茵河与多瑙河之间建造的长城。
268 年	罗马皇帝伽利埃努斯在奈苏斯(Naisus)战役中击败了入侵的哥特军队。
269 年	罗马皇帝克劳狄二世再次在奈苏斯附加歼灭了入侵的哥特军队,并被元老院授予"哥提库斯"(Gothicus,哥特人的征服者)的称号。
270 年	汪达尔人入侵潘诺尼亚行省。
272 年	罗马皇帝奥勒良在多瑙河北岸击溃哥特军队,击毙哥特领袖坎纳鲍德斯(Cannabaudes),并被元老院授予"哥提库斯·马克西穆斯"(Gothicus Maximus,哥特人的伟大征服者)的称号。

续表

时　　间	事　　件
278 年	法兰克人入侵高卢和西班牙。
290 年前后	东哥特人与西哥特人分离，双方的势力范围以德聂斯特河为界。
3 世纪下半叶	阿勒曼人和哥特军队开始进攻罗马帝国，西哥特部落进入达西亚定居。
4 世纪初	基督教传入斯奇提亚，并在哥特人中流行起来。
335 年	东哥特王格贝里克在马里西亚河战役中杀死了汪达尔国王维斯马尔，但未能征服汪达尔人。
341 年	乌尔菲拉主教开始向西哥特人宣讲阿里乌斯教义，他利用希腊字母创造了哥特文，并把《圣经》翻译成这种文字。
348 年	乌尔菲拉主教离开达西亚，改任多瑙河南岸的莫伊西亚地区主教，并负责管理流亡到那里的哥特人。阿里乌斯教开始在东日耳曼人中广泛地传播开来。西哥特人开始迫害基督徒。
350 年前后	埃尔马纳里克就任东哥特国王，并逐步征服了整个斯奇提亚。
350 年	法兰克人入侵莱茵河下游。萨珊国王沙普尔二世在波斯东部与一些可能属于匈人的游牧民族交战。
360 年前后	匈人发现通过亚速海的道路，开始进入斯奇提亚。
363 年	沙普尔二世决定性地击败了入侵的罗马军队，罗马皇帝尤利安(Julianus)阵亡。但由于匈人此时又开始攻击高加索山区，他被迫与罗马帝国和谈，并放罗马军残部撤退。
367—369 年	东罗马帝国皇帝瓦伦斯几度击退入侵的西哥特人，并被元老院授予“哥提库斯”的称号。
369—372 年	西哥特领袖阿塔纳里克在与瓦伦斯皇帝和谈后，再次开始迫害基督徒。
372 年前后	匈人吞并了高加索山脉北麓的阿兰国。

续表

时　间	事　件
374年	匈王巴兰伯向东哥特人发动了进攻。
375年	埃尔马纳里克自杀，东哥特人投降，东哥特王国灭亡。
376年	匈人攻入达西亚，格皮德人投降，西哥特人向罗马帝国请求避难，被瓦伦斯皇帝批准。
377年	匈人与东哥特人、阿兰人结成了“三族联邦”。
378年	西哥特人发动叛乱，在阿德里亚堡战役中杀死了瓦伦斯皇帝。
380年	“三族联邦”的军队开始入侵多瑙河中游和潘诺尼亚北部地区。
381年	阿塔纳里克前往君士坦丁堡，并在那里去世。乌尔菲拉主教退休。
382年	罗马帝国皇帝提奥多西与西哥特人结盟，后者被允许在多瑙河下游建立自己的半独立国家。
383年	乌尔菲拉主教在君士坦丁堡去世。
395年	提奥多西大帝去世，罗马帝国分裂为西罗马帝国和东罗马帝国(拜占庭帝国)。匈人攻占了多瑙河中游平原，大量日耳曼人和萨尔马特人逃进罗马帝国，寻求避难。同时，在巴希克(Basic)和库斯克(Kursic)的率领下，另一支匈人也开始进攻波斯萨珊王国，随即入侵亚美尼亚和叙利亚。在匈人的压力下，西哥特领袖阿拉里克叛离罗马帝国，率部离开多瑙河下游，向南方进军。
396年	阿拉里克进攻希腊，西罗马帝国汪达尔血统的摄政者斯提里科两次击败了他，但又放他撤退。波斯军在两河流域北部击退了匈人。
397年	拜占庭帝国皇帝阿尔卡迪乌斯与阿拉里克结盟，封他为伊利里亚军区总司令。乌尔丁就任匈王。
399年	拜占庭帝国爆发内战，哥特血统的雇佣军司令盖纳斯和特里比吉尔德等人发动叛乱，围攻君士坦丁堡。

续表

时　　间	事　　件
400 年	盖纳斯攻陷了君士坦丁堡，但很快被暴动的市民赶了出去，城内的大批哥特人遭到屠杀。盖纳斯率残部逃往多瑙河北岸，结果被匈王乌尔丁击败并杀死。在匈人的压力下，原先居住在中欧平原上的汪达尔人联合阿兰人等其他民族，向西进军。
401 年	乌尔丁将盖纳斯的首级作为新年礼物送往君士坦丁堡，受到阿尔卡迪乌斯皇帝的嘉奖。阿拉里克开始进攻意大利。
402 年	斯提里科在坡伦提亚战役与维罗纳战役中，两次击败阿拉里克。
403 年	阿拉里克离开意大利，撤往伊利里亚。
405 年	部分东哥特人和其他的日耳曼、凯尔特民族在其领袖拉达盖斯（Radagais）的率领下，从中欧平原出发，入侵潘诺尼亚和意大利。
406 年	斯提里科联合乌尔丁率领的匈人和阿兰人，在佛罗伦萨附近消灭了拉达盖斯率领的蛮族部队。汪达尔和阿兰联军试图渡过由与罗马帝国结盟的法兰克人守卫的莱茵河防线，但多次受挫。法兰克人在突袭中杀死了汪达尔国王高迪吉塞尔（Godigisel），他的长子君德里克继承了汪达尔王位。
407 年	汪达尔、阿兰、苏阿维联军击败法兰克人，攻破莱茵河防线，进入高卢。匈王巴希克和库斯克访问罗马，与西罗马帝国皇帝霍诺留斯和谈并结盟。
408 年	霍诺留斯皇帝处死了斯提里科。西哥特人第一次围困罗马城，不久解围。乌尔丁攻破多瑙河防线，入侵巴尔干。
409 年	乌尔丁撤回潘诺尼亚。汪达尔、阿兰、苏阿维联军在席卷全高卢后，进入西班牙境内。西哥特人第二次围困罗马，逼迫元老院改选阿塔卢斯为西罗马帝国皇帝。

续表

时　　间	事　　件
409/410 年	乌尔丁去世，查拉通(Charaton)[①]和多纳图斯(Donatus)等人担任匈王。罗马军队放弃不列颠岛，退保高卢。
410 年	西哥特人在第三次围城后，于 8 月 20 日攻克罗马。阿拉里克在本年底在意大利南部驾崩，他的妹夫阿塔乌尔夫继承了西哥特王位。
411 年	西罗马帝国默许了汪达尔、阿兰、苏阿维等日耳曼民族对西班牙的瓜分。
412 年	多纳图斯被奥林皮奥多罗斯(Olympiodoros)等罗马使者刺杀，奥克塔就任匈王。阿塔乌尔夫率领西哥特人进入高卢。
413 年	勃艮第人在莱茵河中上游建立起以沃姆斯(Worms)为首都的尼伯龙根王国。
414 年	阿塔乌尔夫和霍诺留斯皇帝的妹妹伽拉·普拉希迪娅结婚。
415 年	阿塔乌尔夫进攻西班牙，在巴塞罗那被部下谋杀。阿塔乌尔夫的弟弟瓦里亚在杀死了篡位的斯格里克后，继承了西哥特王位。
416 年	瓦里亚与霍诺留斯皇帝结盟，释放了伽拉·普拉希迪娅。
418 年	瓦里亚虽然打败了汪达尔人和阿兰人，但未能征服整个西班牙，远征北非也未果，在回到高卢后去世。提奥多里克一世即位，在高卢西部和西班牙北部建立了图卢兹西哥特王国。
420 年前后	蒙德祖克去世。
422 年前后	卢阿就任匈王。
425 年	卢阿率军攻破多瑙河防线，拜占庭帝国皇帝提奥多西二世向他纳贡求和。

续表

时间	事件
428年	君德里克在塞维利亚阵亡，其弟盖瑟里克继任汪达尔国王。
429年	盖瑟里克率汪达尔和阿兰联军穿越直布罗陀海峡，进入北非。
430年	奥克塔去世，勃艮第人趁机摆脱匈人而独立。
434年	卢阿去世，蒙德祖克之子布勒达继任匈王，其弟阿提拉为副王。
435年	布勒达与阿提拉入侵巴尔干，强迫拜占庭帝国签订了《马尔古斯(Margus)条约》。
436年	西罗马帝国将军埃提乌斯联合匈人，消灭了勃艮第尼伯龙根王国。
437年	阿提拉协助埃提乌斯进攻西哥特王国。
439年	汪达尔军攻破阿非利加行省首府伽太基城。埃提乌斯的西哥特战争受挫，副将李托利乌斯在图卢兹城下阵亡。
440年	布勒达率军南下，蹂躏了整个巴尔干地区。
441年	汪达尔舰队利用火攻击败了来犯的拜占庭帝国海军，并占领了撒丁、科西嘉、西西里等地中海岛屿。
442年	拜占庭帝国以重金求得布勒达的撤军。瓦伦提尼安三世与盖瑟里克和谈，承认了他对北非的主权。汪达尔王国成为第一个在前罗马帝国领土上建立的，并被罗马皇帝承认的日耳曼民族国家。
443年	埃提乌斯把残存的勃艮第人迁移到日内瓦湖附近。
445年	布勒达在打猎时突然死去，阿提拉就任匈王。
447年	阿提拉越过多瑙河，兵临君士坦丁堡城下，后因军中流行瘟疫而撤退。
450年前后	盎格鲁人、萨克逊人、朱特人(Jutes)等日耳曼民族入侵并占领了不列颠岛南部，改称这里为英格兰。

续表

时　间	事　件
451 年	匈人及其日耳曼联军企图援救亚美尼亚王国，但无法攻破萨珊军队防守的高加索山口，这一行动宣告失败。与此同时，阿提拉入侵高卢，埃提乌斯联合西哥特等日耳曼民族，在沙隆(也称卡塔洛尼亚或毛里亚西安)会战中打败了阿提拉。西哥特国王提奥多里克一世在此次战役中阵亡，其子托里斯蒙德即位。东哥特王提乌迪米尔生的儿子提奥多里克降生，并被过继给提乌迪米尔的哥哥瓦拉米尔为太子。
452 年	阿提拉入侵意大利，但在教皇利奥一世的劝说下，没有进攻罗马。托里斯蒙德被谋杀，他的弟弟提奥多里克二世就任西哥特国王。
453 年	阿提拉暴卒于匈人设在蒂萨河畔的主营，他的长子埃拉克就任匈王。
454 年	瓦伦提尼安三世在拉文纳刺杀了埃提乌斯将军。
455 年	以格皮德人和东哥特人为首的日耳曼仆从民族发动暴动，在奈道河战役中杀死埃拉克，消灭了匈人帝国，残存的匈人被阿提拉另外两个儿子——邓吉兹克和埃尔纳克瓜分。瓦伦提尼安三世被埃提乌斯的旧部下刺杀。盖瑟里克率领汪达尔海军攻入意大利，洗劫罗马城。
456 年	西哥特人消灭了西班牙北部的苏阿维王国。
459 年	提奥多里克以人质身份赴君士坦丁堡。
460 年	盖瑟里克在桑塔・坡拉(Santa Pola)海战中击败了西罗马帝国舰队。
461 年	勃艮第人占领了高卢西南部地区，建立了勃艮第第二王国。
466 年	提奥多里克二世去世，欧里克继承了西哥特王位。邓吉兹克率领匈人越过多瑙河，进犯色雷斯。

续表

时　　间	事　　件
467 年	东哥特国王瓦拉米尔与斯基尔国王埃迪卡先后在日耳曼民族内战中阵亡。埃迪卡之子奥多阿克率领族人投奔西罗马帝国，被任命为雇佣军司令。
469 年	邓吉兹克被拜占庭帝国将军阿纳伽斯图斯(Anagastus)击败并杀死，其弟埃尔纳克向拜占庭帝国称臣。东哥特国王提乌迪米尔进攻格皮德人，在对方臣服之后，派他们到东哥特王国的西北边境去防守勃艮第人。
471 年	盖瑟里克打败了进犯汪达尔王国的东西罗马帝国联军。提乌迪米尔去世，其子提奥多里克继承了王位。
475 年	阿提拉旧日的顾问奥里斯特斯驱逐了西罗马帝国皇帝·奈波斯，拥立自己的儿子罗慕路斯为帝。欧里克颁布了第一部哥特法典。
476 年	奥多阿克发动兵变，处死奥里斯特斯，逼罗慕路斯退位，自立为意大利国王，西罗马帝国灭亡。
477 年	盖瑟里克去世，其子胡尼里克就任汪达尔国王。
481 年	克洛维就任法兰克国王。
484 年	欧里克去世，其子阿拉里克二世就任西哥特国王。胡尼里克去世，他的侄子君塔蒙德就任汪达尔国王。
486 年	克洛维占领了巴黎城。
488 年	奥多阿克消灭了卢吉王国，残存的卢吉人投奔东哥特人。提奥多里克离开潘诺尼亚，开始进攻意大利王国。
490 年	提奥多里克联合西哥特人，在阿达战役中大破奥多阿克。
491 年	奥多阿克的军队攻占了汪达尔王国的西西里岛。但在提奥多里克的步步紧逼下，他本人被迫逃入拉文纳城。
493 年	奥多阿克向提奥多里克投降，不久被处死，东哥特人统一了意大利和潘诺尼亚。
494 年	阿拉里克二世在西班牙进行扩张战争。

续表

时　间	事　件
496 年	君塔蒙德去世,他的弟弟塔萨蒙德就任汪达尔国王。克洛维摧毁了阿勒曼王国,阿勒曼人残部逃入东哥特王国。
497 年	克洛维在圣诞日受洗为天主教徒。拜占庭帝国承认提奥多里克为意大利的统治者。
500 年	克洛维在迪永战役中打败了勃艮第国王君多巴德。
505 年	拜占庭将领兼达尔马提亚省总督、阿提拉之孙蒙多与其子毛里提乌斯在与东哥特人的战斗中先相继阵亡。
507 年	法兰克人南下攻打西哥特王国,阿拉里克二世在沃勒战役中阵亡,图卢兹西哥特王国灭亡。四万西哥特人被迫放弃高卢中西部,向西班牙撤退。阿拉里克二世的岳父提奥多里克派遣援军,进入高卢南部抵抗法兰克人。勃艮第国王西吉斯蒙德改信天主教。
508 年	占据着今捷克和奥地利北部地区的赫卢利人被伦巴第人吞并。
511 年	提奥多里克兼任了西哥特国王。克洛维在巴黎去世,他的几个儿子瓜分了法兰克王国。
515 年	提奥多里克把女儿阿马拉斯文塔嫁给了西哥特贵族欧塔里克,并立他为东哥特王储。而提奥多里克的外孙,阿拉里克二世的儿子阿马拉里克,则被立为西哥特王储。
522 年	欧塔里克去世。
523 年	提奥多里克进攻勃艮第人。塔萨蒙德去世,胡尼里克之子希尔德里克就任汪达尔国王。
525 年	希尔德里克处死了阿马拉弗里达(提奥多里克的妹妹,同时也是自己前任国王的寡妇)的哥特籍随从人员。提奥多里克建造舰队,准备报复汪达尔人。

续表

时　　间	事　　件
526 年	提奥多里克大王在远征非洲的前夕，病死在拉文纳。阿马拉里克就任西哥特国王，欧塔里克的儿子阿塔拉里克就任东哥特国王，而阿塔拉里克的母亲阿马拉斯文塔则成为东哥特王国实际上的统治者。
529 年	汪达尔军队被摩尔人击败。
530 年	希尔德里克被迫退位给侄子格利默尔。
531 年	法兰克人联合萨克森人，消灭了图林根王国。西哥特国王阿马拉里克在与法兰克人的交战中阵亡，他的监护人提乌迪斯继承了西哥特王位。
533 年	拜占庭帝国皇帝查士丁尼派遣贝里萨留将军攻打汪达尔王国。
534 年	贝里萨留攻占伽太基城，汪达尔王国灭亡。法兰克人消灭了勃艮第第二王国，并征服了拜奥瓦利人。阿塔拉里克去世，阿马拉斯文塔任命自己的侄子提奥达哈德为自己的共治者。
535 年	阿马拉斯文塔被提奥达哈德处死，拜占庭将领、阿提拉之孙蒙多及其子毛里提乌斯在达尔马提亚被入侵的东哥特军队击毙。查士丁尼开始发动“哥特战争”，贝里萨留攻占了西西里岛。
536 年	东哥特军队拥立将领维提吉斯为国王，提奥达哈德被处决。
540 年	维提吉斯在拉文纳向贝里萨留投降，全家被带往君士坦丁堡。意大利的东哥特人乘贝里萨留东征波斯之机，推举伊尔德巴德为国王，再次独立。
541 年	伊尔德巴德战死，继承王位的埃拉里克也在不久后遇害，伊尔德巴德的侄子托提拉被部下拥立为东哥特国王。他很快击败数支拜占庭帝国军队，扭转了战局。维提吉斯在君士坦丁堡去世。
543 年	托提拉攻占那不勒斯。

续表

时　间	事　件
544年	贝里萨留重新西征意大利。
546年	托提拉攻占罗马，将全体居民赶出了这座城市。
547年	西哥特国王提乌迪斯渡过直布罗陀海峡，侵入北非。
548年	提乌迪斯在北非阵亡，提乌迪吉斯克鲁斯继承了西哥特王位。
549年	贝里萨留收复罗马，不久后被查士丁尼召回君士坦丁堡。
550年	托提拉再次攻入罗马，随即又占领西西里岛、撒丁岛和科西嘉岛，并控制了整个意大利。
552年	亚美尼亚血统的宦官纳尔塞斯被查士丁尼任命为意大利战场总司令，他在塔迪奈（Tadinae）战役中杀死托提拉，随即收复了罗马。特亚继承了东哥特王位。突厥人消灭了阿瓦尔[②]王国。
553年	纳尔塞斯在维苏威战役中杀死了特亚，东哥特王国灭亡。汪达尔末代国王格利默尔在流亡中死去。
555年	纳尔塞斯粉碎了哥特人的最后抵抗，就任拜占庭帝国的首任意大利总督。
558年	约两万名阿瓦尔战士趁突厥军队进攻嚈哒王国之机，从中亚逃往东欧平原，并向拜占庭帝国派遣使者，希望与其结盟。克洛维的儿子克洛塔尔重新统一了法兰克王国。
560年	阿尔伯因就任伦巴第国王。
561年	克洛塔尔去世，法兰克王国再次分裂为勃艮第、纽斯特里亚和奥斯特里亚三个王国。
562年	阿瓦尔人入侵法兰克地区，但被击退。
565年	贝里萨留和查士丁尼先后病死在君士坦丁堡。伯颜就任阿瓦尔可汗。伦巴第人和格皮德人之间爆发武装冲突。

续表

时　　间	事　　件
566 年	伯颜可汗西征法兰克人，生擒了奥斯特里亚国王斯吉伯特，随即与后者结盟。
567 年	阿尔伯因联合伯颜可汗，消灭了格皮德王国。纳尔塞斯总督退休。
568 年	阿尔伯因率领伦巴第和格皮德等日耳曼民族联军进入意大利北部，在那里建立了伦巴第第二王国，民族大迁徙时代至此结束。
587 年	西哥特国王雷卡里德(Rekhared)改信天主教。
625 年	西哥特国王苏因提拉(Suinthila)统一了西班牙。
711 年	阿拉伯人卷入了西哥特王位继承战争。新当选的西哥特国王罗德里克在薛雷兹(Xerez)战役中阵亡，他的王国也随之被阿拉伯人吞并。显赫一时的哥特民族自此在历史上衰亡，后来成为西班牙人的主要组成部分之一。

注释：

①“查拉通”一词在古突厥语里的意思是“黑衣人”。

② 通常所说的阿瓦尔人，其实是所谓的“假阿瓦尔人”(Pseudoavar)。据拜占庭历史学家普里斯库斯的记载，在公元 461 年和 465 年之间，一个名叫“阿瓦尔人”的游牧民族曾经向黑海北岸匈人的残部发动过侵略战争，导致了一次小规模的民族迁徙，波及拜占庭帝国边境。“假阿瓦尔人”则是介于突厥和蒙古之间的一个游牧民族，在公元 558 年摆脱突厥人的统治，从中亚逃到东欧。他们自称“阿瓦尔人”，其实与公元 5 世纪的“真阿瓦尔人”有所不同。“假阿瓦尔人”的容貌和习俗都接近匈人，只是在头颅后方留起长发，并系以许多布条，而不是像匈人那样扎着左右两条辫子。据拜占庭史料记载，他们性格贪婪残忍，不守信用。部分学者认为，“真阿瓦尔人”或“假阿瓦尔人”之一可能就是中国史书上提到的柔然。突厥进攻柔然，在公元 553 年农历二月；同年农历十二月，突厥再次攻击柔然，柔然人分头南下，投奔北齐和西魏。公元 555 年农历七月，齐显祖高洋还曾深入到戈壁征讨柔然。同年，应突厥木汗可汗俟斤的要求，西魏丞相宇文泰交出了前来避难的柔然可汗邓叔子以下三千人，听任突厥使者在长安城青门外将他们全部处死。此后，柔然这个民族就在中国历史文献上销声匿迹了。位于多瑙河中游平

原上的阿瓦尔王国自公元567年开始建立，延续了二百多年，至公元796年为查理大帝所灭，自公元822年起不复见于西方史册。

在古突厥语中，阿瓦尔人被叫做 Ουαρχωνιται 或 Varchonitai，即“瓦尔肖尼台人”。按照拜占庭使者的报告，“瓦尔肖尼台人”在被突厥征服的七大中亚民族之中，仅次于哌哒人，排在第二位。“肖尼台人”(Chonitai) 在古突厥语中的意思是“匈奴”，因此该民族也常被称为“瓦尔人”(Var) 或“匈奴人”(Chonitai)。由于突厥人对“假阿瓦尔人”的情况比欧洲人熟悉，所以“瓦尔人”很有可能是这个民族的正确名称。从当时的政治形势来看，他们是北匈奴的后代悦般人的可能性似乎应该更大一些。还有学者认为他们是哌哒人的某个部落，或者铁勒人、乌孙人、塞人(Sake)，甚至女真人。如果假阿瓦尔人(瓦尔人)真是柔然人的话，以当时的民族实力论，其排名无疑应当在哌哒人之前；柔然的统治范围本在蒙古高原周围，古突厥发源地位于他们的西方，柔然人在兵败之后，不向东方逃匿，却居然敢于并且能够穿越突厥领土西迁，实在令人难以置信。总之，真、假阿瓦尔人的来历至今都依然还是难解之谜。在今俄罗斯达吉斯坦共和国境内，还有一个名叫“阿瓦尔”的少数民族，但他们是否和在公元5世纪或6世纪入侵欧洲的那两个民族有亲缘关系，现已难以考证了。

2　阿马尔家族世系表

汉译名	原名	父母	配偶
伽普特	Gapt		
胡尔穆尔	Hulmul	伽普特	
奥吉斯	Augis	胡尔穆尔	
阿马尔	Amal	奥吉斯	
希萨尔尼斯	Hisarnis	阿马尔	
奥斯特罗哥塔	Ostrogotha	希萨尔尼斯	
胡努尔	Hunnuil	奥斯特罗哥塔	
阿塔尔	Athal	胡努尔	
阿奇乌尔夫	Achiulf	阿塔尔	
奥杜乌尔夫	Oduulf	阿塔尔	
安希拉	Ansila	阿奇乌尔夫	
埃迪乌尔夫	Ediulf	阿奇乌尔夫	
乌尔图尔夫	Vultwulf	阿奇乌尔夫	
埃尔马纳里克	Ermanaric	阿奇乌尔夫	
瓦拉阿万斯	Valaravans	乌尔图尔夫	
胡尼蒙德	Hunimund	埃尔马纳里克	
维尼塔里乌斯	Vinitharius	瓦拉阿万斯	
格西蒙德	Gesimund	胡尼蒙德	
托里斯蒙德	Thorismund	胡尼蒙德	
瓦达梅尔卡(女)	Vadamerca	瓦拉阿万斯的孙女	巴拉姆贝尔
汪达拉里乌斯	Vandalarius	维尼塔里乌斯	

续表

汉译名	原名	父母	配偶
安德拉	Andela		
安达吉斯	Andagis	安德拉	
提乌迪米尔	Thiudimer	汪达拉里乌斯	埃尔列娃
瓦拉米尔	Valamir	汪达拉里乌斯	
维迪米尔	Vidimir	汪达拉里乌斯	
贝里蒙德	Beremund	托里斯蒙德	
提奥多里克(大帝)	Theodoric (the Great)	提乌迪米尔与埃尔列娃	奥德弗勒达
阿马拉弗里达(女)	Amalafrida	提乌迪米尔	
维特里克	Veteric	贝里蒙德	
阿马拉斯文塔(女)	Amalasventha	提奥多里克	欧塔里克
欧塔里克	Eutharic	维特里克	阿马拉斯文塔
提奥达哈德	Theodahad	特拉萨蒙德与阿马拉弗里达	
阿塔拉里克	Athalaric	欧塔里克与阿马拉斯文塔	
马特斯文塔(女)	Mathesventha	欧塔里克与阿马拉斯文塔	维提吉斯、日耳曼乌斯
日耳曼乌斯	Germanus	日耳曼乌斯与马特斯文塔	

3　东哥特王室世系表

汉译名	原名	父母	在位期(公元)
阿里亚里克	Ariaric		300？—320？
奥里克	Aoric		320？—330？
格贝里克	Geberic	希德里特	330？—350？
埃尔马纳里克	Ermanaric	阿奇乌尔夫	350？—375
维尼塔里乌斯	Vinitharius	瓦拉阿万斯	375—376
维德里克	Videric	维尼塔里乌斯	376—405？
胡尼蒙德	Hunimund	埃尔马纳里克	376—405？
托里斯蒙德	Thorismund	胡尼蒙德	405？—407？
瓦拉米尔	Valamir	汪达拉里乌斯	447？—467？
提乌迪米尔	Thiudimer	汪达拉里乌斯	467？—471
提奥多里克（大帝）	Theodoric（The Great）	提乌迪米尔	471—526
阿塔拉里克	Athalaric	欧塔里克	526—534
提奥达哈德	Theodahad	特拉萨蒙德与阿马拉弗里达	534—536
维提吉斯	Vitigis		536—540
伊尔德巴德	Ildebad		540—541
埃拉里克	Eraric		541
托提拉	Totila		541—552
特亚	Teja		552—553

4　西哥特王室世系表

汉译名	原名	在位期(公元)
阿塔纳里克	Athanaric	364—381
阿拉维夫	Alaviv	370? —377?
弗里提格	Fritiger	376—380?
阿拉里克	Alaric	391—410
阿塔乌尔夫	Athaulf	410—415
塞格里克	Segeric	415
瓦里亚	Valia	415—418
提奥多里克一世	Theodoric I	418—451
托里斯蒙德	Thorismund	451—453
提奥多里克二世	Theodoric Ⅱ	453—466
欧里克	Euric	466—484
阿拉里克二世	Alaric Ⅱ	484—507
提奥多里克(大帝)	Theodoric (The Great)	511—526
阿马拉里克	Amalaric	526—531
提乌迪斯	Thiudis	531—548
提乌迪吉斯克鲁斯	Thiudigisclus	548—549
阿吉尔	Agil	549—554
阿塔纳吉德	Athanagild	554—567
利奥瓦斯	Leowas	567—573
劳维吉尔德	Leuwigild	568—586
雷卡里德	Rekhared	586—601

续表

汉译名	原名	在位期(公元)
利奥瓦斯二世	Leowas Ⅱ	601—603
维特里克	Vitteric	603—610
君德马尔	Gundemar	610—612
希瑟布特	Sisebut	612—621
苏因提拉	Suinthila	621—632
希森安德	Sisenand	632—636
辛达斯文特	Chindasvinth	642—653
雷克斯文德	Rekeswind	653—672
瓦慕巴	Vamba	672—680
赫尔维希	Herwig	680—687
埃吉卡	Egica	687—702
维提扎	Vitiza	698—710
罗德里克	Roderic	710—711

5　匈王室世系表

汉译名	原名	父母	在位期(公元)
巴兰伯	Balamber		374？—390？
巴希克	Basic		395？—407？
库斯克	Kursic		395？—407？
乌尔丁	Uldin		397—410？
查拉通	Charaton		410？—414？
多纳图斯	Donatus		？—412
奥克塔	Octar	乌尔丁与其第一个妻子？	415？—430
卢阿	Rua	乌尔丁与其第一个妻子？	422？—434
蒙德祖克	Mundzuc	乌尔丁与其第一个妻子？	是否曾在位不详。
奥巴西乌斯	Oebarsius	乌尔丁与其第二个妻子？	不在位。
马马	Mama	乌尔丁与其第三个妻子？	不在位。
阿塔卡姆	Atacam	乌尔丁与其第三个妻子？	不在位。
布勒达	Bleda	蒙德祖克	434—445
阿提拉	Attila	蒙德祖克	434—445（副王），445—453(大王)

续表

汉译名	原名	父母	在位期(公元)
埃拉克	Ellac	阿提拉与克蕾卡(Creca)	453—455
邓吉兹克	Denghizic	阿提拉与克蕾卡	455—469
埃尔纳克	Ernac	阿提拉与蕾卡姆(Recam)	455—469年之后。
埃姆聂德扎	Emnedzar	布勒达?	不在位。
乌岑杜尔	Uzendur	布勒达?	不在位。
盖斯姆	Gheism	阿提拉与格皮德王阿尔达里克之妹	不在位。
阿尔达里乌斯	Aldarius	阿提拉与克里姆希尔德?	不在位,传说人物。
卡哈巴	Khaba	阿提拉与霍诺里娅?	不在位,传说人物。
蒙多	Mundo	盖斯姆	拜占庭将领兼总督。
毛里提乌斯	Mauritius	蒙多	拜占庭将领。

6 罗马皇帝世系表

汉译名	原名	在位期(公元)
屋大维	Octavian	公元前 27 年 1 月 16 日—公元 14 年 8 月 19 日
提比略	Tiberius	14 年 8 月 19 日—37 年 3 月 16 日
卡里古拉	Caligula	37 年 3 月 18 日—41 年 1 月 24 日
克劳狄	Claudius	41 年 1 月 24 日—54 年 10 月 13 日
尼禄	Nero	54 年 10 月 13 日—68 年 6 月 9 日
伽尔巴	Galba	68 年 6 月 8 日—69 年 1 月 15 日
奥托	Otho	69 年 1 月 15 日—69 年 4 月 16 日
维特里乌斯	Vitellius	69 年 4 月 19 日—69 年 12 月 20 日
韦斯巴芗	Vespasian	69 年 7 月 1 日—79 年 6 月 23 日
提图斯	Titus	79 年 6 月 24 日—81 年 9 月 13 日
图密善	Domitian	81 年 9 月 14 日—96 年 9 月 18 日
涅尔瓦	Nerva	96 年 9 月 18 日—98 年 1 月 28 日
图拉真	Trajan	98 年 1 月 28 日—117 年 8 月 7 日
哈德良	Hadrian	117 年 8 月 11 日—138 年 7 月 10 日
安东尼·皮乌斯	Antoninus Pius	138 年 7 月 10 日—161 年 3 月 7 日
马尔库斯·奥雷利乌斯·安东尼	Marcus Aurelius Antonius	161 年 3 月 7 日—180 年 3 月 17 日
康茂德	Commodus	180 年 3 月 17 日—192 年 12 月 31 日
佩提那克斯	Pertinax	193 年 1 月 1 日—193 年 3 月 28 日
狄狄乌斯·尤利亚努斯	Didius Julianus	193 年 3 月 28 日—193 年 6 月 1 日

续表

汉译名	原名	在位期(公元)
塞普提米乌斯·塞维鲁	Septimius Serverus	193 年 4 月 9 日—211 年 2 月 4 日
卡拉卡拉	Caracalla	211 年 2 月 4 日—217 年 4 月 8 日
格塔	Geta	211 年 2 月 4 日—211 年 12 月/212 年 1 月
马克里努斯	Macrinus	217 年 4 月 11 日—218 年 6 月
埃拉伽巴卢斯	Elagabalus	218 年 5 月 16 日—222 年 3 月 11 日
亚历山大·塞维鲁	Alexander Serverus	222 年 3 月 11 日—235 年 3 月
马克西明(色雷斯人)	Maximinus Thrax	235 年 3 月—238 年 4 月
高迪安一世	Gordian I	238 年 3 月 19 日—238 年 4 月 9 日
高迪安二世	Gordian Ⅱ	238 年 3 月 19 日—238 年 4 月 9 日
普皮埃努斯	Pupienus	238 年 4 月—238 年 7 月
巴尔比努斯	Balbinus	238 年 4 月—238 年 7 月
高迪安三世	Gordian Ⅲ	238 年 7 月—244 年 2 月
菲利普(阿拉伯人)	Philippus Arabs	244 年 2 月—249 年 9 月
德基乌斯	Decius	249 年 9 月—251 年 6 月
伽卢斯	Gallus	251 年 6 月—253 年 8 月
埃米利亚努斯	Aemilianus	253 年 8 月—253 年 10 月
瓦勒良	Valerianus	253 年 9 月—260 年 6 月
伽利埃努斯	Gallienus	253 年 10 月—268 年 8 月
克劳狄二世·哥提库斯	Claudius Ⅱ Gothicus	268 年 9 月—270 年 1 月
奎因提卢斯	Quintillus	270 年 1 月—270 年 4 月
奥勒良	Aurelian	270 年 4 月—275 年 10 月
塔西佗	Tacitus	275 年 10 月—276 年 4 月
弗洛里亚努斯	Florianus	276 年 4 月—276 年 6 月
普罗布斯	Probus	276 年 7 月 282 年 9 月

续表

汉译名	原名	在位期(公元)
卡鲁斯	Carus	282 年 9 月—283 年 8 月
努梅里亚努斯(东部皇帝)	Numerianus	283 年 8 月—284 年 11 月
卡里努斯(西部皇帝)	Carinus	283 年 8 月—285 年 6 月/7 月
戴克里先(东部皇帝)	Diocletian	284 年 11 月 20 日—305 年 5 月 1 日
马克西米安(西部皇帝)	Maximian	286 年 4 月 1 日—305 年 5 月 1 日
君士坦提乌斯·克洛卢斯(西部皇帝)	Constantius Chlorus	305 年 5 月 1 日—306 年 7 月 25 日
伽勒里乌斯(东部皇帝)	Galerius	305 年 5 月 1 日—311 年 5 月
塞维鲁二世(西部皇帝)	Severus Ⅱ	306 年 8 月—307 年 4 月
马克森提乌斯(西部皇帝)	Maxentius	306 年 10 月 28 日—312 年 10 月 28 日
马克西明·代亚(东部皇帝)	Maximinus Daia	310 年 5 月 1 日—313 年 7 月/8 月
李锡尼(东部皇帝)	Licinius	308 年 11 月 11 日—324 年 12 月 19 日
君士坦丁	Constantin	307 年 7 月 25 日—337 年 5 月 22 日
君士坦丁二世(东北部皇帝)	Constantin Ⅱ	337 年 9 月 9 日—340 年 4 月
君士坦斯(西北部皇帝)	Constans	337 年 9 月 9 日—350 年 1 月/2 月
君士坦提乌斯(东部皇帝)	Constantius	337 年 9 月 9 日—361 年 11 月 3 日
尤利安	Julian	360 年—363 年 6 月 26 日

续表

汉译名	原名	在位期(公元)
约维安	Jovian	363 年 6 月 26 日—364 年 2 月 17 日
瓦伦提尼安(西部皇帝)	Valentinian	364 年 2 月 17 日—375 年 11 月 17 日
瓦伦斯(东部皇帝)	Valens	364 年 3 月 28 日—378 年 8 月 9 日
格拉提安(西部皇帝)	Gratian	375 年 11 月 17 日—384 年 8 月 25 日
瓦伦提尼安二世(西部皇帝)	Valentinian Ⅱ	375 年 11 月 22 日—392 年 5 月 15 日
提奥多西	Theodosius	379 年—395 年 1 月 17 日

7　西罗马皇帝世系表

汉译名	原名	在位期(公元)
霍诺留斯	Honorius	395年1月23日—423年8月15日
君士坦提乌斯三世（共治者）	Constantius Ⅲ	421年2月8日—421年9月2日
约翰	Johannes	423年11月20日—425年5月
瓦伦提尼安三世	Valentinian Ⅲ	425年10月23日—455年3月16日
佩特罗尼乌斯·马克西穆斯	Petronius Maximus	455年3月17日—5月22日
阿维图斯	Avitus	455年7月9日—456年10月18日
马约里安	Mariorianus	457年2月18日—461年8月2日
利比乌斯·塞维鲁	Libius Severus	461年11月19日—465年9月25日
安特米乌斯	Anthemius	467年4月12日—472年7月11日
奥林布里乌斯	Olybrius	472年4月—11月2日
格吕策里乌斯	Glycerius	473年3月3日—474年6月18日
奈波斯	Nepos	474年6月19日—475年8月28日
罗慕路斯·奥古斯图鲁斯	Romulus Augustulus	475年10月31日—476年9月4日

8　拜占庭皇帝世系表

（截至公元 578 年）

汉译名	原名	在位期(公元)
阿尔卡迪乌斯	Arcadius	395 年 1 月 16 日—408 年 5 月 1 日
提奥多西二世(共治者)	Theodosius Ⅱ	402 年 1 月 10 日—450 年 7 月 28 日
马尔西安	Marcianos	450 年 8 月 25 日—457 年 1 月
利奥一世	Leon Ⅰ	457 年 2 月 7 日—474 年 1 月 18 日
泽诺	Zeno	474 年 2 月 9 日—491 年 4 月 9 日
阿纳斯塔修斯一世	Anastasius Ⅰ	491 年 4 月 11 日—518 年 7 月 1 日
查士丁一世	Justin Ⅰ	518 年 7 月 9 日—527 年 8 月 1 日
查士丁尼	Justinian Ⅰ	527 年 8 月 1 日—565 年 11 月 14 日
查士丁二世	Justin Ⅱ	565 年 11 月 15 日—578 年 10 月 5 日

9 参考书目

希罗多德:《历史》

Herodot, *Historiae*

塔西佗:《日耳曼尼亚志》

Tacitus, *De origine et situ Germanorum*

普里斯库斯:《拜占庭史集》

Priscus, *Corpus Scriptorium Historiae Byzantinae*

阿米亚努斯·马克里努斯:《罗马史》

Ammianus Marcellinus, *Rerum gestarum libri*

普罗斯培·提罗:《高卢编年史》

Prosper Tiro, *Chronica Gallica*

普洛科皮乌斯:《战争史》

Procopius, *History of the Wars*

爱德华·吉本:《罗马帝国衰亡史》

Edward Gibbon, *The Decline and Fall of the Roman Empire*

提奥多·蒙森:《罗马史》

Theodor Mommsen, *Roemische Geschichte*

赫尔维希·沃尔弗兰:《哥特人》

Herwig Wolfram, *Die Goten*

弗朗兹·阿特海姆:《匈人史》

Franz Altheim, *Geschichte der Hunnen*

汤普森:《阿提拉与匈人的历史》

E. A. Thompson, *A History of Attila and the Huns*

麦辛·海尔芬:《匈人的世界》

Otto J. Maenchen-Helfen, *The World of the Huns*

伊斯特万·博纳:《匈人的国度》

Istvan Bona, *Das Hunnenreich*

10　名词索引

原名	汉译名	解释	所在段落
A			
Ababa	阿芭芭	马克西明皇帝的阿兰族母亲	83
Ablabius	阿布拉比乌斯	历史作家	28,82,117
Abraxes	阿布拉克塞斯河	中亚地区的一条河流	61
Abrittus	阿布里图斯	莫伊西亚行省的一座城镇	103
Acatziri	阿卡泽里人	斯奇提亚的一个民族	36
Achiulf	阿奇乌尔夫	哥特贵族,阿马尔家族成员	79
Achaia	亚该亚	古希腊地区	140
Achilles	阿基琉斯	古希腊传说中的英雄	60
Achilles	阿基琉斯	埃及独立运动的领导人	110
Achilles	阿基琉斯岛	斯奇提亚的一个岛屿	46
Adogit	阿多吉特人	斯堪德扎岛上的一个日耳曼民族	19
Adrianople	阿德里亚堡	色雷斯行省的一座城镇	138
Adriatic sea	亚得里亚海	意大利和希腊之间的海洋	156,219,308,380

续表

原名	汉译名	解释	所在段落
Aegyptus	埃及	东北非古王国，后来成为罗马帝国的一个行省	47,104
Aemilia	埃米利亚	意大利北部的一个省份	155,160,379
Aeolia	伊奥利亚	希腊化的小亚细亚地区	51
Aeragnaricii	埃拉格纳里克人	斯堪德扎岛上的一个日耳曼民族	23
Aesti	埃斯特人	斯堪德扎岛上的一个日耳曼民族	36,120
Aetius	埃提乌斯	西罗马帝国将领	176,191,195,196,197,209,212,215,216
Africa	阿非利加	旧大陆之一，也指罗马帝国在西北非地区的一个行省	4，110，156，157，167,169,172,173,235,299,307
Africanus	阿非利加努斯	查士丁尼皇帝和贝里萨留因征服北非而获得的荣誉头衔	315
Agamemnon	阿伽门农	指挥特洛伊战争的古希腊国王	108
Agil	阿吉尔	西哥特国王，阿马尔家族成员	303
Agrippa Oppius Sabinus	阿格里帕・奥皮乌斯・萨比努斯	罗马帝国总督	76
Agriwulf	阿格里乌尔夫	提奥多里克的家臣	233
Ahelmil	阿赫米尔人	斯堪德扎岛上的一个日耳曼民族	22
Ajax	阿贾克斯	古希腊传说中的英雄	60
Alamannia	阿拉曼尼亚	日耳曼尼亚西南部的高原	75

续表

原名	汉译名	解释	所在段落
Alemanian	阿勒曼人	居住在阿拉曼尼亚的日耳曼民族	281
Alan	阿兰人	居住在东欧的古波斯民族	83,126,161,194,197,205,210,226,227,228,236,261,265
Alanoviiamuthis	阿拉诺维亚慕提斯	约达尼斯的祖父	266
Alaric	阿拉里克	苏阿维国王	277
Alaric	阿拉里克	西哥特国王，攻占了罗马	146,147,153,156,157,158,164,222,245
Alaric Ⅱ	阿拉里克二世	西哥特国王	245,297,298,302
Alatheus	阿拉特乌斯	西哥特公爵	134,140
Albani	阿尔巴尼人	高加索山区民族	30
Albania	阿尔巴尼亚	阿尔巴尼人居住的地区	31
Alcildzuri	阿尔齐德祖尔人	被匈人征服的斯奇提亚民族，后被视为匈人的一个部落	126
Alexander Severus	亚历山大·塞维鲁	罗马皇帝	83,88
Alexander (The Great)	亚历山大(大帝)	马其顿国王	50,57,65,66,116
Alexandria	亚历山大里亚	埃及行省的首府	104,110
Alis	阿里斯河	即哈吕斯河，小亚细亚中部的河流	51
Almus	阿尔慕斯	临岸达西亚行省的城镇	266
Alps	阿尔卑斯山脉	意大利北部的山脉	102,281
Aluta	阿卢塔河	中欧的一条河流	75

续表

原名	汉译名	解释	所在段落
Altziagiri	阿尔兹亚吉尔人	被匈人征服的斯奇提亚民族，后被视为匈人的一个部落	37
Amal	阿马尔家族	哥特王室家族	42，79，81，116，146，174，199，246，252，270，298
Amal	阿马尔	阿马尔家族的创始者	79
Amalaberga	阿马拉贝尔伽	阿马拉弗里达的女儿，图林根国王赫尔米尼弗里德的妻子	299
Amalafrida	阿马拉弗里达	提奥多里克大王的妹妹，汪达尔国王特拉萨蒙德的妻子	299
Amalaric	阿马拉里克	阿拉里克二世的儿子	298，302
Amalasventha	阿马拉斯文塔	提奥多里克大王的女儿，欧塔里克的妻子	298，304，306
Amazon	亚马孙人	古代西亚的母系氏族	44，51，55，57，107
Ambuleian	阿姆布莱	意大利维尼提亚省的原野	223
Ammius	阿米乌斯	罗索蒙人，苏尼尔达的兄弟，刺杀东哥特国王埃尔马纳里克的凶手	129
Anchialos	安夏罗斯	色雷斯行省的一座城镇	108，109
Andagis	安达吉斯	为阿提拉效力的东哥特军人，在沙隆战役中击毙了西哥特国王提奥多里克	209，266

续表

原名	汉译名	解释	所在段落
Andela	安德拉	阿马尔家族成员，安达吉斯之父	266
Anicier	阿尼切家族	拜占庭帝国皇族	314
Angisciri	安吉斯基尔人	匈人的一个部落	272
Ansila	安希拉	阿马尔家族成员，阿奇乌尔夫之子	79
Ansis	安希斯	哥特语中的“半神半人”	78
Ante	安特人	古斯拉夫民族	34,35,119,247
Anthemius	安特米乌斯	西罗马皇帝	236,237,239
Antiochia	安条克	叙利亚行省的首府	138
Antonius Caracala	安东尼·卡拉卡拉	罗马皇帝	87,88
Antonius Serverus Elagabalus	安东尼·塞维鲁·埃拉伽巴卢斯	罗马皇帝	88
Antyrus	安提卢斯	哥特国王	63
Aoric	奥里克	哥特国王	112
Apennine	亚平宁山脉	意大利中部山脉	156
Aqua Nigra	黑水河	伊利里亚行省的一条河流	268
Aquileia	阿奎利亚	维尼提亚省的首府	88,219,221
Arcadiopolis	阿尔卡迪奥波利斯	色雷斯行省的一座城镇	66
Ardabures	阿达布尔斯	罗马执政官	166
Ardabures	阿达布尔斯	阿斯帕之子	239
Ardaric	阿尔达里克	格皮德国王，指挥日耳曼联军击败了匈王埃拉克	199,200,260,262,263
Arelatum	阿里拉图	高卢行省的一座城镇	165,244

续表

原名	汉译名	解释	所在段落
Areverna	阿尔维纳	高卢行省的一座城镇	238,240
Argaith	阿盖图斯	东哥特将领	92
Arian	阿里乌斯教徒	基督教的早期异端教派成员	132
Ariaric	阿里亚里克	哥特王	112
Ariminum	阿里米努姆	意大利的一座城镇	312,375
Armenia	亚美尼亚	中东古王国	42,51,55
Armenian	亚美尼亚人	居住在亚美尼亚的土著民族	55
Armorician	阿莫里西安人	古日耳曼民族	191
Arochi	阿罗奇人	斯堪德扎岛上的一个日耳曼民族	24
Aroxolani	阿罗克索兰人	东欧古民族,可能是阿兰人的一个部落	74,75
Ascalc	阿斯卡尔克	西哥特军官,刺杀了托里斯蒙德国王	228
Asdingi	阿斯丁家族	汪达尔王室家族	113
Ascon	阿斯空盆地	拉文纳城北的平原	149
Asdingi	阿斯丁人	汪达尔人中地位最高的部落	91,113
Asia	亚细亚	旧大陆之一,也指罗马帝国在小亚细亚地区的一个行省	4,30,32,37,45,47,48,50,51,52,61,107,108
Aspar	阿斯帕	有阿兰和哥特血统的拜占庭帝国将领	239
Astat	阿斯塔特	东哥特伯爵,提奥多里克大王的辅政大臣	285
Asturia	阿斯图里亚	罗马帝国在中欧的一个行省	231

续表

原名	汉译名	解释	所在段落
Athal	阿塔尔	阿马尔家族成员，胡努尔之子	79
Athalaric	阿塔纳里克	西哥特国王	142,145
Athalaric	阿塔拉里克	东哥特国王，提奥多里克大王的外孙，阿马拉斯文塔的儿子	80, 81, 251, 304, 305,367,368
Athanagild	阿塔纳吉德	西哥特国王	303
Athaul	阿陶尔人	一个居住在斯奇提亚的芬人部落	116
Athawulf	阿塔乌尔夫	西哥特国王	158,162,164,166
Athen	雅典	希腊城镇	66
Attila	阿提拉	匈王	178,179,180,183, 185,189,194,195, 196,198,199,200, 201,206,209,210, 212,213,218,219, 220,224,225,226, 227,253,254,255, 257,259,260,261, 262,268,272,301, 386
Audefleda	奥德弗里达	法兰克国王克洛维的女儿，提奥多里克大王的妻子	295,297
Augandzi	奥甘迪兹人	斯堪德扎岛上的一个日耳曼民族	24
Auge	奥格	大力神赫尔库勒斯的妻子，哥特王特勒福斯的母亲	59

续表

原名	汉译名	解释	所在段落
Augis	奥吉斯	阿马尔家族成员，胡尔穆尔之子	79
Augustulus Romulus	罗慕路斯·奥古斯图鲁斯	西罗马帝国的末代皇帝	241,242,243
Augustus Octavianus	奥古斯都·屋大维	罗马帝国的开国皇帝	150,243
Auha	奥哈河	中欧地区的一条河流	99
Avitus	阿维图斯	西罗马帝国皇帝	240
Aureliana	奥尔良	高卢行省的一座城镇	194
Aurelianus	奥勒良	罗马执政官	147
Austrogonia	奥斯特罗戈尼亚	西班牙东部地区的古名	230
B			
Babai	巴拜	萨尔马特人的国王	277
Babylon	巴比伦	亚历山大大王驾崩的城市	66
Badvila	巴德维拉	即托提拉，东哥特国王	379,380
Baiovarii	拜奥瓦利人	居住在多瑙河上游的日耳曼民族	280
Balamber	巴兰伯	匈王	130,248,249
Baleares	巴利阿里群岛	地中海上的群岛，位于西班牙东方	8
Balthi	巴尔特	西哥特王室家族	42,146
Barcelona	巴塞罗那	西班牙东部海港城镇	163
Bardore	巴多尔人	匈人的一个部落	272
Bassiana	巴西亚纳	潘诺尼亚行省的一座城镇	272
Basternae	巴斯特人	达西亚北部的民族	74
Beata	祝福岛	离伽德斯海峡不远的一座岛屿	7

续表

原名	汉译名	解释	所在段落
Baza	巴扎	东哥特将领,也叫君提吉斯	266
Belisarius	贝里萨留	拜占庭帝国统帅兼执政官	81,171,307,308,309,313,315,370,371,373,378,380,382
Beorgus	贝奥古斯	阿兰国王	236
Beremund	贝里蒙德	阿马尔家族成员,托里斯蒙德之子	81,174,175,251,298
Bergio	贝尔吉奥人	斯堪德扎岛上的一个日耳曼民族	22
Berig	伯里格	哥特国王	25,26,94
Berimund	贝里蒙德	阿马尔家族成员,托里斯蒙德之子	81,174,175,251,298
Beroea	贝劳阿	马其顿行省的一座城镇	287
Beroa	贝罗阿	色雷斯行省的一座城镇	102
Bessa	贝萨	萨尔马特贵族	265
Bessi	贝西人	多瑙河畔的一个民族	75
Beuca	保卡	萨尔马特国王	277
Bithynia	比提尼亚	小亚细亚西北部地区	107
Bittugure	比图古尔人	匈人的一个部落	272
Bizzis	比兹斯	色雷斯行省的一座城镇	266
Beturigas	比图里伽斯	西班牙的一座城镇	237
Bleda	布勒达	匈王,阿提拉之兄	180,181
Bliwila	波利维拉	彭塔堡公爵	265
Boisci	波伊斯克人	匈人的一个部落	126
Bolia	波里亚河	潘诺尼亚行省的一条河流	277
Bonifatius	波尼法提乌斯	西罗马帝国将领	167,169

续表

原名	汉译名	解释	所在段落
Borysthenis	伯里斯特尼斯	黑海沿岸的一座城镇	32
Bosphorus	博斯普鲁斯	君士坦丁堡城外的海峡，将亚洲和欧洲分离开来	30，45
Boutae	保台	达西亚行省的一座城镇	74
Boz	博兹	安特国王	247
Bracilas	布拉奇拉斯	西罗马帝国伯爵	243
Britania	不列颠岛	高卢附近的岛屿	10，15，38
Brittone	布立吞人	不列颠岛上的土著民族，后来侵入高卢西北部	237，238
Bruttia	布鲁提娅	统治布鲁提尔地区的女王	156
Bubegenae	布伯格奈人	居住在斯奇提亚的一个土著民族	116
Bulgare	保加利亚人	居住在黑海北岸的一个土著民族	37
Burgundian	勃艮第人	中欧地区的日耳曼民族	97，161，191，231，244，280，297
Bulsinian	布尔斯尼安湖	意大利中部的一个湖泊	306
Burvista	波维斯塔	哥特国王	67
Busentus	布森提努斯河	意大利南部的一条河流	158
Byzantium	拜占庭	即君士坦丁堡，东罗马帝国（拜占庭帝国）的首都	63
C			
Caesar，Julius	尤利乌斯・恺撒	罗马共和国的统帅和独裁者	10，68

续表

原名	汉译名	解释	所在段落
Caesarea	恺撒里亚	拉文纳城靠近海洋的市区	151
Caledonia	喀里多尼亚	苏格兰的古名	13
Caledonian	喀里多尼亚人	苏格兰的土著民族	14
Callipidae	卡里皮达伊	希腊人在黑海北岸建造的城镇	46
Callipolis	卡里波利斯	黑海北岸的一个城镇	32
Calluc	卡尔卢克	拜占庭将领，曾经与格皮德人交战	386
Cambyses	冈比西斯河	斯奇提亚东部的一条河流	54
Campania	坎帕尼亚	意大利中部省份	156,242,308,311,372,379,381
Camundus	卡蒙杜斯	罗马将军	282
Candac	康达克	阿兰贵族	265,266
Candidianus	坎迪第阿努斯河	即坎迪亚诺河	147
Carpi	卡尔皮人	斯奇提亚地区的一个土著民族	91
Caspian Gate	里海之门	高加索山区的一个山口	50,55
Caspian Sea	里海	中亚与东欧之间的咸水湖	30,31,45,54
Catramartena	卡斯特拉马尔提纳城	多瑙河南岸的一座城堡	265
Cassandra	卡珊德拉	古希腊传说中的女预言家	60
Cassiodorus	卡西奥多卢斯	罗马元老和历史作家	引言
Castalius	卡斯塔里乌斯	神职人员，约达尼斯的朋友	1

续表

原名	汉译名	解释	所在段落
Castra	卡斯特拉山脉	帕提亚人对高加索山脉的称呼	55
Catalaunian Plains	卡塔洛尼亚平原	沙隆城附近的原野	192,197,218,227
Castramartena	卡斯特拉马尔提纳城	伊利里亚行省的一座城镇	265
Caucasus	高加索山脉	东欧与西亚之间的山脉	30,50,52,55
Celtic	凯尔特人	古代居住在中欧和西欧的土著民族	191
Cemandri	泽曼德里人	萨尔马特人的一个部落	265
Cerrus	策鲁斯	马其顿地区的一座城镇	287,288
Chalceton	查尔西顿	小亚细亚西北部的一座城镇	63,107
Chersona	切尔索纳	黑海北岸的一个城镇	32
Childbert	希尔德伯特	法兰克国王克洛维的儿子	296
Chrinni	克林尼人	斯奇提亚东部的土著民族	45
Cilicia	西里西亚	小亚细亚东南部沿海地区	51,55
Classis	克拉西斯	拉文纳城的市区	151
Clovis	克洛维	法兰克国王，又名洛多因	295
Claudius Ptolemaeus	克劳迪乌斯·托勒密	罗马地理学家	16,19
Cniva	克尼瓦	哥特国王	101,102,103
Codan Gulf	科丹湾	北欧地区的一个海湾	17
Coldae	考尔代人	斯奇提亚地区的一个土著民族	116

续表

原名	汉译名	解释	所在段落
Comosicus	科莫西库斯	为哥特人服务的希腊学者	72
Consentia	康森提亚	布森提努斯河流域的一座城镇	158
Constans	君士坦斯	罗马皇帝	165
Constantinople	君士坦丁堡	即拜占庭，东罗马帝国首都	引言，81，142，171，176，239，251，271，281，313
Constantinus I (Constantin the Great)	君士坦丁一世（大帝）	罗马皇帝	89，111，115，145
Constantinus Ⅲ	君士坦丁三世	篡夺西罗马帝位失败的将领	165
Constantius Ⅲ	君士坦提乌斯三世	西罗马皇帝	164，165
Corcyra	科西拉	希腊西北部的一座岛屿	149
Cornelius Avitus	科涅利乌斯·阿维图斯	组织修复查尔西顿城的罗马人	107
Cornelius Tacitus	科涅利乌斯·塔西陀	古罗马历史作家	13
Coryllus	考于卢斯	哥特王	74
Cottian	考提安山脉	意大利西北部山脉，阿尔卑斯山脉的一条支脉	154
Croton	克罗顿	约达尼斯担任主教的城镇	引言
Cyclades	曲克拉德斯	岛屿名	4
Cyprian	塞浦里安	主教兼殉道士，著有《论死亡》	104
Cyrus	居鲁士	波斯国王	61，62

续表

原名	汉译名	解释	所在段落
Cyrus	居鲁士河	斯奇提亚东部的一条河流	54
D			
Dacia	达西亚	位于多瑙河下游的罗马帝国行省	34,38,39,73,74,266
Dacia Ripensis	临岸达西亚	多瑙河下游南岸的罗马帝国行省	133,138,266
Dalmatia	达尔马提亚	位于巴尔干半岛西北部的罗马帝国行省	149,241,264,273,274
Danaper	达纳伯河	第聂伯河的古名	30,35,44,46,469
Danaster	达纳斯特河	德聂斯特河的中游	30,35
Dani	丹人	斯堪德扎岛上的一个日耳曼民族	23
Danube	多瑙河	从中欧地区流入黑海的河流	31,33,59,63,74,75,76,77,83,90,91, 92, 114, 133,137,223,264,275,280,281,284,301
Dareios	大流士	波斯国王	63
Decius	德基乌斯	罗马皇帝	90,101,102,103,104
Deuxippus	德西普斯	古罗马历史作家	113
Diana	狄安娜	古罗马狩猎女神	51,107
Dicineus	迪西纽斯	为哥特人服务的希腊学者	39,67,69,71,73
Denghizic	邓吉兹克	阿提拉之子	272
Dertona	德尔托纳	叙拉河附近的一座城镇	236
Dio	迪奥	罗马历史作家	14,40,65,150
Diocletian	戴克里先	罗马皇帝	91,110

续表

原名	汉译名	解释	所在段落
Dionysius	迪奥尼西乌斯	古罗马历史学家	104
Domitian	图密善	罗马皇帝	76,77
Dorpaneus	多尔帕纽斯	哥特国王	76,78
Dricca	德里卡河	中欧地区的一条河流	178
Durostorum	杜罗斯托鲁姆城	莫伊西亚行省的一座城镇	176
E			
Ecdicius	埃克迪西乌斯	罗马元老	240,241
Edica	埃迪卡	斯基尔国王	277
Ediulf	埃迪乌尔夫	阿马尔家族成员,阿奇乌尔夫之子	79
Elagabalus	埃拉伽巴卢斯	罗马皇帝	88
Ellac	埃拉克	匈王,阿提拉的长子	262
Emimontus	埃米蒙图斯山脉	海穆斯山脉的别名	267
Emnedzar	埃姆尼德扎	阿提拉的侄子	266
Ephesus	以弗所	小亚细亚西部海港城镇	51,107
Epirus	伊庇鲁斯	希腊西北部地区	140,149,380
Erac	埃尔阿克河	法希斯河的别名	249
Erarius	埃拉里乌斯	东哥特国王,又名埃拉里克	378
Eraclea	埃拉克勒亚	塞萨利地区的城市	286
Erelieva	埃尔列娃	提乌迪米尔的小妾,提奥多里克大王的母亲	269
Eridanus	埃里达努斯河	波河的别名	150
Ermanaric	埃尔马纳里克	东哥特国王	81,116,118,119,129,130,246,247,250
Ernac	埃尔纳克	匈王,阿提拉之子	266
Eterpamara	埃特帕马拉	古代传说中的哥特英雄	43

续表

原名	汉译名	解释	所在段落
Ethiopian	埃塞俄比亚人	东北非的一个民族	47
Evermund	埃佛蒙德	提奥达哈德的女婿	308,309
Everwulf	埃佛尔乌尔夫	刺杀阿塔乌尔夫的汪达尔人	163
Euagre	欧阿格里人	斯堪德扎岛上的一个日耳曼民族	22
Eunixi	欧尼西人	斯堪德扎岛上的一个日耳曼民族	24
Eugenius	欧格尼乌斯	被阿勃伽斯特将军拥立为西罗马皇帝的修辞学家	145
Euphrates	幼发拉底河	中东的河流	54
Euric	欧里克	西哥特国王	190,235,237,238,240,244
Europa	欧罗巴	旧大陆之一	4,9,32,45
Europus	欧罗普斯	马其顿地区的一座城镇	287
Euryphilus	奥于菲卢斯	该塔伊国王,特勒福斯的儿子,参加了特洛伊战争	60
Euscia	欧斯西亚	诺瓦城的别名	101,102
Eutharic	欧塔里克	阿马尔家族成员,维特里克的儿子,阿马拉斯文塔的丈夫	80, 81, 251,298,304
Exampaeus	埃克萨姆菲斯河	第聂伯河的一条支流	46
F			
Fabius	法比乌斯	古罗马历史作家,可能就是阿布拉比乌斯	151
Fastida	法斯提达	格皮德国王	97

续表

原名	汉译名	解释	所在段落
Faventia	法文提亚	埃米利亚地区的一座城镇	379
Fervir	费尔维尔人	斯堪德扎岛上的一个日耳曼民族	22
Festus	费斯图斯	罗马执政官	176
Filimer	菲利梅尔	哥特国王，伽达里克之子	26,28,39,121
Finn	芬人	斯堪德扎岛上的一个民族	23
Finnaithae	费奈泰人	斯堪德扎岛上的一个日耳曼民族	22
Flaminian	弗拉米尼安	一条意大利中部的军用大道	155
Florus	弗罗乌斯	古罗马历史作家	引言
Flutausis	福卢陶西斯河	多瑙河的一条支流	33
Forum	尤利广场	普罗旺斯的一座城市	160
Fortunate	幸运岛	地中海里的一座岛屿	7
Fossatisii	佛萨提斯人	匈人的一个部落	266
Frank	法兰克人	西欧地区的一个日耳曼民族	67,161,176,191,217,280,295,296,302,305,367,375
Frideric	弗里德里克	西哥特国王提奥多里克之子	190
Fritiger	弗里提格	古代传说中的哥特英雄	43
Fritiger	弗里提格	西哥特公爵	134,135,136,140,142
Froila	弗罗伊拉	彭塔堡公爵波利维拉的兄弟	265
Fuscus	福斯库斯	图密善皇帝的将领	77,78

续表

原名	汉译名	解释	所在段落
G			
Gadaric	伽达里克	哥特王菲利梅尔之父	26,121
Gades	伽德斯海峡	即直布罗陀海峡	7,167
Gainas	盖纳斯	拜占庭帝国的哥特雇佣军司令	176
Galatia	迦拉太	罗马帝国省份,在小亚细亚中部	51
Galerius Maximinus	伽勒里乌斯·马克西明	东罗马皇帝	110
Gallia	高卢	罗马帝国行省,包括今法国、荷兰、比利时,以及德国和瑞士的西部地区	10, 11, 51, 115, 141,145,153,160, 161,162,163,165, 176,184,192,216, 230,236,237,238, 241,244,284,296, 302,305,367
Gallicia	加利西亚	罗马帝国省份,疆域相当于现今西班牙西北部地区	7,166
Gallienus	伽利埃努斯	罗马皇帝	106,107
Gallus Trebonianus	伽卢斯·特里伯里亚努斯	罗马皇帝	101,102,104,106
Galtis	伽尔提斯	奥哈河流经的一座城镇	99
Gapt	伽普特	阿马尔家族创始人	79
Gargara	伽伽拉城	小亚细亚中部的一座城镇	51
Gaudentius	高登提乌斯	埃提乌斯之父	176
Gaul	高卢人	高卢的土著民族,属于凯尔特人	13,176,192
Gauthigoth	高提哥特人	斯堪德扎岛上的一个日耳曼民族	22

续表

原名	汉译名	解释	所在段落
Geberic	格贝里克	哥特国王	112,114,115,116,162
Geiseric	盖瑟里克	汪达尔国王	153,167,168,170,184,185,235,244
Gelimer	格利默尔	汪达尔国王	170
Gepedoios	格皮多尤斯岛	维斯图拉河口的一座岛屿	96
Gepidae	格皮德人	东日耳曼民族	33,73,94,95,96,97,99,100,113,133,199,217,250,260,261,262,263,264,277,301
Gepidia	格皮底亚	即达西亚	74
Germani	日耳曼人	古代居住在北欧和中欧的土著民族	24,31,58,67
Germania	日耳曼尼亚	古罗马人对中欧地区的总称	10,11,17,30,120,257
Germanus	日耳曼乌斯	查士丁尼皇帝的侄子，马特斯文塔的丈夫	81,251,314,383
Germanus	日耳曼乌斯(小)	日耳曼乌斯与马特斯文塔所生的儿子	81,251,314,383
Gesimund	格西蒙德	胡尼蒙德大王的儿子	248
Getae	该塔伊人	古代居住在东欧平原南部的游牧民族，在本书中被与哥特人混淆起来	1,58,61,62,94,121,129,132,315,374,375
Geticus	格提库斯	查士丁尼皇帝和贝里萨留因征服东哥特人而获得的荣誉头衔	315

续表

原名	汉译名	解释	所在段落
Gilpil	吉尔皮尔河	中欧地区的一条河流	113
Glycerius	格吕策里乌斯	西罗马皇帝	239,241,283,284
Golthescytha	高尔特斯奇提亚人	东欧的土著民族	116
Goth	哥特人	东日耳曼民族	引言,24,26,28,29,40,41,44,47,49,58,62,63,64,65,66,67,68,71,73,76,78,89,90,91,94,95,97,99,100,102,103,105,106,107,108,110,112,114,115,116,118,121,122,129,130,135,137,138,139,140,141,142,146,152,153,154,155,160,161,162,163,165,166,173,176,178,185,189,212,213,214,215,216,218,243,245,248,249,261,264,268,271,272,273,274,275,276,277,278,279,280,281,283,287,288,292,293,295,296,306,307,308,309,311,312,370,372,378,386
Gothia	哥提亚	即达西亚	67,74
Gothiscandza	哥特斯堪德扎	今波兰北部沿海地区	26,94

续表

原名	汉译名	解释	所在段落
Grannii	格拉尼人	斯堪德扎岛上的一个日耳曼民族	24
Gratian	格拉提安	西罗马皇帝	139,140,142,145
Greek	希腊人	古代居住在希腊和小亚细亚等地,操希腊语的各城邦居民的统称	32, 40, 58, 60, 66,117
Greek	希腊语	希腊人的语言	3,10,12,40
Grimm	格林	德国文学家	引言
Grisia	格里西亚河	中欧地区的一条河流	113
Gudila	古迪拉	哥特国王	65
Gundiuch	君迪乌克	勃艮第国王	231
Gunthamund	君塔蒙德	汪达尔国王	170
Guntheric	君特里克	哥特国王奥斯特罗哥塔的将领	92
Gunthigis	君提吉斯	东哥特将领,也叫巴扎	266
H			
Haemus	海穆斯山脉	即巴尔干山脉	101,102,108
Haliurunnae	哈里卢巫	哥特巫婆	121
Hallin	哈林人	斯堪德扎岛上的一个日耳曼民族	22
Hanala	哈纳拉	古代传说中的哥特英雄	43
Heldebad	赫尔德巴德	东哥特国王	378,379
Heldebert	赫尔德伯特	法兰克国王克洛维的儿子	296
Hellas	希腊	巴尔干半岛的南部地区	149
Hellespont	赫勒斯滂海峡	即博斯普鲁斯和达达尼尔海峡	107,108
Hercules	赫尔库勒斯	古希腊神话中的大力神	7,57,59

续表

原名	汉译名	解释	所在段落
Herminefried	赫尔米尼弗里德	图林根国王	299
Hermunduli	赫尔蒙杜尔人	居住在汪达尔人北方的民族	114
Herta	赫尔塔	蒙多在多瑙河岸上占据的一座塔楼	301
Hesperia	西部地区	即西罗马帝国	192,292
Hierius	希耶里乌斯	罗马执政官	166
Hilarianus	希拉里亚努斯	负责防守萨洛尼卡的罗马最高行政长官	286
Hilderic	希尔德里克	汪达尔国王	170
Hilderith	希尔德里特	哥特国王格贝里克的父亲	113
Hilperic	希尔佩里克	勃艮第国王	231
Himnerith	希姆聂里特	西哥特国王提奥多里克的幼子	190
Hippolyte	希波吕忒	亚马孙女王	57
Hippolytus	希波吕托斯	特修斯与希波吕忒所生的儿子	57
Hisarnis	希萨尔尼斯	阿马尔的儿子	79
Histria	希斯特里亚	罗马帝国设在中欧南部的省份	59,149
Honoria	霍诺利娅	瓦伦提尼安三世的姐姐	223,224
Honorius	霍诺留	西罗马皇帝	152，154，159，160,164
Hulmul	胡尔穆尔	阿马尔家族成员，伽普特之子	79

续表

原名	汉译名	解释	所在段落
Hun	匈人	入侵欧洲，引发民族大迁徙的中亚游牧民族	30，37，48，121，122，129，130，131，166，174，176，177，178，180，181，188，190，195，196，197，198，201，205，206，210，212，214，215，216，217，222，226，228，246，247，248，249，251，252，253，256，257，261，262，263，264，265，266，269，272，273
Hunila	胡尼拉	东哥特将领	311，374
Hunimund	胡尼蒙德	东哥特国王，阿马尔家族成员，埃尔马纳里克之子	81，248，250，251
Hunimund	胡尼蒙德	苏阿维人的领袖	273，274，275，277
Huniric	胡尼里克	汪达尔国王	170，184
Hunuguri	胡努古尔人	匈人的一个部落	37
Hunuil	胡努尔	哥特国王奥斯特罗哥塔的儿子	79
Hunwulf	胡乌尔夫	斯基尔酋长	277
Hypanis	叙帕尼斯	希腊人在黑海北岸建造的城镇	46
Hyppodes	叙坡德斯	印度洋上的岛屿	6
Hyra	叙拉河	意大利西北部城镇	236
Hystaspes	叙斯塔斯佩斯	波斯国王大流士的父亲	63

续表

原名	汉译名	解释	所在段落
I			
Ibba	伊巴	东哥特伯爵	302
Iberia	伊比利亚	高加索山区的一部分	31
Iberia	伊比利亚	西班牙北部地区	231
Ildico	伊尔迪科	阿提拉的妻子	254
Ilium	伊利乌姆	即特洛伊城	108
Illyricum	伊利里亚	罗马帝国设在巴尔干半岛西部的一个行省	77,266,271,285,286,290,300
Imniscaris	伊姆尼斯卡里斯人	居住在斯奇提亚的一个土著民族	116
Inaunxi	因奥西人	居住在斯奇提亚的一个土著民族	116
Indian Ocean	印度洋	位于印度和非洲之间的大洋	6,53
Invilia	因维里亚	东哥特伯爵	285
Ionia	爱奥尼亚	小亚细亚西岸地区	51
Ionian sea	伊奥尼亚海	意大利半岛南方的海洋	148
Isauri	伊扫尔人	即拜占庭人	382
Ister	伊斯特河	即多瑙河	30,31,33
Italy	意大利	南欧中部的半岛	147,150,152,154,156,157,159,185,222,223,235,236,242,243,283,284,293,294,295,297,367,370,378,379,380,383
Itimari	伊提马尔人	匈人的一个部落	126
J			
Jamnesia	亚穆涅西亚	印度洋上的岛屿	6

续表

原名	汉译名	解释	所在段落
Jatrus	亚特卢斯河	色雷斯行省的一条河流	101
Jazyges	雅居格人	居住在多瑙河中游的一个民族	74,75
Johannes	约翰	贝里萨留的副将	380
Jordanes	约达尼斯	本书作者	266
Josephus	约瑟夫	古罗马历史作家	29
Jovinus	约维努斯	企图篡夺皇位的罗马总督	165
Justinian	查士丁尼	拜占庭皇帝	81,171,172,251,307,313,315,368,375
L			
Lammus	拉姆斯山脉	印度人对高加索山脉的称呼	55
Lampeto	拉姆培托	亚马孙女王	49,50
Langobard	伦巴第人	西日耳曼民族	386
Larissa	拉里萨	塞萨利地区的一座城市	286
Latin	拉丁语	罗马人的语言	3,10
Lazi	拉兹人	居住在高加索山脉南麓的土著民族	50
Leo I	利奥一世	拜占庭皇帝	236,239,244,271,281
Leo(the Great)	利奥(大教皇)	罗马教皇	223
Liberius	李贝里乌斯	拜占庭最高行政长官	303
Liburnia	利布尼亚	意大利与巴尔干之间的地区	149
Licinius	李锡尼	罗马皇帝	111

续表

原名	汉译名	解释	所在段落
Liguria	利古里亚	意大利北部省份	155,222,378
Liothida	利奥提达人	斯堪德扎岛上的一个日耳曼民族	22
Litician	利提西安人	西日耳曼民族	191
Litorius	李托利乌斯	领导匈人盟军的西罗马将领	177
livius	李维	古罗马历史学家	10
Lodoin	洛多因	法兰克国王,又名克洛维	295
Loire	卢瓦尔河	高卢南部的一条河流	226
Lucan	卢坎	古罗马历史学家兼诗人	43
Lucania	卢卡尼亚	意大利南部省份	156
Luculalum	卢库拉卢姆	坎帕尼亚地区的一座城镇	242
Lupicin	卢皮奇努	罗马将领	134,135,137
Lusitania	卢西塔尼亚	古罗马省份,相当于现今葡萄牙的大部和西班牙西南部之和	7,230
M			
Macedonia	马其顿	巴尔干中部山区	59,66
Macedonian	马其顿人	居住在马其顿的希腊民族	58,65,66
Macrinus	马克里努斯	罗马皇帝	87
Maeatae	迈亚特人	居住在不列颠岛的土著民族	14
Magnus	马格努斯	拜占庭帝国伯爵	312
Magog	玛各	雅弗的第二个儿子	29
Majorian	马约里安	西罗马皇帝	236
Mamaea	马米娅	亚历山大·塞维鲁皇帝的母亲	83,88

续表

原名	汉译名	解释	所在段落
Mantuan	曼图亚人	北意大利城市曼图亚的居民	9
Marcellinus	马克里努斯	西罗马最高行政长官	239
Marcia	马尔西娅	图拉真皇帝的姊妹	93
Marcianopolis	马尔西安波利斯	莫伊西亚行省的首府	92,93
Marcianus	马尔西安	拜占庭皇帝	225,236,255,263,270
Marcomanni	马考曼人	西日耳曼民族	89,114
Margoplanum	马哥普拉努姆	多瑙河畔的城镇,即马尔古斯城	300
Margus	马尔古斯河	多瑙河的一条支流	300
Maria	玛丽亚	斯提里科的女儿,霍诺留斯皇帝的皇后	154
Marisia	马里西亚河	多瑙河的一条支流	113,114
Marpesia	马培希娅	亚马孙女王	49,50
Mars	玛尔斯	古罗马战神	40,41,183
Massilia	马赛	高卢南部的一座海港城镇	244
Mathesventha	马特斯文塔	阿马拉斯文塔的女儿,维提吉斯和日耳曼乌斯的妻子	80, 81, 251, 311, 313,314,373,383
Mauriacian Plains	毛里亚西安平原	即卡塔洛尼亚平原	192
Maximianus Hercules	马克西米安・赫尔库勒斯	罗马皇帝	91,110
Maximinus	马克西明	罗马皇帝	83,84,85
Maximus	马克西穆斯	东罗马帝国将领	134,137
Maximus	马克西穆斯	西罗马皇帝	235

续表

原名	汉译名	解释	所在段落
Mede	米底人	居住在伊朗西部的古代民族	47
Mediolanum	米兰	意大利北部重镇	222
Medopa	美多帕	哥特王古迪拉的女儿	65
Melanis	梅拉尼斯	古希腊传说中的英雄	57
Mere	梅勒人	居住在斯奇提亚的一个土著民族	116
Mesopotamia	美索不达米亚	即两河流域，西亚地区的一块平原	53
Methone	美托聂	马其顿地区的一座城镇	287
Mevania	美瓦尼亚	地中海上的群岛，位于西班牙东方	8
Micca	米卡	哥特人，马克西明皇帝之父	83
Miliare	米利亚尔河	多瑙河的一条支流	113
Mincius	明奇乌斯河	意大利北部的一条河流	223
Mixi	密西人	斯堪德扎岛上的一个日耳曼民族	22
Moesia	莫伊西亚	罗马帝国行省，位于多瑙河下游南岸	引言，38，39，59，62，63，65，66，74，83，90，92，101，102，103，105，131，132，133，176，264，265，267，297
Moetis	莫伊提斯沼泽	即亚速海	30，32，38，39，44，45，117，123，124，125
Mogontiacum	莫贡提亚库姆	即美因兹城，位于莱茵河中游西岸	88

续表

原名	汉译名	解释	所在段落
Mommsen	蒙森	德国历史学家	引言
Moor	摩尔人	北非的土著民族	172
Morden	摩登人	居住在斯奇提亚的一个土著民族	116
Morsian sea	莫希安湖	中欧南部的一片沼泽	30,35
Mucelli	穆切利	图斯奇亚地区的一座城镇	379
Mundo	蒙多	阿提拉之孙,拜占庭帝国将领	300,301,386
Mundzuc	蒙德祖克	布勒达与阿提拉之父	180,257
Myrmicion	密尔米孔	黑海北岸的一座城镇	32
N			
Naissus	奈苏斯	即今塞尔维亚东南部的尼什城	285,286
Naples	那不勒斯	意大利南部的海港城镇	311,370
Narseus	纳尔西乌斯	波斯国王,沙普尔大王之孙	110
Natissa	纳提萨	意大利东北部的一条河流	219
Navego	纳维高人	居住在斯奇提亚的一个土著民族	116
Nedao	奈道河	潘诺尼亚行省北部的一条河流	261
Nepos	奈波斯	西罗马皇帝	239,241
Nicopolis	尼科波利斯	莫伊西亚行省的一座城镇	101,267
Nidada	尼达达	哥特国王格贝里克的祖先	113

续表

原名	汉译名	解释	所在段落
Nifates	尼法特斯山脉	帕提亚人对高加索山脉的称呼	55
Nile	尼罗河	发源于东非高原，流经埃及的大河	47,75
Noricum	诺里库姆	罗马帝国设在中欧南部的一个行省	264
Nova	诺瓦	多瑙河下游南岸的一座城镇	101
Noviodunum	诺维图努姆	东欧西部的一座城镇	35
O			
Octar	奥克塔	匈王，阿提拉的伯父	180
Odoacer	奥多阿克	斯基尔国王，以罗马雇佣军司令的身份消灭了西罗马帝国	242,243,293
Odwulf	奥杜乌尔夫	阿马尔家族成员，阿塔尔之子	79
Odyssitana	奥德希塔纳	莫伊西亚行省的一座城镇	65
Oescus	奥斯库斯	达西亚地区的一座城镇	266
Oium	奥伊乌姆人	居住在斯奇提亚的一个土著民族	27,28
Olbia	奥尔比亚	黑海北岸的一座城镇	32
Olibrione	奥利比昂人	居住在莱茵河西岸的一个高卢部落	191
Olybrius	奥林布里乌斯	西罗马皇帝	239,240
Oppius Sabinus	奥皮乌斯·萨比努斯	罗马帝国总督	76
Orcades	奥尔卡德斯群岛	地中海西部的群岛	8

续表

原名	汉译名	解释	所在段落
Orestes	奥里斯特斯	西罗马帝国将领	241,242
Orosius Paulus	奥罗修斯·保卢斯	古罗马历史作家	4,44,58,121
Ostrogotha	奥斯特罗哥塔	哥特国王	79，82，90，98，99,100
Ostrogothi	东哥特人	东日耳曼民族	引言，23，42，82，98，130，133，174，199，209，244，246，251，268
Ostrogotho	奥斯特罗哥托	提奥多里克大王的女儿，勃艮第国王希格蒙德的王后	297
Otingis	奥廷吉斯人	斯堪德扎岛上的一个日耳曼民族	22
Ovida	奥维达	哥特国王格贝里克的祖父	113
P			
Pannonia	潘诺尼亚	罗马帝国的一个行省，位于巴尔干半岛的西北部	115，140，147，161，166，226，261，264，268，272，273，278，281，292
Paria	帕里亚	约达尼斯的祖父	266
Parthi	帕提人	哥特人对帕提亚人的称呼	48
Parthian	帕提亚人	古代西亚地区的一个游牧民族	48,62,88,108
Patriciolus	帕特里奇奥鲁斯	阿斯帕之子	239
Pellas	佩拉斯	马其顿行省的一座城镇	287

续表

原名	汉译名	解释	所在段落
Pelso sea	佩尔索湖	即巴拉顿湖，匈牙利的最大湖泊	268
Pentapolis	彭塔波利斯	北非地区的一座城镇	265
Penthesilea	彭特西蕾娅	亚马孙女王	57
Perdicas	佩迪卡斯	马其顿国王	66
Persia	波斯	即伊朗高原	31
Persian	波斯人	居住在波斯的印欧语系民族	31
Perusia	佩鲁西亚	即佩鲁贾，意大利南部的一座城镇	311,374
Peucian	佩乌西安岛	多瑙河口附近的一座岛屿	91
Peucini	佩乌西尼人	居住在佩乌西安岛上的土著民族	91
Phasis	法希斯河	西亚地区的一条河流	47
Philipp	菲利普	亚历山大大王之父	65
Philippopolis	菲利普波利斯	色雷斯行省的一座城镇	101,103
Philippus (Arab)	菲利普（阿拉伯人）	罗马皇帝	88,89,90
Philippus	菲利普	菲利普皇帝的太子	89
Phrygia	佛里吉亚	小亚细亚西部的海滨地区	60
Picenum	皮切努姆	意大利北部省份	155
Piccis	皮奇斯山脉	阿尔卑斯山在意大利东北部的支脉	219
Pilleati	皮勒阿提	哥特贵族子弟的称号	40
Pineta	皮尼塔	拉文纳城郊的一块林区	293
Pisidia	皮西底亚	小亚细亚的西南部地区	51
Pitzamus	皮萨慕斯	东哥特伯爵	300

续表

原名	汉译名	解释	所在段落
Placentia	皮亚琴察	意大利北部的一座城镇	240
Placidia	普拉希迪娅	西罗马帝国皇太后，阿塔乌尔夫与君士坦提乌斯三世之妻	159,164,165,223
Po	波河	意大利北部的主要河流	147,149,150,293
Pollentia	坡伦提亚	意大利西北部的一座城镇	154
Pomponius Mela	庞培·梅拉	古罗马地理学家	16
Pontus	本都	小亚细亚北部的黑海海滨地区	28
Pontus sea	本都海	即黑海	31,32,35,37,38,42,46,62,75,82,89,91,263
Potamus	泊塔穆斯	流经马尔西安波利斯市中心的河流	93
Priamos	普里阿摩斯	古希腊传说中的特洛伊城末代君主	59,60
Priscus	普里斯库斯	负责防守菲利普波利斯的罗马将领	103
Priscus	普里斯库斯	拜占庭历史作家	123,178,183,222,254,255
Propanissimsus	普罗帕尼西姆斯山脉	印度人对高加索山脉的称呼	55
Puni	布匿人	伽太基人，也指其他北非土著民族	368
Puppio	普皮奥	罗马皇帝	88
Pydna	佩德纳	马其顿行省的一座城镇	287
Pyrenees	比利牛斯山脉	高卢与西班牙之间的山脉	165

续表

原名	汉译名	解释	所在段落
Q			
Quadi	夸德人	西日耳曼民族	89
Quinquegentiani	奎克艮塔尼人	柏柏尔人的一个部落	110
R			
Ranii	拉尼人	斯堪德扎岛上的一个日耳曼民族	24
Raumarici	劳马里克人	斯堪德扎岛上的一个日耳曼民族	23
Ravenna	拉文纳	意大利东北部的城镇，西罗马帝国晚期的首都	147,151,239,241,242,243,293,294,306,310,311,312,313,372,373,374,375,380
Recimer	里西梅尔	苏阿维人，西罗马帝国的雇佣军司令	236,239
Red sea	红海	阿拉伯半岛和非洲之间的海洋	53
Rhegium	雷吉乌姆城	西西里岛东北部的一座城镇	309
Respa	雷斯帕	哥特人的领袖	107
Retemer	雷特默尔	提奥多里克一世的儿子	190
Rhine	莱茵河	西欧地区的主要河流	11
Riciarius	里奇阿里乌斯	苏阿维国王	229,230,232
Rimismund	里米斯蒙德	苏阿维国王	234
Riotimus	里奥提穆斯	布立吞国王	237,238

续表

原名	汉译名	解释	所在段落
Rhipaeian	莱帕伊安山脉	即乌拉尔山脉	32,45,54,55
Riparian	利帕尔人	法兰克人的一个部落	191
Rodwulf	罗德乌尔夫	斯堪德扎岛上的国王	24
Roga	罗伽人	居住在斯奇提亚的一个土著民族	116
Roman	罗马人	罗马城的居民	引言,21,58,67,68,76,78,89,91,104,135,136,137,142,145,152,165,166,176,177,181,185,186,189,191,197,204,213,217,219,220,222,226,238,240,243,253,257,264,270,271,272,287,294,295,370,383,386
Romania	罗马尼亚	即罗马帝国,也指拜占庭帝国	266
Rome	罗马	意大利和罗马帝国的首都	引言,10,50,68,85,88,89,91,102,111,112,131,141,148,155,156,159,161,165,172,176,191,216,222,223,235,236,237,239,241,243,244,263,264,290,292,303,304,308,309,310,311,312,373,374,379,380,381,382

续表

原名	汉译名	解释	所在段落
Rosomoni	罗索蒙人	阿兰人的一个部落	129
Rua	卢阿	匈王,阿提拉的伯父	180
Rugi	卢吉人	斯堪德扎岛上的一个日耳曼民族	24,261,266,277,291
S			
Sacromontisi	萨克罗蒙提斯人	匈人的一个部落	266
Sadagarii	萨达伽里人	匈人的一个部落	引言,265
Sadagis	萨达格人	居住在潘诺尼亚行省的土著民族	272,273
Safrac	萨夫拉克	西哥特公爵	134,140
Salona	萨洛纳	达尔马提亚行省的一座城镇	241
Sangiban	桑吉班	阿兰国王	194,195,197
Sapor	沙普尔	波斯萨珊王朝国王	110
Sardanapalus	萨达纳帕卢斯	帕提亚国王	108
Sardica	萨迪卡城	巴尔干半岛上的一座城镇	383
Sarmatia	萨尔马提亚山脉	即喀尔巴阡山脉,位于中欧南部	17
Sarmatian	萨尔马特人	居住在东欧的古波斯民族	58,74,101,178,191,265,277,282,285
Sarus	萨卢斯	罗索蒙人,苏尼尔达的兄弟,刺杀东哥特国王埃尔马纳里克的凶手	129
Sauromatae	扫罗马泰人	即萨尔马特人	265
Saus	萨乌斯河	即萨瓦河	285
Savinianus	萨维尼亚努斯	伊利里亚军阀	300,301
Saviri	萨维尔人	匈人的一个部落	37

续表

原名	汉译名	解释	所在段落
Saxon	萨克逊人	西日耳曼民族	191
Scandza	斯堪德扎岛	北欧的岛屿，即斯堪的纳维亚半岛	9, 16, 17, 19, 23, 26,94,121
Scarniunga	斯卡尼翁伽河	伊利里亚行省的一条河流	268
Scipio	西庇阿	罗马将领	7,230
Sciri	斯基尔人	东日耳曼民族	引言, 242, 265, 275,276,277
Sclaveni	斯克拉文人	古斯拉夫人	34,35,119
Screrefennae	斯科尔菲奈人	斯堪德扎岛上的一个日耳曼民族	21
Scythia	斯奇提亚	也称西徐亚或斯基台，即东欧平原南部	17,27,28,30,31, 32,33,38,39,44, 45,48,52,54,82, 89,120,121,124, 125,126,174,178, 246,253,259,269
Scythia (great)	大斯奇提亚	即传统意义上的斯奇提亚	62
Scythia (lesser)	小斯奇提亚	即莫伊西亚行省	62,265,266
Scythian	斯奇提亚人	居住在斯奇提亚的古代游牧民族，也称西徐亚人或斯基台人	29,32,55,124,183
Sebastian	塞巴斯蒂安	企图篡夺皇位的罗马总督	165
Segeric	塞格里克	西哥特国王	163
Seres	中国人，赛尔人	以制造丝绸闻名的东亚民族	30,31
Severus Ⅲ	塞维鲁三世	西罗马皇帝	236

续表

原名	汉译名	解释	所在段落
Severus	塞维鲁	罗马皇帝	84,85,86
Sicily	西西里	意大利南部岛屿	156,157,308,369,370,380,381,382,
Sigismund	希格蒙德	勃艮第国王	297
Silefantina	希勒凡提纳岛	印度洋上的一座岛屿	6
Silure	希卢尔人	不列颠岛南部的土著居民	13
Sinderith	辛德里特	东哥特将领	369
Singidunum	辛吉杜努姆	潘诺尼亚行省的一座城镇	282
Sirmium	希尔米乌姆	潘诺尼亚行省的一座城镇	147
Sithalcus	希塔尔库斯	哥特将领	66
Sium	希乌姆	马其顿地区的一座城镇	287
Sontius	松提乌斯桥	潘诺尼亚行省的一座桥梁	293
Sornus	索努斯	美地人的国王	47
Spali	斯帕利人	居住在斯奇提亚西部的土著民族	28
Spain	西班牙	西南欧的半岛	10,139,153,162,163,165,166,167,173,229,230,244,284,298,302
Spaniard	西班牙人	居住在西班牙的土著民族	13,163
Spesis	斯培西斯	格皮多尤斯岛上的一块土地	96
Sporades	斯坡拉德斯	岛屿名	4

续表

原名	汉译名	解释	所在段落
Stilicho	斯提里科	西罗马最高行政长官兼执政官	115,147,154,155
Stobi	斯托比	即今马其顿的伊斯提伯城	286
Strabo	斯特拉波	古希腊地理学家	12
Suavi	苏阿维人	西日耳曼民族	176,219,230,231,232,233,234,250,261,273,274,277,280,281
Suavia	苏阿维亚	苏阿维人之国,本书中指萨维亚城	273,274
Suehans	苏汉斯人	斯堪德扎岛上的一个日耳曼民族	21
Suetidi	苏台德人	斯堪德扎岛上的一个日耳曼民族	23
Sunilda	苏尼尔达	罗索蒙人,因丈夫叛变而被东哥特国王埃尔马纳里克处死	129
Symmachus	叙马楚斯	古罗马历史作家	83,88
Syracuse	叙拉古	西西里岛东部的一座海港城镇	308
Syria	叙利亚	罗马帝国设在西亚的一个行省	51,53
Syrian	叙利亚人	居住在叙利亚的土著民族	55
Syrmis	叙尔米斯	即希尔米乌姆	264
T			
Tadzan	塔德赞人	居住在斯奇提亚的一个土著民族	116

续表

原名	汉译名	解释	所在段落
Taetel	泰特人	斯堪德扎岛上的一个日耳曼民族	24
Tagus	塔古斯河	卢西塔尼亚省的界河	230
Taifali	泰法利人	居住在斯奇提亚的一个土著民族	91
Tanais	塔奈斯河	即顿河	32,44,45
Tanausis	塔瑙西斯	哥特国王	47,48
Tapae	塔派	多瑙河北岸的一座城镇	63,74
Taprobane	塔普罗巴尼	印度洋上的一座岛屿	6
Tarabostesei	塔拉波斯特赛	哥特贵族子弟的称号	40
Taurus	陶卢斯山脉	高加索山脉的一条支脉	30,54,55
Telephus	特勒福斯	该塔伊国王	58,59,60
Theodosia	提奥多西亚	黑海北岸的一个城镇	32
Tharuar	塔尔瓦尔	哥特人的领袖	107
Theodahad	提奥达哈德	东哥特国王	299,306,308,309,310,367,370,371,372,386
Thcodora	提奥多拉	拜占庭皇后	381
Theodoric I	提奥多里克一世	西哥特国王	175,176,184,185,186,187,189,190,195,197,201,211,215
Theodoric Ⅱ	提奥多里克二世	西哥特国王	190,229,231,232,233,234
Theodoric (The Great)	提奥多里克(大王)	东哥特国王，自公元511年起兼任西哥特国王	24,80,234,251,269,271,282,285,288,289,290,292,294,295,296,298,301,303,311,367,373,383

续表

原名	汉译名	解释	所在段落
Theodoric	提奥多里克	东哥特贵族特里亚里乌斯之子	270
Theodosius I (The Great)	提奥多西一世（大帝）	罗马皇帝	139,140,141,142,145,146,159
Theodosius Ⅱ	提奥多西二世	拜占庭皇帝	178,225
Theodosius	提奥多西	罗马执政官	176
Thermantia	特曼提娅	斯提里科的女儿，霍诺留斯皇帝的皇后	154
Theros	提罗斯岛	印度洋上的一座岛屿	6
Thesander	特山德	希腊领袖	60
Theseus	忒修斯	古希腊神话中的英雄	57
Thessaly	塞萨利	希腊东北部地区	140,286
Thessalonica	萨洛尼卡	塞萨利地区的一座城镇	111,286,287
Theuste	陶斯特人	斯堪德扎岛上的一个日耳曼民族	22
Thiudebert	提乌德伯特	法兰克国王克洛维的儿子	296,375
Thiudigisclosa	提乌迪吉斯克罗萨	西哥特国王	303
Thiudigoto	提乌迪哥托	提奥多里克大王之女，阿拉里克二世之妻	297
Thiudimer	提乌迪米尔	东哥特国王	80,199,252,253,268,270,271,274,278,280,281,283,285,286,287,288
Thiudis	提乌迪斯	西哥特国王	302
Thiudo	提乌多人	居住在斯奇提亚的一个土著民族	116

续表

原名	汉译名	解释	所在段落
Thomes	托米斯城	黑海西岸海港城镇,属莫伊西亚行省,即托米城	62
Thorismund	托里斯蒙德	东哥特国王	81,174,251,252,298
Thorismund	托里斯蒙德	西哥特国王	190,206,211,215,218,227,228
Thrace	色雷斯	罗马帝国设在巴尔干半岛东南部的一个行省	38,39,63,83,90,108,131,133,138,140
Thracian	色雷斯人	居住在色雷斯行省的各个民族	86
Thrasamund	特拉萨蒙德	汪达尔国王	170,299
Thrasaric	塔拉萨里克	格皮德国王	300
Thraustila	特劳斯提拉	塔拉萨里克之父	300
Thuringian	图林根人	斯堪德扎岛上的一个西日耳曼民族	21,280,299
Thyle	退勒	北大西洋上的一座岛屿	9
Tiber	台伯河	流经罗马城的河流	381
Tiberius Gaius	提比略·盖乌斯	罗马皇帝	68
Tibisia	提比西亚河	潘诺尼亚行省的一条河流	178
Tigris	底格里斯河	西亚的主要河流	53
Tisia	提希亚河	潘诺尼亚行省的一条河流	33,178
Tolosa	图卢萨	即图卢兹	173
Toulouse	图卢兹	高卢西南部城镇,西哥特王国首都	218,228,231
Tomyris	托米利斯	该塔伊女王	61,62
Torcilingi	托西林人	斯基尔王室家族	242,291

续表

原名	汉译名	解释	所在段落
Totila	托提拉	东哥特国王	381,382,383
Trajan	图拉真	罗马皇帝	93,101
Trapezus	特拉佩宗	黑海北岸的一个城镇	32
Triarius	特里亚里乌斯	东哥特贵族	270
Trinacria	特里纳克里亚岛	即西西里岛	308
Trogus Pompeius	特罗古斯·庞培	古罗马历史作家	47,61
Trojan war	特洛伊战争	古希腊传说中围攻特洛伊城的战争	57,60
Troy	特洛伊	小亚细亚西部的一座海港城镇	108
Tuncarsi	通卡斯人		126
Tuscia	图斯奇亚	意大利南部省份	155,306,311,379
Tyras	图拉斯河	德聂斯特河的下游	30
Tyrrhenian sea	第勒尼安海	意大利、西西里岛和撒丁岛之间的海洋	156,167,232,308,380
U			
Ulbius	乌尔比乌斯河	即西班牙北部的奥尔比哥河	231
Ulfila	乌尔菲拉	阿里乌斯教派的哥特主教,为哥特人发明了文字	267
Ulmerugi	乌尔美卢吉人	居住在波罗的海南岸的土著民族	26
Ulpiana	乌尔皮亚纳	伊利里亚行省的一座城镇	285
Ulysses	乌吕西斯	古希腊神话中的英雄	60
Uzendur	乌岑杜尔	阿提拉的侄子	266

续表

续表

原名	汉译名	解释	所在段落
Vandal	汪达尔人	东日耳曼民族	26, 89, 113, 114, 115,141,153,161, 163,166,167,172, 173,184,235,244, 299,307,368
Vandalarius	汪达拉里乌斯	阿马尔家族成员,维尼塔里乌斯之子	80,151,152
Vandalicus	汪达利库斯	查士丁尼皇帝和贝里萨留因征服汪达尔人而获得的荣誉头衔	315
Var	瓦尔河	匈人对第聂伯河的称呼	269
Varni	瓦尔尼家族	西哥特的平民家族	233
Vasinabroncae	瓦西纳布隆凯人	居住在斯奇提亚的一个土著民族	116
Veduc	维杜克	哥特人的领袖	107
Venetharius	维尼塔里乌斯	东哥特国王,瓦拉阿万斯之子	79, 80, 246, 247, 248,249,250
Venethi	维尼特人	古斯拉夫民族	34,119
Venetian	威尼提安	意大利东北部省份,也是岛屿的名称	149,219,223,292
Vensosis	温索西斯	埃及法老	44,47
Vergil	维吉尔	古罗马文学家	9,41,50
Verona	维罗纳	意大利北部的一座城镇	293
Veteric	维特里克	阿马尔家族成员,贝里蒙德之子	81,174,251,298
Vidigoia	维迪哥亚	古代传说中的哥特英雄	43,178
Vidimir	维迪米尔	东哥特国王,汪达拉里乌斯之子	80, 199, 252, 253, 268,269,278,284

续表

续表

原名	汉译名	解释	所在段落
X			
Xerxes	薛西斯	波斯国王	64
Z			
Zalmoxes	扎尔莫克西斯	为哥特人服务的希腊学者	39
Zeuta	邹塔	为哥特人服务的希腊学者	39
Zenon	泽诺	拜占庭皇帝	244,289,290,295

※"?"代表猜测或存在争议的年代和人物关系。

图书在版编目(CIP)数据

哥特史/(拜占庭)约达尼斯著;罗三洋译注.—北京:商务印书馆,2017
(汉译世界学术名著丛书:120年纪念版:珍藏本)
ISBN 978-7-100-14234-2

Ⅰ.①哥… Ⅱ.①约… ②罗… Ⅲ.①哥特人—民族历史 Ⅳ.①K508

中国版本图书馆CIP数据核字(2017)第138864号

汉译世界学术名著丛书
(120年纪念版·珍藏本)
哥 特 史
〔拜占庭〕约达尼斯 著
罗三洋 译注

商 务 印 书 馆 出 版
(北京王府井大街36号 邮政编码100710)
商 务 印 书 馆 发 行
北 京 通 州 皇 家 印 刷 厂 印 刷
ISBN 978-7-100-14234-2

2017年12月第1版 开本710×1000 1/16
2017年12月北京第1次印刷 印张19
定价:90.00元